André [...] Morlai[...] [...] histoires que lui racontait son grand-père, le gendarme maritime Floch. À vingt-quatre ans, il est envoyé au Pérou par France Inter comme « envoyé spécial » (la course autour du monde de l'époque). Il est ensuite pigiste pour les émissions de l'ORTF en direction de l'étranger. Il collabore également à divers magazines, dont L'Express. En 1978, il est envoyé par une agence internationale au Niger où il s'occupe pendant trois ans de la formation des journalistes. Il entre ensuite à l'INA (Institut national de l'audiovisuel) où il assure des cours pendant deux ans, avant de devenir producteur à France Culture, entre autres de l'émission « Le Bon plaisir ». Hawaï est son second roman. Le premier, Le Shangaïé, a obtenu dès sa parution un très grand succès (Prix des Maisons de la Presse 1986).

L'aventure et l'amour au siècle dernier, au cœur du Pacifique. En 1860, François Follet débarque à Hawaï et devient le témoin de l'histoire mouvementée de l'île. Bras droit de Charles Bishop, la plus grosse fortune du Pacifique (et époux d'une princesse locale), il rencontre Walter Gibson, l'aventurier mormon qui voulait être roi des Iles, et Sarah... Il participe à la guerre de la canne à sucre, s'enivre avec les baleiniers en relâche à Honolulu, vit l'annexion de l'Archipel par les Etats-Unis, assiste à l'incendie du quartier chinois...
Un roman d'aventures et de mer qui donne le goût du paradis perdu et d'une époque où l'on pouvait rêver sa vie.
Et si Le Gal était notre héritier de Stevenson ?

Paru dans Le Livre de Poche :

LE SHANGAÏÉ.

ANDRÉ LE GAL

Hawaï

ROMAN

J.-C. LATTÈS

Pour Gérard

PROLOGUE

LE Punchbowl, le « bol de punch », est une montagne escarpée que l'on aperçoit au large, lorsque, au ras de l'horizon, Oahu, une des quatre grandes îles de l'archipel d'Hawaï, émerge de l'océan Pacifique. Les voiliers, en provenance de l'ouest, des lointains pays d'Asie, de la mer de Chine, du Japon ou de l'Indonésie, doivent naviguer au près, pour remonter dans la brise. La nature a voulu que les vents soufflent, doux et réguliers, de la Californie à quelques centaines de milles. L'archipel d'Hawaï est dans les alizés de nord-est, au vent de l'Amérique.

Les rues d'Honolulu remontent vers le Punchbowl, depuis les grands hôtels qui longent la plage de Waikiki, dans une fièvre permanente, le brouhaha d'une intense circulation automobile. Aux carrefours, près des feux tricolores, des plaques indiquent leurs noms. Punchbowl Street est la plus importante. Elle remonte la ville de part en part, de l'allée du front de mer, où des centaines de yachts sont amarrés dans les eaux turquoise de la baie, jusqu'aux résidences dissimulées dans la verdure, du quartier résidentiel de Nuuanu Valley.

L'avenue Kalakaua, elle, traverse la ville parallèlement à la plage, depuis l'immense promontoire de Diamond Head, qui marque l'extrémité est de la baie d'Honolulu, jusqu'à « Ewa », la partie ouest, au-delà du port et du petit îlot de Sand Island.

Le nouvel arrivant, le *Malihini*, en langue hawaïenne, devra faire son apprentissage de la ville. Il assistera aux danses traditionnelles de hula sur la plage de Waikiki, au milieu des milliers de touristes, dans la tiédeur de la nuit et les couinements du yukulélé, amplifiés à faire frémir les palmiers du bord de mer. Dans la journée, il visitera le palais Iolani, résidence des derniers monarques du royaume d'Hawaï. En fin d'après-midi, il découvrira les masques totémiques, les dessins naïfs de vahinés tatouées, les lances guerrières et les casques emplumés dans les immenses salles du Bishop Museum. Il entendra un guide évoquer Charles Reed Bishop, citoyen richissime et fondateur de ce musée qui, au milieu du siècle dernier, épousa la jolie princesse hawaïenne Bernice Pauhai. Personne ne citera le nom de François Follet. Il fut un temps, pourtant, où l'on n'imaginait pas l'un sans l'autre, Bishop sans Follet. On parlait d'eux sur les hauteurs de la ville, dans les maisons des « missionnaires » de Nuuanu Valley, comme dans les bistrots du bord de mer. Ce fut, à l'époque des derniers rois de Hawaï, une simple et belle histoire d'amitié...

1

Tout commença à l'autre bout du monde, à Paris, en novembre 1832, le jour de la naissance de François Follet. C'était un matin d'automne ensoleillé et froid, un de ces moments hésitants aux franges de l'hiver. Ses parents habitaient un appartement situé au bout de la rue Vivienne, à la frontière de deux arrondissements de Paris, en bordure du boulevard Montmartre, artère populeuse, bruyante et animée, encombrée de fiacres, qui séparait le monde nanti du Palais-Royal et celui des pauvres de la Trinité. La demeure paternelle était confortable, mais le salon possédait une particularité qui le distinguait de l'univers petit-bourgeois du quartier. C'était une vaste bibliothèque, aux murs recouverts de milliers de livres reliés de cuir, des exemplaires pleine peau, ferrés d'or, qui remontaient en alignements ordonnés jusqu'aux lambris de plâtre. Des années d'enfance que François passa rue Vivienne, ce salon-bibliothèque fut son souvenir le plus net. Depuis trois générations, les Follet étaient imprimeurs. Pierre Follet, le père, continuait la tradition familiale et dirigeait l'atelier situé un peu plus bas dans la rue Vivienne. Cet homme, qui avait été élevé dans le culte, pourtant contradictoire, de Jean-Jacques Rousseau et de

9

Bonaparte, avait tout pour se sentir mal à l'aise dans la monarchie bourgeoise de l'époque. Il tenait volontiers des propos séditieux qui terrorisaient sa femme. La malheureuse ignorait qu'il imprimait clandestinement une feuille républicaine inspirée d'idées de Blanqui. De quoi l'envoyer au bagne pour dix ans... C'était un personnage curieux, à la fois petit patron et ouvrier, manuel et intellectuel. Il était de deux mondes à la fois.

Son métier d'imprimeur l'amenant à effectuer de nombreux travaux pour la bonne société parisienne, il finit par être accepté dans les hôtels particuliers du boulevard Saint-Germain. « Les gens du monde » appréciaient sa connaissance des livres et le talent qu'il avait pour raconter les romans. Ils acquéraient grâce à lui la connaissance des auteurs dont on parlait dans les salons en les dispensant de les lire. La fréquentation du commun présente parfois des avantages... C'est au cours d'une de ses visites dans le faubourg Saint-Germain qu'il fit la connaissance d'une jeune fille blonde, aux yeux d'un bleu très pâle, un peu trop mince et dont les joues s'empourpraient au seul regard d'un garçon. Elle s'appelait Francés Howard, et était la fille d'un importateur qui avait fait fortune en ouvrant une épicerie spécialisée en produits d'Extrême-Orient sous les arcades de la rue de Rivoli. Riche, et nullement gêné de l'être, le père de Francés adorait la bonne table française et le porto du bout du monde. Veuf depuis une dizaine d'années, il vivait dans le luxe, le bordeaux millésimé, le trictrac et entouré de jolies femmes. Il avait ramené de sa fréquentation des continents lointains un jugement très réservé sur la valeur des hiérarchies sociales et regardait les sociétés européennes avec autant de recul que les empires asiatiques. Un imprimeur, pour peu qu'il fût intelligent et dévoué, lui paraissait un gendre tout aussi présentable qu'un marquis ou un notaire. Pierre Follet épousa Francés Howard. La langue anglaise fut ainsi la langue maternelle de François, autant que le français, et dans ses souvenirs, il s'entendit mêler, dans les deux langues, les paroles des chansons enfantines, lullabies et comptines. Son père lui souriait avec indulgence : il était la marque de la réconciliation franco-anglaise. Depuis son mariage, il avait adapté ses opinions et était devenu « bonapartiste-mondialiste », une catégorie politique dont il était, sans doute, le seul représentant.

Au cours de ses visites, l'imprimeur avait également fait la connaissance d'un curieux personnage d'une cinquantaine d'années et d'une maigreur toute aristocratique. Le front dégarni et les yeux d'un vert perçant, il était éternellement vêtu d'une redingote grise. Une amitié réelle avait fini par lier les deux hommes que tout séparait. L'un passait ses journées près des ouvriers imprimeurs, dans le grondement des presses et le claquement des massicots. L'autre vivait dans le chuchotement des antichambres ministérielles et le grattement de la plume d'oie sur les papiers à en-tête... quand il était à Paris ! A la vérité, le personnage qui s'était piqué de sympathie pour Pierre Follet était un voyageur, un découvreur de mondes, un bourlingueur d'océans. Il s'appelait Philippe, comte de Villeneuve, et était amiral de la flotte. Lui aussi se partageait entre deux univers, des intrigues de l'entourage du roi aux tempêtes hurlantes du Pacifique. Derrière le rang et les honneurs, il avait l'âme vagabonde.

L'amiral se présenta un soir du printemps 1847 dans l'imprimerie de la rue Vivienne. François n'avait pas quinze ans. Il voyait un amiral pour la première fois et s'arrêta dans son travail, le souffle coupé, les yeux écarquillés. Non que le titre l'intimidât : les grades maritimes lui étaient trop étrangers pour qu'il ressentît une quelconque admiration. Seulement, l'amiral de Villeneuve portait en lui les marques des grands voyageurs, des habitués du bout du monde. Avec son visage buriné, creusé de rides profondes, et du vent dans les yeux, c'étaient la magie des Sept Océans, les longues houles du Pacifique et les jonques de la mer de Chine qu'il entrevoyait. Assurément, cet homme-là tutoyait la mer, le vent et les étoiles. L'amiral de Villeneuve était, pensait l'adolescent, sur l'autre versant de la vie.

— Vous m'excuserez, monsieur Follet, de venir sans cérémonie, fit l'amiral d'une voix amicale quand tous trois furent installés dans le bureau de la direction, autour de la table envahie d'épreuves en placard et de factures. C'est le capitaine Cook qui m'amène... James Cook.

Il regarda Pierre Follet avec intensité.

— Il m'a été rapporté que vous étiez en possession d'un exemplaire unique du *Voyage dans le Pacifique*.

— On le prétend annoté par Vancouver, précisa Pierre Follet.

— Vancouver, le propre *midship* de Cook ?

L'amiral n'en revenait pas. C'était une aubaine incroyable. Une rareté qui lui tombait entre les mains. Il murmura comme pour lui-même :

— Une chance inespérée, vraiment inespérée...

La bonne fortune sait se montrer fantasque. Un ouvrage en langue anglaise, édité à Londres et tombé entre les mains d'un imprimeur parisien par l'entremise d'un épicier britannique, provoquait la joie puérile d'un quinquagénaire, membre du haut commandement maritime du roi, passionné par l'histoire des îles océaniennes. Au même moment, il décidait du destin de François Follet...

Bien plus tard, François apprit que, à l'époque de sa rencontre avec l'amiral de Villeneuve, un escroc vendait des œuvres contrefaites, des récits apocryphes de personnages célèbres. Le voyage de Cook, annoté par Vancouver, était peut-être un faux.

L'amiral de Villeneuve fut par la suite invité régulièrement à déjeuner dans l'appartement de la rue Vivienne. Pierre Follet amenait alors la conversation sur ses voyages, lui demandait son sentiment sur les notes des autres navigateurs, sollicitait des commentaires sur les carnets de La Pérouse ou le livre de bord de Bougainville. Le sujet mettait l'amiral en verve.

– Nous avons encore beaucoup de choses à confirmer, ou à préciser. A découvrir, même... Les Açores à peine doublées, nous entrons dans les océans mystérieux, dans la *terra incognita*, si j'ose dire...

– Votre passion vous égare, lui lançait amicalement Pierre Follet.

– Pas du tout, protestait l'amiral, pas du tout ! Nous ignorons l'essentiel des milliers d'îlots de la Sonde, des Indes néerlandaises et de la Société... Je ne vous parle pas des courants, et encore moins des peuples qui vivent dans ces régions, de leurs rites, de leurs religions, de leur histoire...

Il concluait avec hauteur :

– Je vous le dis, Follet : nous ne savons rien de la vie ! Prenez l'archipel d'Hawaï, les Sandwich, comme disent les Britanniques... Les Canaques qui y vivent, désormais sous la coupe de fanatiques protestants.

Il ponctuait son propos d'un regard vers le ciel, excédé et découragé.

– ... pourraient nous enseigner bien des choses. Sur la navigation sans instruments et sans cartes, par exemple, sur les techniques de pêche, spécialement de la pêche baleinière... Et aussi sur le comportement des volcans, les grondements, les fumées avant-coureurs d'explosions... Ils nous apprendraient surtout, je crois, beaucoup de choses sur nous-mêmes.

– Etes-vous familier des Sandwich? enchaînait Pierre Follet.

– Il y a dix ans, j'ai fait escale dans l'archipel pour la première fois. C'était en avril 1837... A Honolulu, lors de notre arrivée, le port était en grande agitation. Les fauteurs de trouble n'étaient pas des marins en bordée, ni des baleiniers en colère. C'étaient deux prêtres catholiques! Un Irlandais et un Français, le père Bachelot, un bon vieux curé de chez nous... Ils étaient soupçonnés de mettre le royaume en péril.

Le ton de l'amiral de Villeneuve, peu à peu, se passionnait.

– La vérité, c'est que les pasteurs protestants avaient peur de se faire voler leurs païens... Ce sont des drôles d'endroits que ces sites perdus sous le soleil du Pacifique, continua-t-il, pensif. Les Blancs qui y vivent, loin de l'Europe ou de l'Amérique, des barrières de la civilisation, se laissent aller. C'est souvent attristant... Ils mènent, dans la paresse, une vie paisible et douce, dormant dans des cabanes d'herbe près des plages, au milieu des Canaques... A l'opposé, il y a leurs ennemis jurés, les protestants de la congrégation de Boston, des personnages jeunes, vigoureux et austères, venus aux Sandwich en famille pour instaurer le royaume de Dieu... Ils sont même allés jusqu'à imposer un jour de repos hebdomadaire à ces Canaques qui ne savent pas ce qu'est le travail.

Méfions-nous des convictions, elles sont la perte de l'homme.

L'amiral retrouvait son sourire, soucieux de ne jamais importuner par une conversation trop pesante.

– L'espèce la plus étonnante est celle des rois-blancs... Combien sont-ils dans les îles du Pacifique, de la Nouvelle-Zélande aux îles de la Société, à régner sur des poignées de sujets ? Une centaine, sans doute plus... En principe, ils en profitent pour créer leur propre religion, inventer des obligations et des interdits... Ils finissent rapidement par se prendre au sérieux, par croire à leurs sornettes. L'effet est saisissant. Ils vous reçoivent sans sourciller, dans leur palais de lianes et de palmes, au milieu de leurs guerriers et de leur harem, assis sur un trône en bois des îles, leur sceptre à la main, un bâton recouvert de plumes ou un os de chien... Dans un îlot des Tuamotu, j'ai ainsi rencontré un vieil Anglais, ancien gabier de la Blackball Line, qui était devenu roi et dieu vivant. Il avait inventé un langage sacré, un sabir, un bichelamar extravagant, mais nécessaire, assurait-il, pour s'adresser à la mer et aux étoiles. Il avait mélangé quelques mots de latin avec de l'espagnol, du français et beaucoup d'argot de Liverpool. Les indigènes, pour que la pêche soit bonne, invoquaient l'Océan dans ce charabia. Le plus extraordinaire, c'est qu'ils obtenaient, paraît-il, des résultats exceptionnels... C'était ahurissant.

– Et les rois d'Hawaï, les avez-vous rencontrés ? questionnait François Follet, avide d'en savoir davantage.

– Le croiriez-vous ? Et l'amiral de Villeneuve jubilait à l'idée de raconter cette histoire. Le seul monarque hawaïen que j'ai eu la chance de connaî-

tre, je l'ai rencontré en Angleterre ! Parfaitement !
C'est une histoire inattendue... et un peu triste.

Il devinait l'attention de ses interlocuteurs, leur
impatience. Ménageant ses effets, il reprenait,
après une pause :

– Il y a une vingtaine d'années, en 1824 pour
être précis, j'occupais les fonctions d'attaché naval
à notre ambassade de Londres. Au gré des réceptions, à White Hall, j'avais fini par me faire quelques amis au Foreign Office... Ma passion pour les
mondes nouveaux m'avait ouvert des portes...
J'avais fini par gagner la confiance du directeur de
l'Océanie au ministère, le très respectable et distingué Frederic Poodle Byng... « Je vous attends sur
le port de Southampton », m'écrivit-il dans un
billet qu'un huissier en gants blancs me fit parvenir, un matin d'avril, à mon domicile de Chelsea...
Il précisait : « Votre curiosité sera récompensée. »
Je passe sur mon voyage en diligence. Trois jours
plus tard, sur le quai de Southampton, l'honorable
Poodle Byng m'indiquait un baleinier au mouillage, à deux milles dans la rade. « Une visite
inattendue, cher ami, me fit-il, ajoutant d'un air un
peu dégoûté : Et tout à fait importune. »

Le baleinier s'appelait *L'Aigle*. Le commandant
du navire, un rude gaillard du nom de Buckle,
avait laissé sa cabine à ses passagers... Son Altesse
Liholiho, roi d'Hawaï, et son épouse, c'est-à-dire sa
sœur. Le spectacle de leur déchéance faisait peine.
Le roi, un homme jeune, maigre, aux traits épatés,
les cheveux ébouriffés, ses grands yeux noirs injectés de sang, était assis à même le plancher de la
cabine. Il était vêtu d'un pagne et d'une veste de
major général de l'armée britannique. Près de lui,
allongée dans la couchette, la reine dormait. Leurs
Altesses Royales hawaïennes étaient ivres mortes...
On n'a jamais su vraiment ce qu'elles étaient

venues faire en Angleterre. Bocki, le gouverneur d'Honolulu qui les accompagnait, un Canaque petit et puissant, buveur exceptionnel, prétendait qu'elles étaient venues rendre une visite à « leur cousin », George IV... On a dit, depuis, qu'elles avaient projeté de vendre leur royaume à la Grande-Bretagne. Deux semaines après leur arrivée en Angleterre, le roi et la reine d'Hawaï se sont endormis pour toujours, dans les bras l'un de l'autre, emportés par la coqueluche...

Pendant des mois, l'image de ces souverains du bout du monde, venus mourir d'une banale infection infantile dans une rade anglaise sans avoir été autorisés à débarquer, tourmenta François Follet. Hawaï et ses monarques allaient nourrir son imagination pendant de nombreuses années.

Un soir de juin 1850, l'amiral de Villeneuve vint une nouvelle fois dîner rue Vivienne. Il apporta une bouteille de porto, le meilleur de sa cave.

– J'ai apporté ce porto pour célébrer un moment important. Le ministre m'a confié un commandement à la mer. Je vais vous quitter pour longtemps, mes amis.

Pendant le repas, il retrouva un certain enthousiasme à la perspective de naviguer bientôt dans le Pacifique.

– Ma mission prévoit en premier lieu la protection des baleiniers. De la mer du Japon au large du Pérou, c'est une surface considérable à surveiller... Sans compter que je ne me vois pas offrir une protection aux baleiniers de la région. Dans certains cas, ce sont plutôt les populations qu'il faudrait protéger. Vous ai-je déjà parlé de Théophilus Gresham ? Théo Gresham est un personnage qui fait partie de la légende du Pacifique. C'est une force de la nature, un colosse intrépide capable d'amener son navire si près des souffleurs qu'on peut les harponner sans mettre les pirogues à la mer... Une folie lui a valu son surnom de Théo le Fêlé : il ne supporte pas les Nordiques. Dès qu'il voit un type blond, aux yeux bleus, parlant d'un ton guttural, il lui envoie une châtaigne. Il prétend qu'une de ses lointaines aïeules aurait été violée, il y a très longtemps, par Eric le Rouge... Bref, protéger les baleiniers est un objectif aussi irréaliste qu'inutile. Aussi, ai-je prévu d'occuper ma présence dans le Pacifique à d'autres travaux, plus intéressants et, je le crois, plus importants.

Devant son auditoire, il précisa :

– Je suis persuadé, à l'exemple de James Cook, que les îles du Pacifique central, d'Hawaï à la Nouvelle-Zélande, en passant par la Société, les Marquises et les Samoa, ne constituent en réalité qu'un seul et même pays. J'embarque avec moi des hommes de science et de culture, des botanistes, des physiciens, des médecins. Je veux démontrer que ces îles sont habitées par un même peuple, de la même race canaque. Je prétends qu'ils ont les mêmes langages, les mêmes lois, les mêmes croyances et les mêmes légendes... D'ici cinq ans, cher Pierre Follet, je vous en apporterai la preuve.

Pierre Follet n'eut jamais les preuves que la majorité des îles du Pacifique n'étaient qu'un seul et même pays. L'amiral Philippe de Villeneuve, son ami, ne revint jamais le voir dans l'appartement de la rue Vivienne. Au ministère de la Marine, où il chercha des renseignements, on lui déclara que sa frégate avait fait naufrage dans l'océan Indien, au nord de Madagascar. Pierre Follet, malgré sa tristesse, pensa qu'au moins l'amiral de Villeneuve était mort dans son univers.

Le départ de François Follet suivit de peu celui de l'amiral de Villeneuve. Sa mère, Francés Howard, l'implora de rester près d'elle, pleura beaucoup, puis renonça. On était en 1852, et François Follet venait d'avoir vingt ans.

A cet âge, on sait se montrer pratique et concret. On obéit à ses rêves.

2

« Dans le Pacifique, disait l'amiral de Villeneuve, l'important c'est le voyage. Arriver au port, c'est le souci des armateurs ou des naufragés; pas des navigateurs. Le charme de l'escale, c'est de savoir que l'on va repartir, vous ne croyez pas, Follet? Les nuits du Pacifique valent, en surprises, les villes les plus animées, Shanghai ou Singapour. Les gens que l'on rencontre dans les îles sont plus divers que ceux que vous trouverez jamais à San Francisco, de Barbary Coast à Nob Hill, agressifs et féroces dans un atoll, tendres et doux à quelques centaines de milles. » Pour François Follet, Batavia[1] ne devait être qu'une escale, le long d'un voyage qui ne s'était pas fixé d'horizon.

Dans ces régions du Sud-Est asiatique, l'Union Jack flottait sur des palais de gouverneurs, immenses résidences au sein de jardins somptueux où des officiers à l'uniforme impeccable, le teint rouge et la moustache superbement hautaine, veillaient à la domination du lion britannique. Singapour, depuis 1840, était une terre anglaise, parfumée d'encens, de jasmin et de thé. Un gouverneur veillait sur une communauté de familles de militaires et de com-

1. Ancien nom de Djakarta.

merçants. François débarqua d'un clipper britannique au début de l'année 1855. Le chemin de son succès y paraissait tracé, préparé depuis bien longtemps par son grand-père, Robert Howard, qui y possédait des comptoirs, des agents et y avait des amis banquiers. Le jeune Français trouva aussitôt que l'ambiance était trop convenue, le chemin trop bien jalonné pour y séjourner longtemps. Les îles indonésiennes étaient à quelques milles, séparées de Singapour par l'étendue bleutée du détroit de Malacca. C'est là, dans l'île de Java, dans le grand port de Batavia, qu'il choisit de s'installer. Ce n'était pas par goût du défi, encore moins par goût de la difficulté. C'était, tout simplement, pour le plaisir de l'indépendance, l'intense satisfaction d'être seul.

Les conditions de sa réussite étaient loin d'y être réunies. Sumatra, Java et Bornéo étaient des possessions hollandaises et portaient le nom d'Indes néerlandaises. Les Britanniques n'y étaient guère appréciés. Ils y avaient régné quelques années, de 1811 à 1816, conséquence inattendue de l'épisode napoléonien, et le gouverneur qu'ils y avaient installé, Thomas Raffles, n'avait pas laissé un très bon souvenir. Expulsés par les Hollandais, de nouveau maîtres de la situation, Thomas Raffles et les Britanniques avaient traversé le détroit de Malacca, où ils avaient créé le comptoir de Singapour. Plus que les quelques milles du détroit, c'était un océan d'hostilité qui séparait Britanniques et Bataves. François Follet comprit à l'accueil glacé des fonctionnaires de la « Compagnie des Indes » qu'il ne devrait compter que sur lui-même. L'idée qu'il serait le seul à tracer le chemin de son succès le ravit.

Ce chemin, précisément, passait par le port de Batavia. C'est là que tout commença... Capitale de l'île de Java et résidence du gouverneur des Indes néerlandaises, le port était difficile d'accès. Il se composait de deux bras de mer, longs canaux naturels où les embarcations indigènes, les *buggis* aux coques effilées de bois de teck et aux voiles en toile de riz, venaient mouiller bord à bord, dans un désordre inextricable, îles flottantes peuplées de familles nombreuses, calmes et souriantes. Les Hollandais évitaient ce quartier, le « kampung », et seuls les douaniers ou les agents chargés de l'affrètement en épices, poivre et indigo des navires de la « Compagnie des Indes » fréquentaient le port. Les administrateurs coloniaux, les hauts fonctionnaires, les négociants, les militaires vivaient, eux, à l'écart, dans un quartier de bungalows noyés dans les hautes feuilles d'hévéas et les frangipaniers : Bogor.

Le commerce des épices suffisait au bonheur – c'est-à-dire à la fortune – des Hollandais. Les Chinois, installés à l'est du port, avaient hérité du reste et ouvert dans tout l'archipel indonésien une multitude de petites échoppes. Pour les négociants chinois, la difficulté consistait à se faire approvisionner. Les captains des navires marchands européens trouvaient plus commode de relâcher à Singapour, de l'autre côté du détroit de Malacca. Ils y trouvaient des facilités de mouillage, de déchargement et même de langage. Les habitudes étaient prises et Batavia était peu à peu délaissée.

M. Ching, honorable négociant, remarqua un jeune Européen, brun et solide, qui déambulait le long du port... C'est ainsi que François Follet devint courtier maritime. Il s'installa dans une petite île, au large de la côte de Sumatra, poste d'observation idéal dans le détroit de Malacca. De là, son travail consistait à intercepter les navires marchands quelques heures avant qu'ils atteignent

Singapour. Dès qu'il apercevait un bâtiment avançant lentement dans le détroit, déventé par les hautes côtes de Malaisie, il cinglait vers lui à bord d'un petit *buggi*, aidé de trois hommes d'équipage qu'il avait pris à son service. Il se postait à l'avant pour indiquer au captain qu'il n'était pas un de ces nombreux pirates qui rôdaient entre les îles. Il apprit très vite les manières de se faire hisser à bord et de circonvenir le captain. Les commandants des navires, à cette époque, recevaient de leurs armateurs un blanc-seing pour négocier au mieux la cargaison qu'ils déchargeaient et celle qu'ils embarquaient. Ils en retiraient un bénéfice, le « chapeau du capitaine », un pourcentage sur les transactions fructueuses. Dans la cabine du captain, François Follet offrait des avantages sonnants et trébuchants, et les navires, au lieu de remonter vers Singapour, prenaient un bord dans le sud vers Batavia. M. Ching se frottait les mains et sortait son boulier avec un sourire gourmand. Pendant l'escale, François Follet veillait au bon séjour et au plaisir des officiers. Il les guidait dans les rues chaudes autour du port, leur ouvrait les portes des fumeries sans y entrer lui-même, facilitait les transactions de tout genre. Lorsque les marins repartaient, enchantés de leur cargaison d'ivoire ou de tissu, et encore éblouis de leur halte, François Follet reprenait, à travers la jungle de Sumatra, le chemin de son île au milieu du détroit, pour intercepter un autre navire et détourner un autre capitaine.

Les affaires devenant florissantes, François, qui recevait sa part sur toutes les cargaisons, acheta une résidence luxueuse à la sortie de la ville indigène, du « kampung ». C'était un bungalow de style colonial, enfoui sous les larges feuilles de bananiers et les fleurs de frangipaniers. Il engagea un cuisinier, un valet de chambre et un jardinier indonésiens. Peu à peu, il se laissa aller à la douceur des jours, sous le ciel bleu ou à l'abri des feuilles de bananiers ruisselantes quand venait la saison des pluies. Il s'enfonça dans le plaisir comme dans les coussins profonds de son salon où, dans la moiteur de l'après-midi, il succombait aux caresses d'adolescentes aux grands yeux noirs et aux saris chatoyants.

Il prit goût aux parfums délicats, d'ambre et de jasmin, aux liqueurs et aux cigares, aux vêtements recherchés, costumes clairs et gilets blancs, que la mode imposait dans les ports du Pacifique. Entre ses périples dans l'île de Bafang, à travers la végétation hostile – voyages, du reste, de plus en plus espacés, les commandants des navires se dirigeant d'eux-mêmes vers Batavia –, il ne refusait pas l'art de vivre de l'Européen colonial. Il lui arrivait ainsi de remonter souvent, dans un pousse-pousse tiré par un Indonésien aux mollets nerveux, la grande avenue qui menait du port jusqu'à la colline résidentielle de Bogor et que les Hollandais avaient baptisée *Molin Vielt*, par référence aux moulins à sucre qui jalonnaient l'itinéraire. Au fil des ans, la très stricte communauté hollandaise lui avait ouvert ses portes, celles du luxueux « Club Harmony » d'abord, interdit aux femmes, où des messieurs distingués se réunissaient pour goûter les dernières bières arrivées des Pays-Bas; celles des résidences de Bogor enfin, où les mères de famille respectables estimaient que la fortune de ce Français, bien de sa personne et élégant, en faisait un futur mari présentable.

François Follet n'était pas dupe de l'intérêt qu'on lui portait. Il traversait les réceptions auxquelles il était invité avec le sourire. Sans doute lui arrivait-il de trouver à son goût certaines de ces jeunes filles, mais sa pensée n'allait guère plus loin. Les petites adolescentes indonésiennes qui lui rendaient visite pendant la sieste suffisaient à son désir, et sa situation florissante le dispensait d'un mariage d'argent. Il n'imaginait rien qui pût le retenir pour toujours dans les Indes néerlandaises... Seul le coup de tonnerre de l'amour eût arrêté son destin sous le ciel de Batavia, mais cette idée, à supposer qu'elle eût jamais pu lui traverser l'esprit, n'aurait pas manqué de le faire sourire. Car François Follet ne connaissait pas le sentiment amoureux. Depuis son adolescence, bien qu'ayant fait montre d'un esprit ouvert et du sens de l'amitié, il n'avait jamais éprouvé le merveilleux frisson, le délicieux abandon, le bouleversement euphorique mêlé d'inquiétude qu'on appelle l'amour. On peut être vierge de sentiment comme on l'est du plaisir : sous ses airs de gentleman aux épaules carrées et au regard noir, malgré ses allures d'aventurier distingué, familier des rivages de l'Asie ou de la Chine mystérieuse, François Follet n'avait jamais vécu les tourments de l'amour. Au fond de lui-même, et sans qu'il le soupçonnât un instant, François Follet était un puceau de la vie.

En 1867, le jour anniversaire de ses trente-cinq ans, douze ans après son arrivée à Batavia, il décida que l'escale avait assez duré. Il informa l'honorable M. Ching de ses intentions de quitter la ville et de reprendre sa route dans le Pacifique. « Le charme de l'escale, c'est de savoir que l'on va repartir... » M. Ching fit remarquer avec courtoisie que le moment était mal choisi. Leur réussite avait fait des envieux, et d'autres courtiers maritimes s'étaient installés à Batavia, rendant la concurrence féroce. M. Ching offrit la moitié du bénéfice de toutes ses affaires et François demanda une semaine de réflexion. Au bout de trois jours, il informa M. Ching qu'il acceptait sa proposition. L'appât du gain n'était pas l'unique raison de son choix. Un adolescent de quinze ans qui répondait au nom de James Woodhouse avait pesé dans cette décision.

En sortant de l'entrepôt de M. Ching, François Follet avait longé le quartier chinois, le long d'un *kit*, un de ces multiples canaux que les Hollandais avaient creusés pour faire de Batavia une nouvelle Amsterdam. Il avait fini sa promenade sur le port, près d'un bras de mer où s'entassaient des milliers de *buggis*. C'est dans la cohue qu'il remarqua un adolescent aux cheveux roux et aux yeux clairs. Il vit tout de suite que cet enfant désemparé était à la dérive, perdu dans le dédale du « kampung ». Il lui demanda : « Anglais ? », et le jeune homme, les yeux fiévreux, fit oui d'un simple hochement de tête.

– Tu es malade ?

– Non, je ne suis pas malade... J'ai faim.

François l'amena chez lui, lui fit servir du poulet aux piments, du riz, que le jeune homme engloutit sans un mot avant de retrouver son sourire. Puis il lui offrit un lit, où il dormit une journée entière.

Le jeune Anglais demeura un mois chez le Français. Peu à peu, il lui raconta son histoire. Il s'appelait James Woodhouse et avait seize ans. Novice sur un clipper de Londres qui faisait la course du thé, la route de la Chine, il en était à son deuxième voyage et avait fait naufrage dans l'océan Indien. Seul rescapé, il avait été recueilli par des Dayaks de Bornéo, des pirates rôdant dans le détroit de Malacca, qui s'en étaient débarrassés en le confiant à des pêcheurs au large des Indes néerlandaises. Depuis deux semaines, il traînait dans Batavia, sans gîte ni nourriture. Mis en confiance par le calme attentionné de son hôte, James Woodhouse se laissa aller à des confidences sur son enfance. C'était en fait un « novice » d'un genre très inhabituel. Envoyé par son père dans les meilleures écoles d'Angleterre, il savait non seulement lire et écrire, ce qui suffisait à le distinguer des jeunes embarqués, mais possédait de sérieux rudiments de français et d'espagnol, une bonne connaissance des auteurs latins et grecs et avait lu à plusieurs reprises le *Voyage dans le Pacifique* de Cook. Ruiné dans une mauvaise affaire, son père s'était suicidé, et, pour soulager sa mère du poids de sa subsistance, le jeune garçon, habitué jusque-là aux écoles distinguées de la vieille Angleterre, s'était engagé comme mousse sur un clipper amarré au quai de la Tamise... François Follet comprit qu'il tenait en ce Jimmy Woodhouse la clef de son départ. Il décida d'en faire son successeur dans le métier, désormais rude à Batavia, de courtier maritime.

L'élève se révéla à la hauteur de son maître. Il était dévoué, entreprenant, imaginatif et courageux. Il comprit rapidement comment monter le premier à bord des navires qui s'engageaient dans le détroit de Malacca et négocier au mieux les marchés. A dix-huit ans, il connaissait toutes les astuces du courtage maritime, la façon de circonvenir un capitaine en quelques minutes, avant même que le concurrent n'ait eu le temps d'amener sa chaloupe le long du navire.

Une amitié profonde était née entre James Woodhouse et François Follet qui pouvait le considérer comme son fils. Ils avaient la même façon de vivre, à l'écart des communautés européennes d'Indonésie.

C'est à cette époque que mourut M. Ching. François Follet décida de créer sa propre compagnie de courtage et, pour sceller leur amitié, offrit à Jimmy trente pour cent de sa société qui devint la « Follet and Woodhouse Company », la première société de courtage maritime des Indes néerlandaises.

Des émeutes, à Batavia, il y en avait parfois. C'étaient des déferlements de pauvres, ruinés par des calamités naturelles, typhons ou raz de marée, des récoltes catastrophiques ou des bandes de pillards. Les quartiers pauvres de la ville étaient alors envahis par des hordes de paysans ruinés, des milliers de familles en guenilles, affamées, qui finissaient par se servir elles-mêmes dans de spectaculaires explosions de fièvre. Les nantis, riches commerçants et fonctionnaires hollandais, se repliaient dans leurs maisons de Bogor, sous la protection de hauts murs et de gardes armés. Les pauvres se dévorent entre eux : le quartier miséreux de Batavia était mis à sac. Au début de janvier 1872, c'est un raz de marée qui vint frapper les côtes orientales de l'archipel. Une fois, la gigantesque déferlante passée, une tempête de fin du monde s'abattit pendant plus d'une semaine sur les villages dévastés. A la fin du mois, Batavia était submergée par le flot des réfugiés. Bientôt, dans les ruelles du port, les échoppes furent prises d'assaut, les greniers à riz investis. Autour du port, les entrepôts furent attaqués et la troupe dut intervenir durement pour protéger les biens et rétablir l'ordre. Mais des incendies éclatèrent, malgré les rafales de pluie et de vent, et en une nuit les entrepôts Follet furent réduits en cendres. Jusqu'à l'aube, le Français avait regardé, ruisselant et silencieux, les flammes dévorer ses stocks.

Le lendemain en fin de journée, il reçut la visite de James Woodhouse dans sa maison, le long de Molin Vielt.

– Je m'en vais, Jimmy, lui dit-il simplement... Cet incendie qui met un coup d'arrêt aux activités de notre compagnie me rappelle...

Il se laissa aller à un sourire :

– ... me rappelle à mon destin !

Jimmy le dévisagea, ébahi. François poursuivit :

– Je m'enfonçais dans les charmes trompeurs de ce pays. Le monde est vaste. Je reprends ma route...

Il observa son associé, attendant une confirmation.

– Les réserves de trésorerie de la compagnie te permettront de surmonter cette catastrophe ?

– Ce n'est pas un souci, François, répondit Jimmy.

– Depuis que je suis dans les îles, j'ai amassé pas mal d'argent. Des florins, des sterling et des dollars. Je vais commencer une nouvelle vie, ailleurs...

– Si c'est ton choix, s'inclina Jimmy avec tristesse. Tu comptes aller où ?

– L'Amérique... San Francisco. Tu connais des navires en partance ?

Jimmy réfléchit un instant.

– Pas pour le moment. D'après mes calculs, le captain Carrington, le commandant du *Little Lily*, ne devrait pas tarder. Il fait la route de l'Est. Il pourra sans doute t'emmener un bout de chemin.

A la fin du mois de janvier, le *Little Lily* vint effectivement jeter l'ancre dans les eaux vertes de l'avant-port de Batavia, entre les centaines de *buggis* de pêcheurs aux larges chapeaux pointus et les commerces flottants de cette ville qui palpitait avant même les premières ruelles du port. Le soleil était revenu et le calme avec lui. La baie retrouvait ses activités dans un grouillement incessant sous un ciel brûlant.

François Follet connaissait le captain Carrington depuis son installation à Batavia. Son trois-mâts clipper venait relâcher tous les deux ans dans le grand port des Indes néerlandaises, le temps de parcourir un tour du monde. Les affréteurs de navires, négociants et courtiers, hésitaient à confier des cargaisons au captain Carrington. Dans les ports du Pacifique, sa réputation d'intempérance refroidissait les commanditaires. Mais Henry Carrington avait l'alcool placide, car il savait que dans chaque port, fût-il indien, mélanésien, chinois ou américain, il se trouvait toujours un marchand pour lui confier une cargaison. François Follet avait toujours été de ceux-là. Il s'en était expliqué à James Woodhouse au début de leur collaboration.

– Carrington est un alcoolique ? Et alors, quelle importance ? Il lui faut sa bouteille de whisky quotidienne, deux dans les grands jours ? Crois-moi, il en faut plus pour faire pencher un clipper comme le *Little Lily*.

– Tout de même, avait rétorqué Jimmy, étonné. Le scotch et la navigation ont rarement fait bon ménage. On raconte que Carrington fait sauter son premier bouchon à dix heures du matin...

– ... et qu'à huit heures du soir il est affalé sur sa couchette, ivre mort. Sais-tu ce que m'a dit Carrington ? « Quand on me dit que le soleil se couche, je le crois sur parole... Pour moi, il y a déjà quelques années que je n'ai pas pu le vérifier. Je suis couché bien avant lui. » L'important, pour un captain, c'est d'amener son navire à destination. Carrington, en vingt ans de commandement, n'a jamais failli à cette règle. C'est curieux, mais c'est ainsi.

La réputation de Carrington était telle qu'on le disait capable d'éviter tornades et cyclones. Cette faculté, déjà extraordinaire chez un marin sobre, devenait surnaturelle chez un alcoolique comme Carrington. L'explication venait d'elle-même. Le captain Carrington n'était pas un marin comme les autres. C'était un voyant.

Carrington ne fit aucune difficulté pour accepter François Follet, en qualité de passager, sur le *Little Lily.*

– Je ne peux rien vous refuser, dit-il d'une voix rauque et un peu traînante. Ce sera un plaisir... J'ai une cabine réservée pour les visiteurs. C'est la plus confortable du navire. Je n'y mets pas n'importe qui. D'ailleurs, je n'ai pas embarqué grand monde à ce jour... Je crois bien qu'en vingt ans de bourlingue dans tous les ports du monde vous serez mon premier passager. Seulement, reprit-il, avec ces émeutes, incendies et tout le bastringue, je ne sais pas quand je pourrai avoir une cargaison... Il faudra attendre un peu.

Il n'eut pas à attendre plus de deux jours. James Woodhouse trouva chez un de ses correspondants de l'île un lot de tissus à expédier à Lima. François Follet fit ses adieux à ses domestiques, leur présenta son successeur, un diplomate espagnol qui avait acheté sa villa, prit une dernière fois le panama blanc que lui tendait son valet de chambre et partit seul, avec pour tout bagage un grand sac de cuir sombre aux serrures d'argent. James Woodhouse l'attendait sur le port avec un *buggi* pour l'amener jusqu'au *Little Lily*, qui tirait sur son ancre, à quelques milles dans la baie.

– Donne-moi de tes nouvelles, un jour, François. A San Francisco, sur les wharfs, tu trouveras bien un bateau en partance pour notre archipel. La société Follet-Woodhouse sera au même endroit. Envoie-moi un mot...

François fit oui de la tête. James ajouta :

– ... ou reviens me voir. Je serai toujours là pour toi.

Le pêcheur indonésien fit claquer sur l'eau le plat d'un long aviron, puis hissa une petite voile triangulaire. François Follet resta les yeux fixés sur le clipper qui balançait lentement au large. Il ne se retourna pas.

Tout au long du voyage le captain Carrington se montra d'une humeur égale et plaisante. Dès le premier repas, il fit preuve d'une courtoisie et d'une attention subtiles.

– Vous ne m'en voudrez pas de ne pas vous emmener jusqu'à San Francisco. Je vais d'abord à Hawaï. Pour le plaisir. Hawaï n'est pas sur la route du Pérou : c'est un détour que je m'offre, une fantaisie de plusieurs centaines de milles... Se faire chahuter dans le Pacifique sans relâcher quelques jours dans les Sandwich serait une parfaite faute de goût. Et il ne sera pas dit que le captain Carrington ait, une fois dans son existence, manqué de savoir-vivre !

Sur ces mots, il servit à son hôte et à son second, un homme grand et brun, au visage anguleux, un vin sombre, lourd comme de l'encre. Il attendit, amusé, la réaction de son passager.

– Très curieux, confirma François Follet, vraiment très curieux.

– N'est-ce pas ? J'en ai acquis une dizaine de foudres, pour trois fois rien, à un négociant de Macao... Il ne savait plus depuis combien de temps ils étaient entreposés dans sa cave. Allez donc savoir ce que ça peut bien être... J'arriverai bien à faire croire à un chef hawaïen que c'est du porto, du très bon, du très vieux, une rareté qui en est au moins à son cinquantième tour du monde. Les chefs canaques n'ont pas le palais délicat...

La mémoire se joue de nous. Les souvenirs nous attaquent par surprise. Par le biais d'un breuvage à l'origine imprécise, sans doute un mauvais vin italien fortement madérisé, François Follet revenait aux années de sa jeunesse, dans la maison de ses parents, lorsque l'amiral de Villeneuve venait raconter ses voyages du bout du monde : « Le paradis nous a été donné, monsieur Follet, qu'allons-nous en faire... Que va devenir le royaume d'Hawaï? »

François se surprit à répéter à voix haute l'inquiétude de l'amiral :

– Que va devenir le royaume d'Hawaï?

– Il va se noyer! s'empressa de dire Carrington. Il va se noyer dans le whisky... ou dans le mauvais porto.

A la grande surprise de François Follet, les rois d'Hawaï n'intéressaient guère le captain du *Little Lily*.

– Actuellement, dit-il, le roi s'appelle Lot... Je l'ai rencontré à mon dernier passage, il y a deux ans, en 1870... Je voulais lui vendre quelques tonneaux de bourbon, une cuvée de grande qualité. Une boisson de roi! J'étais mal tombé. Lot ne boit que de l'eau. C'est renversant, n'est-ce pas? Il n'y a qu'un seul Hawaïen dans tout l'archipel à ne pas taquiner le goulot : c'est lui. J'aurais mieux fait de lui proposer des bibles. Sa Majesté est versée dans la chose anglicane... avec la démesure des nouveaux convertis.

Le captain Carrington eut un mouvement de tête pensif, empreint d'une tristesse sincère.

– C'est un pauvre bougre. Un couple d'Anglais s'est chargé de son éducation. Un curé et sa dame... Ils étaient aussi époux que moi et la reine Victoria. C'étaient des espions, vous comprenez? Envoyés par le Foreign Office pour manipuler le futur roi et lui bourrer le cerveau. Depuis, le malheureux ne sait vraiment plus à quel saint se vouer. Le roi Lot me fait sincèrement de la peine. Quand ses sujets le supplient, les bras au ciel, d'écouter les grondements de Pélé, la déesse des volcans, il répond : « Jésus-Christ »; quand les anciens prêtres sorciers, les *kahunas*, qui agissent en cachette, demandent à être reçus, il dit que le plus grand des *kahunas* est l'archevêque de Canterbury; quand le vent fait grincer les gréements des navires dans le port d'Honolulu, il rêve au carillon de Westminster. C'est ainsi, que voulez-vous... Lorsqu'il m'a reçu, il portait un uniforme de major de l'armée des Indes, vareuse rouge à boutons dorés, pantalon noir et casque blanc. Les Blancs d'Hawaï, pour la plupart américains, les Haolès, trouvent cet accoutrement d'une grande drôlerie; hilarant, paraît-il... Moi, voyez-vous, monsieur Follet, je n'arrive pas à voir là-dedans quelque chose d'amusant. Au contraire... Voulez-vous que je vous dise? L'uniforme de major de l'armée des Indes de Son Altesse Lot, roi d'Hawaï, je le trouve tragique.

Jour après jour, au fur et à mesure que le *Little Lily* remontait d'archipel en récif de corail, vers les eaux tièdes d'Hawaï, François Follet découvrait dans le captain Carrington un personnage délicat et cultivé qu'il n'aurait jamais pu imaginer et tel qu'aucun des courtiers des ports océaniens ne l'aurait soupçonné. Il devina que l'intempérance du patron du *Little Lily*, sans être feinte, était dosée et calculée avec soin. Il en vint à se demander si Carrington n'avait pas, au fil des ans, mis au point un stratagème destiné à renforcer son pouvoir sur les marins. Quelques détails avaient retenu son attention. Certes, Carrington « faisait sauter son premier bouchon » à dix heures du matin, mais il le faisait avec un peu trop de mise en scène, et s'en prenait un peu trop bruyamment au mousse qui tardait à lui apporter son whisky. Le captain, à l'évidence, jouait à l'ivrogne.

Outre qu'il découvrit que Carrington était un « faux buveur », mais un authentique marin, soucieux de la bonne marche de son navire, capable de localiser à coup sûr un atoll, ces curieux îlots si plats qu'ils semblent terrés au ras des flots, et dont les vigies, juchées au haut des mâts, ne percevaient souvent qu'au dernier moment les feuilles des cocotiers, François Follet fit une autre découverte, tout aussi étonnante. Chaque soir, le captain Carrington s'enfermait dans sa cabine, et, tandis que les remarques goguenardes allaient bon train sur son état d'ébriété, il sortait de son coffre de marin des ouvrages de sciences naturelles, des textes agrémentés de dessins, de croquis, des traités relatifs à un seul sujet : les grands mammifères marins.

Au bout de deux semaines de voyage, alors que le *Little Lily* allait doubler les Samoa, Henry Carrington, pour la première fois de sa carrière, convia un visiteur dans sa cabine.

– Vous vous attendiez à davantage de désordre ? demanda-t-il d'un ton ironique.

François, souriant d'un air entendu, fit non de la tête.

– C'est le logement d'un alcoolique bien propre, n'est-ce pas ?

– Vous n'êtes pas un alcoolique, captain. Vous

êtes un buveur... A peine excessif, et dans le fond assez raisonnable.

– Ah bon? s'amusa Carrington.

– Vous êtes un simulateur. Vous jouez l'ivrogne.

Carrington éclata de rire. Il ouvrit un tiroir de son petit bureau et sortit une bouteille et deux verres.

– Disons que je force un peu mon naturel...

Il versa du whisky dans les verres, en tendit un à François puis vida le sien d'un trait.

– Je m'arrange pour ne jamais dépasser ma dose. Savez-vous comment je tiens mon équipage? Par la force, la terreur, la contrainte? Pas du tout. Par la magie... Les marins sont des gens simples, mais de bon sens. Un captain ivrogne, pour eux, c'est un captain noyé... A moins, reprit-il avec un œil malicieux, qu'un pouvoir exceptionnel ne lui permette de faire sa route, de prévoir le temps, les cyclones et le reste, en dehors de la conscience. Alors, c'est qu'il est en contact avec les dieux. Vous comprenez?

Il cligna d'un œil, rusé.

– Je possède des pouvoirs magiques!

François leva son verre, admiratif.

– A vos contacts avec l'au-delà!

– Le seul qui soit au courant de mon subterfuge est William Burns, mon second. Je l'ai prévenu : « Ne vous avisez pas, monsieur, lui ai-je dit, de laisser courir la rumeur, dans le poste des matelots, que je ne serais pas un authentique et fieffé poivrot. Il pourrait vous en cuire... » Burns s'est incliné. C'est un brave type et je l'aime bien. Pourtant, je devrais le détester... Mais c'est une autre histoire.

Il ouvrit un tiroir et sortit un grand livre à la couverture verte cartonnée et ferrée d'or :

– Savez-vous pourquoi je vais à Hawaï?

– Comme tous les marins du monde, je suppose, dit François.

– Pour les petites vahinés, leur teint doré et leurs seins ronds? Non. Je n'ai pas eu ce genre de goût exotique à vingt ans. Alors, vous pensez, à mon âge! Si en plus je vous dis que je déteste les Blancs d'Hawaï, vous allez me prendre pour un fou, n'est-ce pas?

Il continua à parler, le regard fixé sur le livre qu'il feuilletait, s'attardant sur les planches en couleur représentant les grands mammifères marins noirs, gris ou bleus, bossus ou élancés, solitaires ou en troupeaux, dans des eaux calmes ou dans des océans déchaînés.

– En janvier, c'est le beau temps dans l'archipel, fit-il soudain enthousiaste... Les baleines viennent batifoler entre les îlots. Elles sont d'humeur légère, insouciante. Ces animaux sont nos frères, vous savez... C'est la saison des amours. C'est aussi le moment des naissances. Les femelles qui sont grosses se retirent des troupeaux, elles se mettent à l'écart. Elles reviennent quelques jours après, avec un baleineau à leur côté. Les autres baleines leur font la fête. Une naissance, c'est une joie, n'est-ce pas? C'est la vie qui continue.

– Elles ne craignent pas les chasseurs? demanda François Follet, intrigué.

– Elles devraient... Les baleiniers, qu'ils soient français, américains ou anglais, ne sont que des bêtes furieuses, des fauves capables du pire!

Il fit une pause.

– Le pétrole permet, désormais, aux baleines de vivre plus tranquilles, reprit-il.

– Je vous demande pardon?

– Vous n'êtes pas au courant? Depuis la fin de la guerre de Sécession, les Américains ont découvert, dans je ne sais trop quelle mine du Nord, une sorte d'huile, le pétrole, qui remplace la graisse de baleine dans les lampes... Meilleure pour l'éclairage, moins de fumée. Alors, évidemment, les armateurs de la côte est des Etats-Unis, ou les Anglais, ne trouvent plus rentable de venir s'enfoncer dans le Grand Nord, dans ces endroits terribles où le Pacifique se perd dans les glaces. Du coup, les assassins ont délaissé Hawaï. Les seuls harponneurs qui pourchassent encore les troupeaux viennent de San Francisco. Ils écument les confins du Kamtchatka ou de la mer du Japon, et ne reviennent plus relâcher dans les îles. C'est du temps de gagné pour les belles baleines franches, un peu de répit, loin des assassins.

Depuis ces confidences, le captain Carrington ne cessa, pendant les repas pris dans la salle à manger des officiers en compagnie du second, d'orienter les conversations sur les baleines. Ce n'était pas une idée fixe, encore moins une obsession. C'était beaucoup plus qu'une passion. Les grands mammifères marins occupaient toute sa vie.

Un jour, peu avant midi, alors que François, sur la dunette du navire, échangeait quelques mots avec Burns, le temps s'éclaircissait au nord des îles de la Société quand la vigie signala un troupeau de « souffleurs » à quatre milles sur tribord. Carrington, en un éclair, fut sur le pont. Il dirigea sa longue-vue dans l'axe qu'indiquait le gabier juché en haut du mât.

— Des cachalots, qui remontent dans le nord, fit-il en la tendant à François.

Il remarqua l'étonnement dans le regard de son interlocuteur.

— L'évent des cachalots, la colonne de vapeur d'eau qu'ils rejettent, si vous préférez, est plus courte que celle des baleines. Sa couleur aussi est différente. L'eau tire sur le vert, plus dense, plus sombre.

Cette évocation, tout à coup, sembla l'attrister. Il devint grave, comme si elle eût réveillé en lui une vieille blessure.

Il s'en expliqua plus tard.

– Le premier souffle que j'ai vu, c'était celui d'une baleine... Et pourtant il n'était pas d'une couleur claire ni fraîche. Il était rouge! C'était il y a bien longtemps. J'étais mousse sur un clipper qui faisait la route de San Francisco. Mon premier voyage. Le captain nous a fait prendre un bord pour venir près du « bossu ». C'était une belle baleine qui agonisait, trois harpons plantés dans son flanc. Elle était blessée, et le souffle rouge qu'elle rejetait par ses évents était du sang. Le captain a fait installer sur la dunette un petit canon qu'on avait à bord pour nous défendre des pirates et effrayer les indigènes. Il voulait l'achever pour qu'elle arrête de souffrir. On s'y est repris à dix fois. A chaque coup, sa chair explosait et la mer rougissait. Elle a fini par disparaître dans les flots... Alors, on a entendu des plaintes, comme les cris de douleur d'un enfant. C'était un baleineau qui pleurait la mort de sa mère. Ce sont des sanglots que je n'oublierai jamais...

Il regarda François Follet, ses yeux marron soudain durs.

– Savez-vous, monsieur Follet, que les chasseurs de baleines non seulement sont des meurtriers, mais en plus sont des lâches?

Burns, en face de François, parut rentrer la tête dans les épaules.

– Ils adorent prendre des baleines franches pour victimes... Et vous savez pourquoi, monsieur, elles sont franches?

Carrington n'attendit pas de réponse.

— Parce qu'elles ne font jamais de coups en douce, jamais de ruades tordues contre les navires, comme le font les cachalots et les épaulards. Ils sont tranquilles, les assassins. Ils peuvent y aller, ils peuvent exterminer l'âme sereine...

Carrington s'efforça de retrouver son calme et se tourna vers son second.

— Veuillez m'excuser, monsieur Burns. Je ne parlais pas pour vous... Il peut y avoir sur les baleiniers quelques braves types, égarés par les aléas de l'existence. Vous étiez de ceux-là.

M. Burns esquissa un sourire, leva son verre de vin en guise de remerciement.

Quelques jours plus tard, François Follet put avoir une conversation avec Burns. Il apprit qu'il était un ancien baleinier d'Hawaï. Rescapé d'un naufrage, et privé d'embarquement, il avait été engagé par Carrington.

— C'est parce qu'il avait entendu parler de mon flair pour repérer les troupeaux! expliqua-t-il avec un sourire modeste. J'ai pas beaucoup de mérite. Les souffleurs prennent toujours les mêmes routes, selon les saisons. Il suffit d'avoir une bonne mémoire.

Au cours de la conversation, et comme Burns évoquait avec émotion ses anciens camarades, François Follet eut l'idée de lui demander s'il connaissait Théophilus Gresham, Théo le Fêlé, le roi des piqueurs dont l'amiral de Villeneuve parlait autrefois comme d'un héros de légende.

— Théo le Fêlé? s'exclama Burns. Si je sais ce qu'il est devenu? Il est mort dans l'océan, au large de Midway. Je suis bien placé pour vous répondre : il est mort devant moi.

— Il est mort écrasé par la queue d'une baleine? Il a disparu dans un naufrage?

— Rien de tout cela. On n'imagine jamais sa

propre mort, bien sûr. Mais tout de même : Théo Gresham aurait été surpris d'apprendre qu'il ferait partie des morts de la guerre de Sécession.

François le considéra, incrédule.

– C'est une curieuse histoire, Théo le Fêlé est mort en héros, mais pas comme il l'avait pensé... Nous étions partis depuis deux mois de Hilo. On pensait que ce serait notre dernière campagne. Le Fêlé avait économisé suffisamment pour s'acheter un ranch près d'Honolulu, et beaucoup de camarades voulaient arrêter de piquer des bossus. Il y avait une dizaine de « Vikings » avec nous.

Il remarqua l'étonnement de François.

– Sur les baleiniers d'Hawaï, c'est le surnom qu'on donne aux Canaques ! Tout le monde était heureux. Gresham a décidé de tenter la chance aux atterrages du Japon. Je lui avais expliqué que c'était dans ce coin-là que les souffleurs se baguenaudaient maintenant. Il a mis le cap sur l'ouest, sur Midway. Au matin du dixième jour, en début d'après-midi, la vigie a signalé un navire, par tribord arrière, à environ trente milles au ras de l'horizon. Personne n'y a fait attention. La route de l'Asie est très fréquentée. Un clipper de San Francisco qui va à Shanghai, on s'est dit... Deux heures après, la vigie a crié que le clipper était un navire de guerre. Gresham était occupé dans les soutes à vérifier l'état des « fourneaux ». Il est monté aussitôt sur le pont. Tout l'équipage était déjà sur la dunette, accoudé contre la lisse, près de la hampe nue du *Harvest*, à regarder le navire qui cinglait vers nous. « Qui est cet oiseau ? » a bougonné Gresham, fâché qu'on le dérange. « Un navire de guerre, ai-je répondu. Une frégate à trois mâts et sans doute deux rangées de vingt canons sur chaque bord. C'est une bête de race. Elle nous gagne au vent. On ne va pas tarder à connaître son pedigree. – Appelle-moi quand nous serons à sa hauteur, qu'on lui fasse des civilités. » Il regarda la hampe du *Harvest* : « En attendant, envoyez les couleurs. Montrez que vous n'êtes pas uniquement des écorcheurs de bossus. Vous êtes des hommes du monde. » Nous avons hissé le pavillon hawaïen, les bandes multicolores avec l'Union Jack dans un coin. Gresham est remonté sur le pont à peine une heure après. La frégate était arrivée à notre hauteur, à moins d'un mille sur le travers tribord. Je l'observais à la longue-vue. « D'où vient-il, l'animal ? », m'a demandé Gresham. « Curieux, dis-je... Un pavillon que je n'ai jamais vu. » Je lui ai tendu la lunette. « Je sais ce que c'est, me fit Gresham. C'est un sudiste. » Il parut soucieux. « J'ai entendu parler d'un navire sudiste, commandé par un certain captain Waddel, un corsaire originaire de Floride qui maraude dans le Pacifique. Il coule tout ce qui est yankee. Il a dû voir notre pavillon hawaïen. Nous sommes tranquilles. » La première bordée nous est arrivée à ce moment précis, dans un fracas de tonnerre. Le tir était mal ajusté, mais les hautes vergues se sont abattues sur le pont. « Il est complètement sonné, le confédéré ! a hurlé Gresham. Abandonnez le navire, tout le monde aux baleinières. » Il y a eu quatre salves d'obus. A la troisième, le *Harvest* était démâté, ravagé par les flammes, et s'enfonçait lentement dans la mer à cause d'une large voie d'eau en plein milieu. Tout le monde a embarqué dans les pirogues. Sauf Théo Gresham. Le grand mât arrière s'était écrasé sur lui. Il a été emporté avec le bateau... Voilà. C'est ainsi qu'est mort le Fêlé. Il n'a pas dit un mot. Il a seulement soulevé son bonnet de laine et nous a fait un large signe de la main. La frégate a viré de bord et est remontée vers le nord. On a pu lire son nom : *Shenandoah.*

Burns, tout à coup, devint triste.

— Ils n'ont pas tardé à montrer leur museau, les charognards de malheur!

— De qui parlez-vous, Burns? demanda François, étonné.

— Des requins. On a vu leurs ailerons courir à toute vitesse, au ras des vagues. L'eau s'est mise à bouillonner autour de Gresham. Son bras a continué à faire de larges signes, puis il a bougé dans tous les sens. Et on ne l'a plus vu. La mer, tout autour, est devenue rouge.

Dans la salle des officiers, François retenait sa respiration.

— Dans ma pirogue, il y avait deux « Vikings », reprit le second. Quand ils ont vu les squales danser autour du Fêlé, ils se sont mis à sourire, et quand tout a été fini ils se sont congratulés. J'en suis pas revenu. Je les ai traités de salauds, j'ai saisi un aviron, décidé à les tuer. Heureusement, je parle quelques mots de canaque. J'ai fini par comprendre. Pour les Hawaïens, le requin est un dieu : quand il dévore un homme, vivant, c'est pour l'empêcher de mourir. Il l'emmène au fond de l'océan pour qu'il prenne place parmi les divinités. Il estime qu'il fait partie des dieux de la mer.

Pour la première fois, François vit Burns sourire quand il ajouta :

— Le Fêlé est immortel, maintenant. Il le méritait bien.

3

– Les îles d'Hawaï, expliqua un jour Carrington, ce sont d'abord des odeurs d'ambre, de musc et de mimosa que l'on respire, loin depuis le large. Il suffit de venir au vent, dans le souffle des alizés de nord-est. Ces parfums, ce sont les premiers colliers de fleurs que l'on vous passe autour du cou, en somme, bien avant d'avoir aperçu la première barrière de corail.

Les parfums des îles avaient déjà investi le *Little Lily* depuis une journée lorsque apparut à l'horizon la masse sombre d'Oahu, deuxième île de l'archipel. C'était un matin frais et le soleil avait tardé à déchirer la brume qui masquait l'horizon. Au-dessus des montagnes dessinant le rivage d'immenses remparts sombres, des nuages s'étaient agglutinés et ceinturaient un pic escarpé, hissé vers le ciel. Les descriptions de l'amiral de Villeneuve et les récits des navigateurs revinrent à la mémoire de François Follet.

– Le Punchbowl, murmura-t-il.

Carrington, accoudé à la lisse du voilier, confirma :

– Le Punchbowl est un ancien volcan. Sa renommée a fait le tour du monde. Pélé, la déesse des volcans, y avait élu résidence. Du fond du

44

cratère, dans la lave bouillonnante, elle dictait sa loi aux centaines de volcans des îles. Selon son humeur, ils grondaient, se fâchaient, explosaient de colère. Les prêtres, les *kahunas*, la faisaient respecter. Les Canaques la craignaient. Maintenant, le Punchbowl est un endroit comme un autre. Un peu plus escarpé, c'est tout. Les missionnaires ne se sont pas contentés de voler la terre des Hawaïens. Ils leur ont confisqué leurs croyances... C'est la pire des misères.

Le *Little Lily*, accroché au près des alizés, vint prendre un bord à quelques milles du rivage. Les dernières heures de la matinée réchauffaient le pont d'une douce tiédeur. Des oiseaux de mer, au bec acéré, vinrent virevolter en criant au-dessus des vergues. Les nuages s'évanouirent peu à peu, entraînés vers les vallées boisées et denses de l'intérieur.

Le ciel alors vira au bleu, illuminé de soleil, et le relief de l'île d'Oahu se précisa. Sur les flancs du Punchbowl descendaient de vastes étendues verdoyantes, des coulées de végétation épaisse qui se répandaient le long du rivage. La ville se dessina à son tour, masse compacte de maisons ocre entassées le long du bord de mer. Sur les hauteurs, François distingua d'autres maisons blanches.

Alors qu'il avait quitté Batavia pour aller tenter ailleurs une autre aventure, le destin, en le dirigeant sur Hawaï, le ramenait à son passé.

A quarante ans, il eut le sentiment d'être, en effet, arrivé là où ses rêves d'adolescent l'avaient emporté jadis. Il se sentait envahi de joie, d'une euphorie qu'il n'avait pas imaginées. Il se donnait deux semaines, trois tout au plus, d'escale à Hawaï avant d'embarquer vers San Francisco sur un de ces nouveaux bateaux à vapeur qui commençaient à sillonner les océans. Il en profiterait pour retrouver les traces de James Cook et de son subordonné Vancouver, de Bougainville et Freycinet le savant, et de tant d'autres, navigateurs, amiraux, physiciens, botanistes dont parlait Philippe de Villeneuve, le poète du ministère de la Marine, et qui avaient peuplé son imagination. Hawaï serait une merveilleuse escapade dans son passé.

Le captain Carrington le tira de ses pensées.

– Vous essayez de reconnaître ce parfum qui vient jusqu'à nous, n'est-ce pas? Est-ce du jasmin, de l'ambre, du lilas? L'alcool n'a altéré chez moi ni le sens maritime, ni l'odorat, vous savez.

Il indiqua au loin, une fumée noire qui s'étirait au-dessus des montagnes.

– Voici la clef du mystère : le sucre!

– Une curieuse odeur de caramel, en effet, confirma François.

Carrington enchaîna :

– Les planteurs font brûler les pousses de canne après chaque récolte. Elles donnent aux îles cette haleine sucrée.

Il se tut pour observer la position des voiles, écouter le grincement des poulies et des vergues, tandis que le navire, gîtant sur tribord, filait avec précision vers Diamond Head, le promontoire rocheux qui marquait l'entrée de la baie d'Honolulu.

– Le sucre a envahi tout l'archipel, reprit Carrington. Vous allez voir. Et son odeur se mêle à celle des parfums d'épices, de gingembre, de curry...

– Je ne vous suis plus, captain.

– Les Chinois, mon vieux! On les a fait venir pour travailler sur les plantations. Par milliers. Des hommes, des femmes, des enfants, des villages au grand complet. Tout le monde dans les plantations, une machette à la main, et hop! au boulot, à couper du roseau, dix-huit heures par jour. Il y a une ville chinoise, ici, avec ses épiceries, ses fumeries, ses temples. Une cité mystérieuse. On croit y entrer, mais c'est un leurre. On reste en lisière. On ne sait jamais vraiment ce qui s'y passe. Et savez-vous où elle se trouve ? Je vous le donne en mille ! En plein milieu d'Honolulu !

François sourit. Des Chinois, il y en avait partout, dans les villes du Pacifique. Chaque capitale digne de ce nom avait son quartier chinois : Chinatown. A Batavia comme partout, ses ruelles s'enfonçaient derrière le port dans des lumières tremblantes. Au petit jour, des marins y déambulaient, blêmes et incertains. Ils rejoignaient leur navire, vaille que vaille. Certains s'assoupissaient pour toujours, clochards maigres et hagards. On disait, à Batavia, qu'ils étaient les amants perdus de la Dame noire du quartier chinois. On les rencontrait allongés au coin des rues et on leur glissait un florin ou un shilling afin qu'ils retrouvent leur maîtresse pour une dernière étreinte. Leur cœur finissait par lâcher, une belle nuit, sur la paillasse d'une fumerie d'opium.

Sur l'allée du front de mer, à l'ombre caressante des palmiers qui bordaient la plage de Waikiki, François Follet cherchait à se repérer, en s'aidant de ses souvenirs. A peine descendu sur le wharf de planches, il avait dû disperser une nuée de petits Chinois en haillons, décidés à lui porter son sac de cuir et sa valise aux coins renforcés de cuivre brillant, soucieux de lui indiquer un hôtel ou de lui proposer ouvertement de l'opium : « Â-piem ! » disaient-ils. Il s'en était débarrassé en jetant ses bagages dans une calèche, un landau sans porte où il était monté en donnant l'adresse de son hôtel, le

Liberty Hall, situé au bas de Punchbowl Street. Le cocher avait une curieuse allure, avec son dos étroit et son chapeau claque qui lui descendait très bas sur la nuque. Lorsqu'il se retourna, François fut stupéfait. Le cocher, aussi, était chinois. C'était un homme jeune, aux pommettes hautes, et au sourire ouvert sur une bouche édentée. Carrington avait dit vrai : Honolulu était une ville chinoise.

Alors qu'ils roulaient tranquillement le long du front de mer, François remarqua un attroupement sur la plage. Un navire, un petit schooner à deux mâts, la coque et le gréement fatigués par d'innombrables traversées, venait de décharger sa cargaison humaine. Des dizaines de Chinois attendaient, serrés les uns contre les autres, vêtus de vareuses et de larges pantalons, certains portant un calot sur la tête et une longue natte le long du dos.

Deux hommes étaient en conversation sous les palmiers, en face des coolies. C'étaient les premiers Blancs qu'il croisait. Leur discussion portait, de toute évidence, sur les Chinois fraîchement débarqués. L'un était un marin blond, le teint brûlé de soleil, vêtu d'une chemise aux manches retroussées et d'un pantalon de grosse toile bleue. L'autre, âgé d'une quarantaine d'années, portait avec élégance un costume crème d'étoffe légère, une lavallière noire et un panama blanc. Arrivant à sa hauteur, la calèche fut arrêtée quelques instants par une charrette croulante de fruits, et François Follet put détailler l'individu. Il était brun, l'œil noir, le visage bronzé, la lèvre supérieure à peine rehaussée d'une fine moustache. Le sucre semblait avoir engendré aussi le dandy tropical! Il n'y avait là rien d'original puisque ce type d'homme se multipliait dans tous les ports du Pacifique.

Bientôt, le long du port, l'opulence du monde blanc d'Honolulu s'imposa comme une évidence. A mesure que la calèche se rapprochait de Punchbowl Street, la grande artère qui remontait la colline jusqu'aux belles villas du haut d'Honolulu, les attelages, landaus rutilants tirés par des chevaux fins et racés, harnachés de cuir, se croisaient de plus en plus nombreux sur l'allée de terre pilée, bordée de palmiers. Face à la mer, dans le soleil de midi, de coquettes maisons de planches se succédaient, serrées les unes contre les autres. Un panneau, au-dessus de la porte, indiquait un nom : Ladd, Castle, Hackfeld ou Hartford, et en dessous : *Sugar Export*. Le regard de François fut attiré par une maison plus longue que les autres, colorée de parme, avec une terrasse en planches pour faciliter l'entrée et une enseigne : *Honolulu Folie's*, et un nom : Ted MacVigan. La mémoire lui revint. L'amiral de Villeneuve avait évoqué l'*Honolulu Folie's* et Ted MacVigan, au cours d'un dîner chez ses parents. C'était pendant une soirée d'hiver...

– Savez-vous que la destinée se montre parfois plus têtue qu'une mule ? avait raconté l'amiral. Quand elle a choisi une route, elle ne vous lâche pas. Elle vous rattrape où que vous alliez. Au bout du monde s'il le faut... Tenez, prenez le cas de Ted MacVigan... C'était un marchand d'hommes, un pourvoyeur de gabiers pour les bâtiments de guerre anglais qui faisaient déjà flotter l'Union Jack sur tous les océans. MacVigan, dans le fond, était un brave garçon. En 1810 il avait trente ans, et il commençait à comprendre qu'il n'était pas fait pour ce métier. Enrôler des hommes vigoureux et jeunes de préférence, qui se laissaient prendre à ses bonnes paroles, le dégoûtait chaque jour davantage. Il rôdait dans les tavernes du bord de la Tamise, près de l'arsenal. Il écumait les villages pauvres, les bourgs miséreux de la campagne anglaise. Il arrachait des enfants à leurs familles. Il promettait des repas de roi, du vin et des filles. Et un uniforme flamboyant... Un jour, Ted MacVigan en a eu assez de se faire honte. Etait-ce pour se punir de ses mauvaises actions passées? Pour calmer ses remords? Il s'est enrôlé lui-même sur un navire, et un des pires, une frégate de la Royal Navy. Arrivé à Hawaï, il a jugé que l'enfer ne devait pas durer l'éternité. Les filles étaient belles au bord des plages, et pas farouches. Les hommes s'esclaffaient pour un rien, ils se tordaient de rire en découvrant des dents blanches dans des visages bistre. Il a déserté... Il s'est caché à l'intérieur de l'île d'Oahu, dans l'épaisse végétation d'hévéas, parmi les milliers d'oiseaux de paradis multicolores, plus petits que le poing, entre le fracas des cascades et le souffle des sources d'eau chaude. Il s'est vite aperçu que la forêt vierge des montagnes hawaïennes était habitée... Et uniquement par des Blancs! Des déserteurs, comme lui, en majorité anglais et américains, quelques Français aussi, en tout une trentaine de gaillards, barbus, les cheveux longs, qui, passé un instant d'inquiétude, l'acceptèrent parmi eux. Pourquoi n'étaient-ils pas sur les plages, allongés à l'ombre des cocotiers? Pour la même raison que lui, évidemment! A chaque clipper qui venait relâcher dans la baie d'Honolulu, ils montaient dans les collines pour se cacher dans la forêt ou au flanc des volcans, là où les captains ne risquaient pas d'envoyer leurs gardes-chiourme les reprendre. Dès que le navire levait l'ancre, ils redescendaient. Ted MacVigan mena cette vie pendant quelques années. Il passait son existence, paisible, entre les baignades dans les eaux bleutées de la baie et la sieste sous les palmiers du bord de mer. Il était aimé de tous, ami des hommes, amant des jeunes filles au corps ferme et aux seins ronds. Il apprit leurs pratiques, leurs rites, leurs légendes, leurs croyances, parlant bientôt le canaque comme sa langue maternelle. Les bateaux qui venaient relâcher dans la baie ne l'inquiétaient plus. Les Hawaïens le protégeaient : pour rien au monde ils n'auraient laissé quiconque leur voler leur « merveilleux Blanc », leur Haolè Pono. De plus, les connaissances linguistiques de Ted MacVigan aidaient au troc. Les Polynésiens voulaient du whisky. C'était la seule chose qui, pour eux, eût vraiment de la valeur. L'alcool augmente la force de la vie, vous comprenez, la puissance de l'âme, le *mana*. En échange, ils offraient le corps des femmes, surtout des jeunes filles. N'y voyez pas de la prostitution. Les Polynésiennes se donnaient comme un cadeau de bienvenue. Un présent en vaut bien un autre, n'est-ce pas, et les Blancs, en gage d'amitié, devaient aligner les bouteilles. Je passe sur les détails... Bien souvent, les équipages n'avaient pas suffisamment d'alcool à leur bord. Alors MacVigan, par obligeance, par amitié pour les Canaques, a introduit l'argent dans le plaisir. Il a tarifé l'étreinte. Un dollar ou son équivalent en sterling pour une nuit de bonheur... Les Polynésiens, qui, comme vous l'imaginez, ignorent tout de l'argent, ont été surpris, mais ils ont fait confiance. Et puis un jour, ils ont été stupéfaits : MacVigan a échangé les centaines de pièces accumulées, « des petits cailloux dorés », contre la cargaison d'un clipper de San Francisco, un voilier de trente mètres rempli d'alcool, de whisky, de rhum, de bourbon, des dizaines de tonneaux, pleins à craquer, jusqu'au ras du pavois. Inutile de vous dire que dès ce jour le degré d'alcoolisme est monté en flèche... On était en 1817, et le maître des îles, qui régnait à l'époque, sur tout l'archipel s'appelait Kamehameha. Il vivait dans la Grande Ile, Hawaï, dans un palais d'herbe séchée, au milieu de sa cour. Il eut vent de cet Anglais qui procurait de l'eau-de-vie et décida d'aller lui rendre une petite visite en pirogue. « Lorsque Ted MacVigan vit débarquer '' l'empereur '', sur la plage de Waikiki, entouré de ses guerriers emplumés et armés de lances, il fut vaguement inquiet. Kamehameha le monarque, le premier et dernier grand roi des îles, un colosse d'un mètre quatre-vingt-dix et de cent kilos, se fit apaisant : '' Vous êtes un homme de grande qualité '', dit-il à MacVigan. L'autre comprit : '' Vous êtes le meilleur pourvoyeur de whisky de toutes les îles de mon royaume... '' MacVigan faisait fausse route. Il s'agissait de tout autre chose. Kamehameha, le grand Kamé, avait une très haute idée des Blancs. Non qu'il les confondît avec des dieux ou qu'il ignorât leurs petitesses. Seulement les Blancs pouvaient lui donner des moyens d'achever sa domination sur les chefs disséminés dans les îles. Ils savaient se servir de fusils, de canons, ils étaient maîtres dans l'art de construire des bateaux plus grands et plus rapides que les plus grandes pirogues. Alors, le grand Kamehameha a passé le marché suivant avec MacVigan : '' Tous les Blancs du Pacifique auront bientôt entendu parler de toi. Ils aiment les femmes et le whisky. Ils viendront te voir... Je te demande de recruter des hommes pour mon service. Des constructeurs de bateaux, des gens qui apprendront les armes à mes guerriers. Si tu refuses, je demanderai au grand prêtre, au *kahuna*, de jeter le tabou sur toi. Il te faudra partir... '' » Et c'est ainsi, conclut l'amiral, que Ted MacVigan, qui avait fui l'Europe pour ne plus être le fournisseur d'hommes du roi d'Angleterre, est devenu recruteur pour le monarque d'un archipel de l'autre côté de la Terre! Quand le destin vous a choisi une route, que ce soit un métier ou un amour, il ne renonce jamais. Plus têtu qu'une mule, je vous le dis! Il vous rattrape le moment voulu... même à l'autre bout du monde.

François Follet sourit à l'évocation de Ted Mac-Vigan, poursuivi par sa destinée jusque sous les volcans d'Hawaï. C'était aussi l'image de l'amiral de Villeneuve qui lui apportait une joie fugace, les souvenirs de son enfance heureuse, rue Vivienne où il n'était pas retourné depuis vingt ans, le regard clair de sa mère et la silhouette de son père dans l'imprimerie...

Ted MacVigan avait, la mort dans l'âme, accepté la proposition de Kamehameha. Pour faciliter sa tâche, il avait ouvert une taverne en bordure de la plage de Waikiki : l'*Honolulu Folie's*. C'était une simple baraque en bois qu'il avait construite de ses mains, le premier bar de la ville. « Je ne vais pas me donner la peine d'aller chercher le gibier. Il viendra tout seul », avait-il pensé. Et les événements se déroulèrent comme prévu. Tous les marins qui arrivaient dans les îles passaient par le *Folie's*.

— Le whisky était bon, dans la tiédeur de la nuit, avait poursuivi l'amiral. Derrière son comptoir, une simple planche posée sur deux tonneaux, Ted MacVigan, entre tournées de bourbon et rasades de scotch, engagea des hommes pour le service de l'empereur. Il recruta des charpentiers, des calfats, des maîtres gabiers, des instructeurs pour les armes, américains et britanniques pour la plupart. C'est ainsi que les premiers Blancs sont restés dans les îles : des charpentiers et des artilleurs de marine au service de Kamehameha. Ce sont eux les premiers Haolès. Ils sont venus s'ajouter aux clochards qui vivaient sur les plages, les « Beach-

Combers ». Par la suite, les princes hawaïens ont pris le goût de l'Angleterre. Toujours l'influence de Cook, n'est-ce pas... MacVigan s'est mis alors à recruter des jardiniers, des professeurs d'anglais, des précepteurs, des maîtres de chant ou de savoir-vivre. Il a même engagé un professeur de billard !

François Follet éprouve une sensation désagréable en passant devant l'*Honolulu Folie's*... L'enseigne portait le nom de MacVigan, mais celui-ci était sans doute mort depuis longtemps. Sur l'allée du front de mer, il ne restait qu'une simple taverne, pour marins en bordée. Devant, à même la terre de la chaussée, une famille hawaïenne en haillons, pelotonnée sur elle-même, dormait.

Au fur et à mesure que la calèche s'approchait du carrefour de Punchbowl Street, la foule se faisait plus dense. Vêtus de costumes clairs et de panamas à la mode tropicale, le bas du pantalon enserré dans des guêtres blanches, des hommes déambulaient paresseusement. D'autres, fraîchement débarqués des Etats-Unis et soucieux d'afficher des goûts américains, étaient habillés selon la mode de San Francisco, redingotes courtes de couleur sombre, gilets de soie et lavallières, chapeaux pointus à large bord, synthèse des coiffures texanes et mexicaines. Au bas de Punchbowl Street, à l'endroit où la grande avenue dévalait sur le port, le regard du Français fut attiré par un immeuble à deux étages, aux petits balcons de fer forgé, le pas de la porte encadré de deux buissons d'hibiscus.

Le cocher arrêta la calèche et, sans même se donner la peine de regarder son client, désigna de son fouet la façade blanche.

– *Liberty Hall*, fit-il.

François ne répondit pas.

– *Liberty Hall*, reprit le Chinois, en se retournant, cette fois. Meilleur hôtel d'Honolulu.

François acquiesça de la tête. Il savait que le *Liberty Hall* était le plus grand hôtel d'Honolulu. Les passagers des voiliers l'apercevaient depuis le large, bien avant d'avoir doublé la pointe de Diamond Head, le promontoire de roches volcaniques au nord-est de la ville, qui protégeait le port des houles du Pacifique. La réputation du *Liberty Hall* s'affirmait, de bien plus loin... Il n'existait pas d'hommes d'affaires, ayant quelque importance dans l'océan Pacifique, de Malacca à San Francisco, qui en ignorât l'existence. Descendre dans un autre établissement constituait, pour tout négociant important, la preuve évidente qu'il ne tenait pas le haut du pavé.

François Follet s'installa avec bonheur dans ce palace de légende. Il pensait récupérer des fatigues du voyage, de l'inconfort de la cabine du *Little Lily*, de l'épuisant balancement du navire dans la longue houle du Pacifique. Il en fut pour ses frais... C'est que, en vérité, l'occupation des chambres du *Liberty Hall*, le mobilier, la clientèle, bref, son utilisation variait selon l'étage. Au-dessus du rez-de-chaussée et de la luxueuse salle de restaurant, le premier étage était réservé à « l'usage professionnel ». Les dames de l'établissement y avaient leur chambre, meublée d'un lit profond recouvert d'un satin de couleur vive, d'une liseuse d'acajou et de miroirs indiscrets. Au deuxième étage, les chambres étaient faites pour dormir. Aussi le mobilier était-il d'un confort moins recherché. Le repos était d'ailleurs le seul service que l'établissement fournissait avec parcimonie. Jusqu'à trois heures du matin, un tintamarre ininterrompu montait des chambres du premier étage : pas dans l'escalier, portes qui claquaient, cris de femmes faussement effarouchées, sommiers maltraités et gémissements passionnés. Le *Liberty Hall* était sans conteste, de tout le Pacifique, l'hôtel où l'on dormait du plus mauvais sommeil.

François ne s'en plaignit pas. Au contraire, ce tapage nocturne ne faisait qu'ajouter à la gaieté de l'endroit... Au bout de quatre jours, il n'y prêtait plus attention. Il commençait à aimer cette ville qui palpitait de vie et où se croisaient des carrioles remplies de fruits et de légumes, conduites par de sévères barbus vêtus de chemises et de pantalons de toile rude, et des équipages élégants, bruissant de la soie des robes à crinoline. Honolulu, où la richesse des Blancs était aussi tapageuse que le dénuement des Hawaïens était poignant, le séduisait par ses contrastes. Il s'y promenait des journées entières, jusque sur les hauteurs qui dominaient la baie, à la lisière des superbes résidences de Nuhuanu Valley, apercevant çà et là de mystérieuses maisons coloniales enfouies dans la verdure. Puis il redescendait vers le port, se coulant dans l'animation des rues, avant d'entrer dans l'ombre fraîche des tavernes. Il nouait alors des conversations avec des marins de passage, en majorité des Américains en escale sur la route de Frisco. François partageait leur enthousiasme : Honolulu était une ville unique qui mêlait à la paresse des terres paradisiaques l'activité des grands ports du Pacifique.

Le soir tombé, il payait son cocktail d'une pièce de cinquante *cents* et partait déambuler dans la ville, entre les petites lampes jaunes des commerçants chinois de Punchbowl Street, dans les odeurs de curry, d'oignons frits et les vapeurs sucrées. Il repérait son territoire, depuis les lumières des résidences du haut de la ville, jusqu'aux dernières maisons en planches qui longeaient la plage. Il se mêlait aux groupes qui se formaient autour des cracheurs de feu, des jongleurs, des ours bruns au cou puissant, prisonniers de larges chaînes qui donnaient, placides, des concerts de tambourin. Honolulu, qui lui était tout d'abord apparue comme une ville orientale, lui semblait chaque soir davantage comme un morceau d'Amérique tombé du ciel, par hasard, au milieu du Pacifique. Les tavernes affichaient clairement la couleur, c'est-à-dire le bleu et le rouge de la bannière étoilée, et leurs noms ne laissaient aucun doute : *American Star, Liberty Star, Stars and Stripes, Californian Saloon*... Les alizés dominaient au nord-est et, ce soir-là, François Follet retrouva le patron du *Little Lily* au coin de Beretania Street, une rue importante qui remontait la ville par le nord-ouest, jusqu'aux ombres de Chinatown. Un attroupement s'était formé, composé de quelques dizaines de marins barbus exubérants qui s'esclaffaient aux exploits d'un petit singe aux yeux ronds et aux mains fines. Obéissant aux ordres d'un maigre jeune homme, il faisait des pirouettes à travers un cerceau, puis s'applaudissait lui-même. Carrington, enchanté par le spectacle, parut surpris en découvrant la silhouette du Français.

– Pas encore embarqué pour San Francisco, monsieur le courtier maritime? Vous batifolez, vous changez de vie par le chemin des écoliers, il me semble.

Le petit singe remonta sur les épaules de son maître et les spectateurs se dispersèrent. Carrington observa Follet en souriant.

– Savez-vous ce qui vous arrive? Vous tombez sous le charme de l'île... Phénomène banal. Depuis

Cook, il y a cent ans, vous n'êtes pas le premier...

– Pas du tout, protesta François. J'attends le *Pablo Garcia*, le vapeur qui fait le trajet de San Francisco. Dans deux ou trois jours, il sera dans le port.

Carrington fit un geste de la main, dégoûté.

– Horreur!

– Et vous-même, captain Carrington, je vous croyais occupé à compter fleurette aux baleines de la région.

– Demain, gentleman, demain... Une pirogue m'attendra dans une crique, sur la côte nord, de l'autre côté de Diamond Head. Un « Viking » est venu me prévenir qu'un troupeau y était signalé depuis une semaine. Des femelles vont donner le jour à leurs petits.

– Vous allez assister aux accouchements? demanda François, ironique.

– Certainement pas. Cés animaux-là n'aiment pas être vus dans de tels moments. C'est une question de pudeur. Il n'y a guère que les femelles des hommes qui accouchent devant tout le monde. Les baleines ont trop de dignité pour se donner en spectacle. Et puis elles se méfient des humains. Si on s'approche d'elles pendant l'enfantement, elles prennent peur et elles s'enfoncent dans la mer, si profondément que les baleineaux ne peuvent revenir à la surface pour leur première respiration. Ne comptez pas sur moi pour noyer des enfants!

– Vous n'exagérez pas un peu, captain?

– D'accord, admit Carrington. Mais je ferai attention. Je me contenterai de les accompagner pendant leurs premières promenades, quand le troupeau fait découvrir l'océan aux petits. Au moins, ils auront des hommes une première image fraternelle.

58

Il indiqua l'*Honolulu Folie's*, illuminé quelques mètres plus loin.

– Un dernier verre, gentleman?

François refusa de la tête. Depuis ses premiers pas à Honolulu, il avait volontairement ignoré la plus grande taverne de la ville. Il préférait conserver l'image qu'il s'en faisait depuis les récits de l'amiral de Villeneuve.

Les dames du *Liberty Hall* s'intéressaient beaucoup à lui. Elles avaient remarqué son allure, son aisance et avaient compris que cet homme était un nanti... L'enfance de l'art. L'une d'elles, ce soir-là, réussit à l'attirer dans sa chambre alors qu'il montait se coucher. Elle était grande, élancée, et ses yeux brillaient d'impatience. François ne résista pas. Elle s'appelait Laetitia, rêvait de voir New York et lui demanda cinq dollars avant de le laisser repartir.

– Le plaisir a son charme, dit-elle, le boulot a ses règles. La grosse Josépha, la sous-maîtresse, me passerait un savon. Une chambre inoccupée, c'est sa hantise. Déjà qu'elle me déteste à cause de Daltrey, le patron, qui en pince pour moi...

Elle le regarda avec un sourire tendre, une façon de se faire pardonner :

– Si tu veux, demain après-midi j'irai dans ta chambre. On sera tranquilles, murmura-t-elle avec un sourire prometteur. Je te ferai ça au béguin.

Quelques jours plus tard, alors qu'accoudé au bar de chêne François savourait son cocktail dans le grand salon du *Liberty*, Peter Daltrey, le ventre rebondi dans un gilet noir, les manches retroussées, se pencha pour lui annoncer la grande nouvelle.

– Le *Pablo Garcia* est arrivé. Il mouille dans le port depuis le début de l'après-midi. Vous allez nous quitter, monsieur Follet.

François demeura silencieux. Le *Pablo Garcia* arrivait à son heure. C'était très bien ainsi. Une décision s'imposait, qu'il s'était senti jour après jour incapable de prendre. Il s'était trop laissé aller à la langueur des îles, dans une douce oisiveté, charmé par des parfums, un ciel immobile, le souffle des palmiers. Maintenant le bateau était là, et il n'y avait plus à attendre.

L'arrivée d'un client, s'installant près de lui sur un haut tabouret, le tira de ses pensées. Il lui jeta un regard d'abord indifférent, puis reconnut l'homme qu'il avait vu le jour de son arrivée sous les palmiers, près du groupe de Chinois. Le même visage hâlé, barré d'une petite moustache noire, ces yeux sombres et ces cheveux noirs, plaqués en arrière. Peter Daltrey remarqua l'intérêt de François.

– Permettez-moi de faire les présentations... François Follet.

L'homme se tourna vers François, arborant un sourire détendu.

– Stuart Brookster. Nous sommes voisins de chambre...

Il fit signe à Daltrey de renouveler les consommations. Ses traits avaient curieusement quelque chose d'asiatique.

– Nous sommes voisins quand je séjourne dans cette ville, ce qui n'est pas fréquent.

– M. Follet, intervint Daltrey, est lui aussi de passage dans cette ville.

– Seriez-vous négociant? demanda Brookster en reposant son verre de cherry. Ou acheteur de terrains sucriers? Les prix chutent en ce moment. Il y a des affaires à saisir.

François fit non de la tête. Il voulut en profiter pour s'assurer que son interlocuteur était mêlé, comme il l'avait pensé, au trafic des Chinois.

– Vous êtes lié au monde sucrier? demanda-t-il.

Il eut conscience d'avoir posé une question trop directe et reprit aussitôt :

– Seriez-vous vendeur?

– Je suis vendeur, en effet. Mais pas de canne à sucre, ni de terrains. Mon commanditaire, voyez-vous, est opposé avec détermination à ce genre de culture.

– C'est curieux... De qui donc s'agit-il?

Brookster avala une gorgée de cherry, puis reposa son verre avec solennité avant de prononcer :

– Mon commanditaire ne peut se comparer au commun des mortels. C'est, sans conteste, le plus grand. Mon commanditaire s'appelle... Jésus-Christ! Jésus-Christ des saints du dernier jour!

Il n'était pas mécontent, visiblement, de son effet et fit mine de s'étonner de l'ignorance de Follet.

– Vous n'avez pas entendu parler de la communauté de Jésus-Christ des saints du dernier jour?

Devant la moue négative de François, il retrouva son sourire.

– Je suppose que vous ne connaissez pas non plus l'île de Lanaï?

– Je suis depuis peu dans l'archipel.

– Lanaï est une île de bonne dimension, à quelques milles au large de Maui. C'est un endroit agréable. La végétation y est abondante et généreuse. Il y a bien quelques volcans qui grondent de temps en temps, mais ce n'est pas très dangereux. Les alizés de nord-est mettent la moitié de l'île à l'abri des flammes. Sa grande particularité n'est pas là... L'île de Lanaï n'est peuplée que de mormons! Vous les connaissez? C'est une secte installée aux Etats-Unis, dans l'Utah, autour du

Lac Salé. A part l'amour de Dieu, et la lecture du prophète juif mormon, qu'ils sont du reste les seuls à connaître, ils ont deux principes intangibles : s'enrichir et combattre l'alcool.

Brookster porta son verre à ses lèvres avec un sourire entendu.

– Ce refus absolu de l'alcool donne d'ailleurs une saveur particulière à la façon dont les mormons ont acquis l'île de Lanaï. A trop taquiner l'Eternel, il vous fait des pieds de nez.

– Qu'y eut-il donc de si extraordinaire dans l'installation de ces... mormons à Lanaï ?

– C'est une vieille histoire, répondit Brookster, heureux d'avoir trouvé un auditeur inattendu. Son début remonte à 1854, il y a bientôt vingt ans. Le roi Kauikeaouli, que tout le monde dans les îles appelait le roi Kiki, s'était pris d'amitié pour un brave charpentier de marine, John Lester, qui avait aidé à la construction de *L'Aloa*, la goélette royale. C'était un clochard, complètement imbibé de whisky, qui dormait sur les plages. Le roi l'aimait bien. Ils se noircissaient ensemble... On les retrouvait endormis, en fin d'après-midi, à l'ombre des cocotiers, ronflant dans les bras l'un de l'autre. Le roi Kiki disait que c'était son seul ami.

François écoutait, intrigué.

– Il y a un peu plus de vingt ans, Aaron Javis est passé dans le coin, pas vraiment par hasard.

– Qui était Aaron Javis ?

– Javis était un homme dans la force de l'âge. Il portait les cheveux longs, une grande barbe, de grosses galoches aux pieds et un chapeau sur la tête. Il était toujours vêtu de noir.

– Un rabbin ?

– Non, un mormon. Et un mormon tout ce qu'il y a d'orthodoxe et d'intransigeant. « La seule arme du Diable, c'est l'alcool ! » disait-il. Bref, pas du genre rigolo.

Et Brookster fit signe au barman de servir deux nouveaux verres.

– Un beau matin au croisement du front de mer et de Beretania, il heurte du pied un corps endormi à même la terre, la tête dans un caniveau, Lester. Fidèle à ses principes de charité, il relève le type qui grogne, l'envoie balader, mais finit par accepter d'aller prendre un café dans une échoppe toute proche. Au moment où on les sert, le dormeur des rues fait signe au patron qu'il prendrait bien une rasade de rhum dans son café, « histoire de graisser un peu le passage... ». Aaron Javis s'y oppose. « Pas de ça, mon brave. Pas d'alcool... c'est la ruine de l'homme. »

L'autre n'en revient pas. Il entre dans une colère terrible, un de ces éclats gigantesques dont seuls les grands poivrots sont capables. Il le traite de tous les noms, de « fumier », de « pue-la-mort », de « fléau du Pacifique », mais Aaron Javis, en mormon endurci, reste impavide : plus ils souffrent, plus ils aiment. A la fin, écarlate, l'écume aux lèvres, le vieux Lester jette : « Vas-y, fais le malin, fais le fiérot avec tes allures de cafard biblique... Tu devrais t'incliner, oui, te prosterner devant moi... » Aaron Javis reste silencieux. « Je suis roi et tu me dois le respect ! » Le mormon se dit que le cerveau est atteint, chose fréquente chez les alcooliques. « Tu ne me crois pas, hein ? » Et il se met à défaire son pantalon pour sortir d'une poche cousue à l'intérieur un papier parcheminé, plié en quatre. Il le déplie et le met sous le nez d'Aaron Javis. « Roi de l'île de Lanaï ! Tu peux vérifier. » Aaron Javis s'est dit, dans un éclair, que les voies du Seigneur étaient décidément impénétrables. Cette île de Lanaï, c'était exactement ce qu'il voulait. Depuis plusieurs mois, les mormons de l'Utah cherchaient un endroit où se réfugier. Les Américains les pourchassaient, ils les trouvaient infréquentables, rigides, exclusifs, avec leur morale extravagante. Bref! l'île de Lanaï c'était pour Aaron Javis le Paradis sur terre, les vergers de l'Eden... « Faites une œuvre sublime, mon brave, dit-il subitement inspiré. Faites don de votre royaume à notre sainte communauté mormone. Nous y installerons la cité de Dieu! » Lester croit qu'il entend mal. Il le fait répéter, puis éclate de rire. Aaron Javis insiste, il a trop besoin de l'île de Lester : « Acceptons de négocier avec les armes de Satan », se dit-il. « Que veux-tu que je fasse de cinq cents dollars, bougre de curé! ricane l'autre. Une nuit, je serai tellement soûl que je les sortirai de ma poche devant tout le monde et, au matin, j'aurai tout perdu. Mes dollars, mon île et sans doute ma vie... Non, sans façon! »

Aaron Javis est désespéré. Il regarde son bol de café, pensif, et il se dit : « Seigneur, ce coup-là, il faut m'aider... » Dieu a-t-il entendu? En tout cas, John Lester reprend la parole : « Par hasard, mironton d'apocalypse, connais-tu M. Ted MacVigan? Evidemment non... C'est un homme, lui, un vrai. C'est le patron du *Folie's*. Eh bien, arrange-toi avec lui pour qu'il me serve deux bouteilles de whisky tous les jours, jusqu'à la fin de ma vie. A ces seules conditions je te donne mon royaume... Mais je veux du bon, hein, pas du lait de biche, du McGregor! »

Et Aaron Javis, membre important de la communauté mormone de Salt Lake City, de la cité de Jésus-Christ des saints du dernier jour, l'ennemi juré de l'alcool, est devenu propriétaire de l'île de Lanaï contre deux bouteilles de whisky servies, avec ponctualité, au vieux John Lester. Les voies de Dieu sont impénétrables.

L'histoire était stupéfiante. François demanda ce qu'était devenu John Lester. Il avait envie de le rencontrer, de voir précisément à quoi ressemblait un type qui se faisait offrir tous les jours deux bouteilles de McGregor par un mormon.

– John Lester est mort, répondit Brookster avec tristesse. Son trésor l'a tué. Depuis des années, il avait son rythme, il s'y tenait, il connaissait sa dose quotidienne. Le scotch d'Aaron Javis lui a été fatal : il a perturbé ses habitudes et Lester n'a pas tenu trois mois. J'ai assisté à ses derniers instants. Son organisme était délabré. Il ne mangeait plus rien... Ted MacVigan lui avait fait construire une petite cabane, le long de Waikiki. En passant sur la plage, on l'entendait gémir. MacVigan m'a demandé si je pouvais soulager ses souffrances, mais je n'ai pas pu faire grand-chose.

– Vous êtes médecin?

– Pas le moins du monde... mais j'ai quelques amis dans cette ville, des Chinois qui connaissent l'art d'adoucir les douleurs de la vie, de l'âme ou du corps. Ils ont confectionné des tisanes, des décoctions de pavot. En vain... John Lester ne pouvait plus rien avaler, pas même le McGregor. C'est du reste ce qui fut la grande tristesse de ses derniers instants. MacVigan lui apportait tous les jours son salaire, comme prévu, et les bouteilles s'accumulaient dans la cabane : une forêt de litres de McGregor, dressés autour du lit. On lui faisait respirer l'odeur du whisky de temps en temps, mais ce n'était pas suffisant. John Lester avait l'impression d'avoir passé un marché de dupes. Un matin, après une nuit de souffrances atroces, il eut un hoquet sec. Il a murmuré dans un souffle :

« Aaron Javis, fils du Diable, t'es un escroc! » Et il est mort.

Brookster leva son verre de cherry.

– Tel fut, mon cher, le trépas de John Lester, premier roi de Lanaï!

François avait du mal à cerner la personnalité de Brookster : il était à la fois cynique et émouvant. Ses rapports avec Aaron Javis lui semblaient pour le moins inattendus.

– Vous me dites que la communauté de Lanaï est votre commanditaire... Seriez-vous mormon?

Brookster éclata d'un rire sonore.

– Je vous en prie! Stuart Brookster membre de la communauté des Saints du dernier jour, c'est trop drôle! Non, la vérité est, hélas! plus banale. Aaron Javis a eu besoin d'argent pour faire venir ses frères mormons des Etats-Unis. La première fois qu'il a passé un marché avec un négociant, pour ses pommes et son raisin, il s'est fait plumer. John Lester, avant de mourir, lui a dit qu'il avait besoin d'un professionnel, un type qui ait le sens des affaires...

Il regarda François en plissant ses yeux noirs.

– Votre serviteur. Depuis, tout va bien. Les affaires tournent à merveille.

Stuart Brookster s'excusa de devoir prendre congé. Il devait se rendre dans le quartier est d'Honolulu, dans ces rues sombres aux odeurs âcres et sucrées, aux maisons au toit pointu et torturé, aux enseignes de dragons enflammés. Il entrerait dans des bouges silencieux, caressé par le frôlement des pantalons de soie. Chinatown s'éveillait chaque soir ainsi, dans les brumes de l'opium.

– Mon chemin passe par le front de mer. Est-ce également votre route?

François Follet avait approuvé.

Dans la nuit chaude et animée, il marcha quelque temps en sa compagnie. Il voulait en savoir plus sur le personnage. Ce qu'il avait appris l'avait intrigué, mais il était insatisfait.

– J'ai des amis au-delà de Monaukea Street, fit Brookster. Dans Chinatown, si vous préférez.

– Des Chinois? demanda Follet.

– Evidemment, des Chinois! Ce sont de vieux amis, très anciens dans les îles. Je vous les présenterai, un jour... Et vous-même, où comptez-vous finir votre soirée?

François Follet se sentit pris de court. A quelques mètres devant eux, de l'autre côté du croisement de Beretania Street, la lumière de l'*Honolulu Folie's* scintillait jusqu'aux palmiers. C'était un incessant passage de clients par la porte à double battant, et à chaque fois, une bouffée de rires puissants et de hurlements se répandait dans l'avenue populeuse. Brookster tourna un visage étonné vers lui :

– A l'*Honolulu Folie's*, vraiment? Je ne vous trouve pas le genre de l'établissement.

Les deux hommes traversèrent puis s'arrêtèrent devant le bar.

– Ce sera ma première visite, précisa Follet.

– Vous avez raison. C'est un endroit qu'il faut avoir vu, il fait partie du spectacle de la ville...

Il le salua, en effleurant le bord de son panama.

– Vous saurez pourquoi vous n'y mettrez plus jamais les pieds, conclut-il en s'engageant dans Beretania Street, sans se retourner.

L'*Honolulu Folie's* était un endroit plutôt animé qui ne méritait pas la mauvaise opinion qu'en avait Brookster. C'était une taverne bondée, remplie de marins au teint hâlé de mer, de vent et de soleil, gabiers souples et agiles, maîtres de manœuvre solides comme des buffles, les bras noueux dans de simples chemises aux manches retroussées. L'ambiance était gaie et bon enfant, quoiqu'un peu rude; par instants, les échos d'une chanson reprise en chœur par les clients, joues écarlates, veines du cou gonflées à éclater et pinte de bière à la main, venaient jusqu'à ses oreilles : « *Rule Britania, Britania, Rule the Wave...* » Après la Chine, après le sucre, Hawaï avait tout à coup, aux yeux de François Follet, des parfums d'Angleterre. Il se fraya un chemin jusqu'au bar. Des regards intrigués se portaient sur lui, comme si les habitués, d'abord inquiets de son élégance, étaient rassurés en découvrant son corps fortement charpenté et ses épaules larges. Ils se disaient que l'intrus était tout de même un peu de leur monde.

Une fois accoudé au long comptoir de bois sombre, cerclé de cuivre astiqué, il constata que la clientèle était moins majoritairement britannique qu'il lui avait semblé. Les Nordiques étaient nombreux, cheveux blonds et visages carrés, Suédois ou Norvégiens, qui se mettaient à rire sans raison dans des explosions d'une lourde gaieté. Il repensa à Gresham, Théo le Fêlé, qui balançait des châtaignes à quiconque trouvait ses origines dans les environs du Cercle polaire. Chacun ses lubies. Gresham était mort : c'était un gage de tranquillité... Un serveur, gilet noir, chemise au col ouvert et aux manches retroussées, s'approcha.

– Un bourbon, commanda François Follet machinalement.

Tout à coup, l'homme qui était à sa gauche interrompit une conversation très animée avec son voisin pour se tourner vers lui.

– Un bourbon! C'est un choix d'homme distingué... Monsieur a des goûts de prince.

François Follet le regarda, interloqué. C'était un

grand type athlétique. Il avait dépassé la quarantaine, mais ses cheveux blonds, aux reflets sombres, tombant sur les épaules, lui donnaient un aspect juvénile. Ses yeux bleu clair et rieurs achevaient de faire de lui un homme jeune, égaré dans la maturité. Il se tourna vers le barman.

– Georges... vous mettrez le bourbon de Monsieur sur ma note.

François se demanda quel jeu menait son voisin. Une marque de sympathie aussi incontestable qu'offrir un verre lui paraissait suspecte. Méfiant, en alerte, il se tourna lentement vers lui, la main gauche discrètement levée à la hauteur du visage, prêt à parer un coup qui partirait par surprise. « Cette île, pensa-t-il, me ramène à ma jeunesse. Je retrouve les pratiques guerrières de mes premières années dans les Indes néerlandaises. »

– D'ailleurs, reprit l'inconnu, c'est vous, Georges, qui devriez offrir un bourbon à Monsieur... Quand un gentleman vient relever le niveau indigne de votre clientèle, il conviendrait que vous lui payiez ses consommations.

Georges, la cinquantaine tranquille, les paupières tombantes, comme celles d'un bon chien, la peau épaisse, creusée de grosses rides, reposa le verre qu'il était en train de frotter sur le comptoir.

Il regarda l'homme, droit dans les yeux.

– Et moi, je trouve que vous commencez à m'échauffer les oreilles, monsieur Bishop.

– Ah bon ?

– C'est mon avis, confirma le barman.

– Je ne me suis pas présenté, reprit le gaillard blond sans se démonter. Il regarda François Follet avec un sourire et lui tendit une main franche : Charles Bishop... homme libre, d'origine américaine, résidant dans l'archipel d'Hawaï.

Georges haussa les épaules, découragé.

– François Follet, citoyen français... résidant nulle part.

Charles Bishop eut un sourire enfantin.

– Vous êtes français... j'en étais sûr ! s'exclama-t-il en choquant son verre contre celui de François. A l'amitié franco-américaine...

Il but une gorgée, puis dit soudain d'une voix bien posée :

– Et à la mort de ce pourri de Lot !

Georges se précipita au-dessus du bar :

– Tu vas te taire, Bishop ?

Le regard traversé d'une flamme passionnée, Bishop se tourna vers Follet pour le prendre à témoin.

– Il faudrait que je me taise ! Voyez-vous ça ! L'Eternel est en train de nous débarrasser de ce Lot, de cette calamité royale, et je devrais surveiller mes propos. C'est incroyable !

Il toisa Georges, dont le découragement laissait place à l'abattement, un doigt levé, sentencieux.

– Etouffer sa joie, c'est faire affront au Très-haut ! La mort de Lot va délivrer les îles de ces chiens d'Anglais et purger l'archipel. Réjouissons-nous !

François Follet était perplexe. L'expression « chiens d'Anglais » aurait dû le blesser ou, pour le moins, lui durcir, malgré lui, les épaules et les poings. Il n'en était rien. L'homme était sympathique. Il émanait de lui une chaleur faite de drôlerie et de vigueur, et François accepta de lever son verre à la vindicte antibritannique et provocatrice de Bishop. En un regard, il perçut le visage de Georges s'assombrir, soudain inquiet... Un grand gaillard, brun et barbu, s'était approché d'eux, froid et déterminé, les mains sur les hanches. Bishop sentit la fixité d'un regard et se retourna, feignant l'étonnement, au moment où l'homme l'interpella :

– J'ai pas bien entendu ce que tu viens de dire... Tu pourrais peut-être répéter, des fois que t'aies des mauvaises idées? Que tu fasses des fautes de jugement sur les Anglais. Je ne voudrais pas te laisser dans l'erreur...

– Ah bon? laissa tomber Bishop.

Derrière le barbu, et tandis que le bruit des conversations s'évanouissait peu à peu, François remarqua d'autres silhouettes. Des hommes jeunes et costauds s'étaient approchés, silencieux, avec lenteur. Il posa son verre, sans précipitation, sur le comptoir ciré.

– Excusez-moi, *sir*, enchaîna Bishop soudain hautain, mais il me semble que nous n'avons jamais été présentés.

Il se tourna vers Follet.

– C'est vrai, tout de même, un peu de savoir-vivre! Nous sommes dans l'établissement de Ted MacVigan, un homme de bonnes manières. Je trouve ces façons de rustaud indignes de sa mémoire. C'est insupportable, cher ami, proprement insoutenable!

En un éclair, il se retourna, se détendit de tout son corps et expédia, à toute volée, un formidable coup de poing au visage de l'immense barbu qui, dans un grognement sourd, partit en arrière, sauvé de la chute, *in extremis*, par le corps de son compagnon. Un silence glacial s'abattit tout à coup sur le *Folie's*. François Follet aperçut un homme blond qui se jetait sur lui. Une douleur sèche, comme un éblouissement, lui embrasa la lèvre supérieure. Des hurlements jaillirent brusquement comme son visage s'ouvrait dans une déchirure.

4

L'AVANTAGE des agressions, s'il faut leur trouver une vertu, c'est de laisser peu de place à la réflexion. Entre se défendre et se faire démolir, il n'existe pas de voie médiane. François Follet n'était pas en position de parlementer utilement. D'ailleurs l'eût-il été qu'il se serait lancé dans la mêlée, aux côtés de cet ami d'un soir qui se battait comme un diable, seul contre quatre, les poings secs et vifs, les coups de pied rapides. Il aurait pu faire valoir qu'il n'était pour rien dans ces insultes antibritanniques ou qu'il était lui-même à moitié anglais. Il aurait pu s'interposer, ramener l'apaisement. La conciliation mène souvent au déshonneur.

En quelques instants, il lui sembla qu'il retrouvait son corps. Une seconde aveuglé par la violence et la soudaineté du coup, il sentit revenir en lui toutes ses capacités, la présence d'esprit et la force. Il se replia sur lui-même au moment où son adversaire lui envoyait un nouveau coup au visage. Ramassé sur ses muscles, il lui décocha un terrible crochet au ventre. L'homme recula, souffle coupé, puis s'effondra sur le parquet, tordu de douleur. Bishop, qu'un direct au menton avait propulsé contre François, le regarda, étonné.

– Dis donc, Frenchie, tu t'en laisses pas conter...

– Je suis comme toi : la familiarité me met de mauvaise humeur.

Il retrouvait l'énergie qui était en lui, intacte malgré les années. A quarante ans, son corps s'était épaissi et il n'avait plus la souplesse de sa jeunesse, quand il devait veiller près des entrepôts de M. Ching pour éloigner les rôdeurs. Ce qu'il avait perdu en agilité, il l'avait gagné en force. Le corps s'économise, à la longue. Un Britannique qui avait tenté de l'assommer par traîtrise en jaillissant sur son côté, le long du bar, se fit recevoir d'un coup de pied dans le bas-ventre, suivi d'un coup de coude au visage. L'arcade sourcilière s'ouvrit dans un claquement sec.

Les bagarres étaient, à l'*Honolulu Folie's*, de même que dans de nombreux bouges des îles, une institution, un rite obligatoire. Les consommateurs se mêlaient volontiers à des rixes naissantes, prenant parti, selon des critères obscurs, pour l'un ou l'autre camp. Les marins y oubliaient la solitude des mois en mer, la peur, la faim, la souffrance et les privations. Ils revenaient à eux dans le bruit et la fureur... Ainsi à l'*Honolulu Folie's* l'affrontement qui opposait Bishop et Follet à une dizaine de marins de Sa Majesté tourna-t-il très vite à l'affrontement général. Des Américains prirent les Anglais à revers, tandis que des Nordiques, par souci d'équilibre sans doute, venaient au secours de leurs collègues britanniques. C'est l'un d'eux, un colosse d'un mètre quatre-vingt-dix et de cent kilos, qui envoya un coup de genou dans les reins de Follet, puis, comme celui-ci se retournait, un lourd uppercut au visage qui l'envoya au tapis et ouvrit davantage sa lèvre blessée.

Après une demi-heure de bagarre, alors que le

bar était en voie de complète dévastation et que les blessés étaient effondrés au milieu du mobilier brisé, la police d'Honolulu arriva enfin. L'arrêt des combats tombait à pic. Le Français, à moitié assommé, avait l'impression que son visage avait éclaté. Lorsque les coups de sifflet retentirent dans le *Folie's* en émeute, Bishop vint le tirer par la manche.

– Plus de raison de s'attarder ici! Il vaut mieux filer.

Il le dévisagea, sérieux soudain :

– Tu t'es fait amocher, Frenchie... Il faut t'arranger ça.

Dans un coin du bar, quelqu'un leur ouvrit une porte discrète. Sur le front de mer, un fiacre refusa de les prendre. Le cocher, un gros homme rougeaud, à la moustache lissée à l'anglaise et aux longs favoris, avait eu un recul en les voyant. La blessure de François avait dû lui faire peur. Bishop n'était pas beau à voir non plus, avec ses pommettes tuméfiées et le filet de sang qui coulait le long de sa tempe. Il saisit brutalement le bonhomme par le revers de sa veste, une jaquette en ruine sous laquelle il était torse nu, et s'écria :

– Tu vas nous conduire à Nuuanu Valley. Pigé?

Puis il fit monter François dans le cabriolet, en précisant au cocher :

– Prends par Punchbowl Street... On va chez MacRoary. C'est un physicien, un médecin, si tu préfères. Il va nous rafistoler.

François ne perçut de la grande artère d'Honolulu qu'un vague carrousel illuminé. Plus tard la maison de Peter MacRoary lui parut également un endroit étrange et confus. Il se vit traverser une tonnelle épaisse avant de pénétrer dans une jolie villa de plain-pied. Bishop alluma des lampes à huile et lui fit signe de s'asseoir sur un lit, un sommier de bambou et une paillasse recouverte d'un drap blanc. Il s'absenta quelques instants et revint avec une cuvette remplie d'eau et une serviette. La fraîcheur de l'eau calma un instant sa douleur.

– Je me demande où est passé MacRoary... Faudrait qu'il te fasse un petit point. C'est une vraie dentellière, MacRoary : pas son pareil pour recoudre une arcade sourcilière, raccommoder une lèvre, refermer une pommette éclatée. Son surnom, à Honolulu, c'est Needle-doc, docteur fine aiguille, la cousette. Il a la précision des grands virtuoses... Seulement, il a disparu !

Dans la nuit, alors que François s'était endormi, Bishop lui secoua l'épaule. Il avait trouvé un autre médecin qu'il lui présenta :

– Docteur Chamberlain. Homme de l'art de grand renom... Et de grande qualité !

Le docteur Chamberlain, petit, maigre et le crâne dégarni, avait une soixantaine d'années. Réveillé en pleine nuit par Bishop, il avait juste pris le temps d'enfiler une chemise sans cravate sur laquelle il avait passé une veste, et un pantalon froissé.

– Arrêtez vos simagrées, Bishop, bougonna-t-il.

Il s'assit près de François, sur le lit, ouvrit son sac de cuir aux fermetures d'argent et lui tendit un flacon.

– Je suppose, Bishop, que c'est encore vous qui avez provoqué cette bagarre ? Buvez ça, vous.

Sans attendre de réponse, il sortit un fil et une aiguille.

– Vous êtes un danger pour la sécurité publique, Bishop, poursuivit Chamberlain. Une calamité ambulante. S'il ne tenait qu'à moi, vous ne seriez plus dans les îles. Expulsé *manu militari*, depuis longtemps. C'est simple : depuis le jour de votre arrivée.

– Vingt ans déjà, répondit Bishop, amusé. Et vous voudriez m'expulser? Hélas! J'ai des protections, et des protections princières!

Etait-ce l'effet du liquide anesthésiant? François en s'endormant eut l'impression qu'il riait en lui-même. Il trouvait décidément qu'Honolulu était une ville originale et plutôt cocasse, peuplée de gens étonnants. Mais de tous ceux qu'il avait rencontrés, celui que le hasard avait mis ce soir sur sa route était sans conteste le plus fou. Il sentait qu'il allait aimer ce Bishop, provocateur grandiose, qui se moquait de tout et de tout le monde et se vantait de protections « princières ». Le sommeil l'emporta pendant qu'il se répétait, ravi : « Ce type est fou. Complètement fou. »

Le vent était frais, en montant de la mer. Le soleil de midi caressait la vigne vierge de la tonnelle. François, la tête dans un étau cotonneux, revint à la conscience en entendant les échos d'une conversation et un frôlement doux sur la terrasse, un murmure de soie et de satin, accompagnant le claquement de petites bottines. Plus loin, il perçut le hennissement d'un cheval tirant sur son mors. Il reconnut la voix de Bishop.

– Ce que je fais à Honolulu? disait-il. Je m'étonne de ta question. Serais-je interdit de séjour dans la capitale du royaume d'Hawaï?

Une jeune fille répondit :

– Dis donc, Bishop... Tu as les pommettes tuméfiées? Et des écorchures sur le nez! Tu es venu ici pour te battre? C'est une maladie, chez toi. Tu es un malade, un incorrigible malade.

– Je suis venu rendre visite à mes amis, s'em-

porta Bishop. Tout de même, un peu de respect...
D'ailleurs, j'aimerais bien savoir où ils sont passés,
mes amis, à commencer par MacRoary.

– Peter est dans les villages hawaïens. Il travaille, lui! La santé de la population devient alar-
mante.

La jeune fille paraissait excédée.

– Il ne passe pas son temps dans des combats
d'ivrognes, comme toi!

François réussit à se lever et avança, hésitant,
sur la terrasse baignée de soleil. Ses jambes étaient
trop faibles, son corps meurtri et sa tête lourde. La
voix de Bishop lui parut plus nette et soudain
empreinte de douceur.

– J'ai un peu fait voler la sciure. C'est pas un
drame...

– Voilà ce qui te plaît : les bagarres de bouges,
reprit la jeune fille, d'une voix que François Follet
trouva mélodieuse.

– Ce que vous appelez « bagarres de bouges »,
mademoiselle Brinsmade, fit Bishop, sont en fait
des exercices spirituels, des purifications de l'âme.
Contre la nostalgie, je n'ai trouvé qu'un traitement : le coup de poing et le tabouret sur le crâne.
Le malade est souvent son meilleur médecin...
Dans le fond, je suis un grand mélancolique.

François dut s'appuyer contre le mur de la villa
en parvenant sur la terrasse. L'éblouissement du
jour, malgré l'ombre de la tonnelle, ajoutait à sa
faiblesse. Il vit Bishop, le visage éraflé, qui le
regardait, grave : il devina que son état ne prêtait
pas à sourire. Il porta sa main jusqu'à sa lèvre et
sentit sa blessure, à la fois énorme et insensible. Il
lui semblait qu'on avait remplacé sa chair meurtrie
par un bout de carton bouilli hérissé de fils cou-
pants. Il baissa la tête et vit que sa chemise était
tachée de sang.

Son regard se dirigea vers la jeune fille qui, dans l'animation de la conversation, s'était déplacée jusqu'aux frondaisons des manguiers, à l'autre bout de la terrasse. Il eut brusquement l'impression que sa conscience revenait entière, que son cœur se mettait à battre trop vite, que sa respiration devenait saccadée. C'était une jeune femme d'une vingtaine d'années, d'une éclatante beauté, les yeux verts, les cheveux châtains et longs, noués d'un ruban, la taille et la poitrine bien prises dans une robe d'organdi framboise. François sentit que pour la première fois il regardait une femme comme il ne l'avait jamais fait auparavant, comme si elle était différente de celles qu'il avait connues tout au long de sa vie. Elle s'affirmait à lui, comme une évidence... Une pensée fugitive traversa alors son esprit : « Pourquoi faut-il que je rencontre cette fille le jour où j'ai une tête à faire peur, des vêtements en lambeaux et que je suis incapable d'articuler le moindre mot ? »

– Sarah Brinsmade, fit Bishop d'un ton enjoué, je te présente François Follet, citoyen français... en voyage d'agrément dans les îles.

La jeune fille s'approcha, légèrement inquiète devant ses blessures, puis retrouva son sourire :

– Je suis heureuse de vous rencontrer, monsieur...

Sa lèvre reprisée lui évita de répondre autrement que par un geste de la tête.

– En voyage d'agrément ? répéta-t-elle. Drôle d'agrément où l'on manque de se faire tuer !

Elle fit virevolter sa robe et se tourna vers Bishop :

– Monsieur a eu de la chance de croiser ton chemin ! Tu lui as donné une belle image du royaume. Bravo !

François alla s'asseoir dans une des chaises disposées autour d'une longue table, dans la fraîcheur des buissons d'hibiscus et des vignes vierges.

– Vous savez, monsieur, reprit Sarah en le fixant droit dans les yeux, la population d'Hawaï est civilisée. Charles Bishop est le seul qui vive encore à l'état sauvage!

Etonné et ravi, François se demanda par quel mystère cette belle jeune fille pouvait s'intéresser à lui et lui sourire. Se trompait-il ou était-elle en train de lui faire du charme?

– On pourrait connaître la raison de ta présence ici? demanda Bishop, faussement sévère. C'est tout de même incroyable! Tu arrives d'on ne sait où, et tu m'insultes! Mademoiselle Brinsmade, les filles de missionnaire sont d'habitude mieux élevées.

L'expression « fille de missionnaire » irrita Sarah davantage.

– Je suis venue préparer le retour de Peter, répondit-elle d'un ton sec... Ranger ses flacons et vérifier ses instruments de chirurgie. Je lui sers un peu d'infirmière. L'ignorais-tu?

– Je l'ignorais, en effet. L'infirmière du docteur MacRoary pourrait-elle alors m'indiquer quand il sera possible de rencontrer l'éminent « physicien »? demanda-t-il avec ironie.

Sarah retrouva son sourire.

– Demain, après-demain, bientôt... Qui sait?

Le hennissement du cheval parut la rappeler à des obligations.

– Je suis attendue, s'excusa-t-elle, en se retournant gracieusement vers François. Reposez-vous, monsieur, le sommeil sera votre meilleur traitement. Puis elle ajouta avec douceur : J'espère vous revoir bientôt...

Sarah fit demi-tour vers le petit passage dans les

frondaisons qui menait à la route de terre. En passant devant Bishop, elle lança avec fierté :

– Si tu veux être sûr de rencontrer Peter, tu peux aller, un de ces jours, au 25 Punchbowl Street. Il y a ouvert un cabinet... Peter donne des consultations, maintenant !

Bishop resta interloqué. Sarah avait déjà fait claquer son fouet qu'il répétait, incrédule :

– Peter donne des consultations...

François s'allongea de nouveau sur le sommier de bambou. A la douleur de son corps était venue s'ajouter une sensation désagréable, et jusque-là inconnue. Il s'était mis à détester ce Peter Mac-Roary qu'il ne connaissait même pas. Un sommeil lourd l'emporta bientôt. De très loin, il entendit Bishop qui répétait : « Peter donne des consultations... »

Le crépuscule tombait et François décida de regagner le *Liberty*. Sa blessure le brûlait encore, mais Bishop lui avait donné des vêtements propres et il se sentait présentable.

– Je te ramène, fit Bishop. Sur le chemin, on fera une halte au *Prince Alfred*.

– Un bar ? s'insurgea François. J'ai mon compte !

– Un pub ! Je voudrais éclaircir cette histoire de « consultation » de MacRoary...

François accepta. La spontanéité amicale de Bishop était communicative. Il possédait un sens de la fantaisie qui incitait à le suivre, par curiosité. Et puis n'était-il pas le lien avec Sarah, dont l'image n'avait pas quitté François depuis son départ ? Il voulait savoir qui elle était et cela valait bien un dernier verre.

En descendant Punchbowl Street, dans la lueur

fragile des premières lumières, Bishop donna quelques précisions sur le *Prince Alfred*. Robson tenait sur le port ce bistrot sombre et dépouillé qu'il avait baptisé pub pour attester de ses origines britanniques. La spécialité de l'établissement était la bière brune, la stout, dont la réputation avait largement fait le tour du Pacifique...

A cette heure de la journée, le *Prince Alfred* était à peine ouvert. Robson était debout, raide, derrière une lampe à huile allumée dans un coin. C'était un homme d'une soixantaine d'années, corpulent, au visage couperosé, rehaussé d'une large moustache blanche.

– Tu viens payer tes dettes, Bishop? fit-il d'une voix éraillée dès qu'ils entrèrent.

– Je ne te dois rien, Tom, répondit Bishop en s'asseyant sur un tabouret devant le comptoir.

– Tu me dois quatre-vingts dollars!

– Décidément, je ne me ferai jamais à ton humour... Tu pourrais tout de même saluer mon ami, François Follet. Tu me parais énervé, Robson... Tu travailles trop. Dors-tu suffisamment? Tu as de la chance d'avoir devant toi un homme non-violent, pacifique et fraternel, parce qu'un autre...

Robson le regarda, éberlué.

– Un autre?

– Un autre t'aurait déjà collé un pain, Tommy...

– Ah bon?

Robson demeura bouche bée, son torchon à la main.

– Parfaitement, confirma Bishop, la mine compatissante.

– Tu veux peut-être dire que t'es un agneau, c'est ça? Un ange tombé du ciel?

Il se tourna vers François :

81

– Dites-moi, gentleman... Vous êtes dans les îles depuis combien de temps?

– Deux semaines environ.

– Alors, vous n'êtes peut-être pas au courant. Il faut que vous sachiez que le type qui est à côté de vous, Charles Bishop, est la plus grande teigne des Sandwich. Un véritable fléau. Même à la Société et aux Marshall, ils n'en ont pas des comme ça. Un fauve.

Bishop se tourna aussi vers Follet.

– Il exagère tout...

– Ah, j'exagère! riposta Robson. La dernière fois que tu es venu ici, c'était il y a six mois. Le 26 octobre, exactement. Tu penses si je m'en souviens. J'ai dû réparer les dégâts après la bagarre... Un véritable désastre. Une semaine de fermeture, quatre-vingts dollars de réparation. Le *Prince Alfred*, un peu plus, on le rasait!

– C'est un de tes compatriotes qui m'avait frappé... Tu devrais être plus regardant sur ta clientèle.

– Tu l'avais insulté! s'emporta Robson, en bafouillant. Tu l'avais traité d'Anglais!

François éclata de rire.

– Sers-nous plutôt deux verres, fit Bishop, conciliant. En voyant l'hésitation du cafetier, il ajouta : En l'honneur de mon ami. Sa mère est anglaise : il est tout de même un peu de ton pays...

Robson opina et, à contrecœur, alla tirer deux grandes pintes de bière d'un tonneau ventru, à l'autre bout du bar.

– Dis donc, Robson, enchaîna Bishop... J'arrive pas à mettre la main sur Peter MacRoary. T'aurais pas de ses nouvelles, par hasard?

– J'ai pas eu l'occasion de le voir et je m'en plains pas.

Robson regarda François, droit dans les yeux, pour expliquer sa pensée :

– Quand un « physicien » vient rendre visite au vieux Tommy Robson, c'est rarement pour se faire tirer une brune. C'est en principe pour faire son boulot... Et ça prouve qu'il y a un client qu'on ne peut même pas transporter chez lui. C'est jamais très bon signe sur la tenue d'un établissement... Needle-doc, la cousette comme on l'appelle ici, c'est pas le genre à se jeter sur ma clientèle. Il venait au *Prince Alfred* uniquement pour le plaisir, par amitié... Il s'installait au bar, dans un coin, pour siroter son gin au citron. Il écoutait les marins raconter leurs histoires de pêche et de tempêtes, le récit des combats opposant des baleines énormes et des pieuvres de fin du monde. Il se plongeait dans leurs rêves. Il en profitait pour donner ses consultations. Il refaisait en vitesse un pansement ou palpait, mine de rien, un abdomen. Pour tout honoraire, il acceptait un gin ou une pinte de bière. « Je n'accepte que les règlements en liquide », qu'il disait... C'était un drôle de type, Peter MacRoary, conclut Robson avec un curieux sourire.

– Dis donc, tu en parles comme s'il était mort.

– Il n'est pas mort, rassure-toi. Seulement... il n'est plus le même, c'est tout... Depuis plusieurs mois, poursuivit l'Anglais, il s'occupe de la santé des Canaques. Il part des jours et des nuits dans la montagne, de l'autre côté de l'île, au-delà des montagnes du Koolau. Il va dans les communautés leur apporter des soins, leur apprendre l'hygiène... Il est devenu un peu sonné, Needle-doc !

Robson craignit un instant d'avoir heurté Bishop.

– Enfin, tu me comprends, Charles... Je me dis : les éclopés, les malades, c'est pas ça qui manque par ici. Rien qu'en soignant les marins il y a de quoi s'occuper. Entre les plaies infectées par l'eau de mer, les congestions mal guéries, les véroles rampantes, plus le petit crabe qui est dans le whisky et qui grignote le foie, il pouvait être payé jusqu'à la fin de ses jours, MacRoary, en liquide... Il pouvait boire jusqu'à l'éternité.

Le soir était tombé sur Honolulu et Robson avait allumé des lampes au fur et à mesure que les clients arrivaient. Autour du comptoir, les marins se pressaient. Ils étaient venus pour la stout, la « brune de Robson » dont tous parlaient d'un bout à l'autre du Pacifique. L'ambiance devenait chaleureuse. Tout à coup, Robson vint tirer Bishop par sa manche de chemise.

– Il manquait plus que celui-là! s'exclama-t-il. Voilà ton vieux copain Whisky Bill, la plus grande éponge des îles!

François se retourna en même temps que Bishop. Devant lui, un personnage incroyable tendait les bras, prêt aux embrassades. C'était un indigène, un Hawaïen d'une trentaine d'années, le premier Canaque qu'il rencontrait. Il était maigre, les cheveux crépus et volumineux, les traits épatés, et son large sourire découvrait des dents étincelantes.

– Vieille fripouille! s'écria Bishop, radieux, en descendant de son tabouret.

– C'est toi, la vieille crapule, satané Bishop!

François resta abasourdi. Le premier Hawaïen qu'il rencontrait parlait anglais et avec un épouvantable accent écossais!

– Tu obliges ton vieux Bill à faire tous les bars d'Honolulu pour te retrouver!

– Personne ne te force à faire les bars, Whisky Bill, tu les fais très bien tout seul...

Les deux hommes s'étreignirent de plus belle en

redoublant de rire. Whisky Bill était vêtu d'un costume de belle étoffe beige, avec un gilet de soie, une chemise blanche et une élégante lavallière noire piquée d'un diamant. Dans une main, il tenait une canne à pommeau d'argent à tête d'aigle, dans l'autre un panama. Le bas de son pantalon était relevé et François s'aperçut qu'il marchait pieds nus. Bishop fit les présentations :

– Prosterne-toi devant le prince !

François salua d'un profond mouvement du buste en estimant que Bishop en faisait un peu trop. Bishop le sentit et précisa avec solennité :

– Monseigneur William Lunalilo, frère du roi et héritier du trône !

L'altesse hawaïenne confirma d'un élégant signe de tête et se mit à dévisager le Français.

– Vous êtes entré dans le wharf pendant l'amarrage à Honolulu ? demanda-t-il avant d'éclater d'un rire formidable.

– Hier, nous avons été percutés par un équipage anglais, expliqua Bishop. Suite à une fausse manœuvre, il y a eu collision.

Bill Lunalilo s'installa entre eux en s'esclaffant :

– Une collision ! Drôle de collision !

Il en pleurait dans la pinte de bière noire nappée de gris que Robson avait poussée devant lui.

– Et la fausse manœuvre, reprit-il entre deux hoquets, c'est de ta faute, hein, Bishop ?

– Tu comprends tout, Bill...

Le frère du roi ! Les récits de Cook, de Bougainville, et les descriptions de l'amiral de Villeneuve surgirent dans la mémoire de François. Il se souvenait de monarques emplumés, grands, solides et majestueux, entourés de guerriers fiers, aux muscles bien dessinés, à la taille ceinte de raphia, poussant des cris féroces en levant leur lance vers le ciel... Et, dans la lumière diffuse du *Prince Alfred*, il découvrait un « Monsieur frère » qui reposait sa pinte de bière, les lèvres blanchies d'écume.

Whisky Bill sortit une épaisse liasse de sa poche et tendit un billet vert à Robson, d'un geste machinal, en lui faisant signe de garder la monnaie. Une émeraude luisait à son doigt. Il se tourna de nouveau vers Bishop.

– Je te cherchais partout... Où étais-tu passé depuis six mois?

– Dans la Grande Ile, répondit Bishop. Pourquoi?

– Tu m'as manqué. Les bons compagnons se font rares, surtout dans l'entourage de Lot. Plus une goutte d'alcool et la messe anglicane tous les jours... Un désastre!

Robson en profita pour venir chuchoter à l'oreille de François :

– Faites attention à Whisky Bill. Il s'écroule d'un coup, sans prévenir. Ne le lâchez pas de l'œil.

– Tu repars à Hilo, avec moi? Je t'emmène, ordonna le prince.

Bishop dodelina de la tête. L'idée ne l'enchantait pas.

– J'en viens, d'Hilo !

– Tu verras Bernice, fit Whisky Bill qui avait vidé sa pinte et s'en était fait tirer une autre.

– J'ai passé six mois, avec Bernice... J'ai mon compte.

– Viens, Bishop. C'est le mariage d'un de mes cousins. On va faire un *hula* gigantesque!

François annonça qu'il souhaitait partir. La soirée avait assez duré pour lui. Il préférait se replonger dans le *Voyage* de Cook, retrouver le royaume d'Hawaï de ses rêves. Là, il descendait vers l'abîme : sa lèvre le faisait souffrir et William

Lunalilo, frère du roi du bout de la terre, avait un accent écossais et se soûlait à la stout...

Sur le front de mer, les tavernes avaient allumé leur enseigne, prêtes pour la nuit. C'était l'heure paisible où rien n'est encore certain. Dans la baie, le *Pablo Garcia*, inerte, chaudières éteintes, dans les eaux sombres où des lumières se reflétaient, tirait sur sa chaîne d'ancre. François comprit soudain qu'il ne serait pas du voyage et il fut soulagé. Sa lèvre meurtrie aurait pu lui fournir un prétexte pour rester quelque temps encore, mais il n'en cherchait pas... Puisqu'il allait nulle part, il pouvait laisser partir le *Pablo Garcia* où bon lui semblait. En l'espace d'une journée, il avait rencontré l'amitié et peut-être l'amour. C'était suffisant pour s'arrêter un peu. Il se sentait euphorique, sûr de lui. Il se mit à rire, seul dans la nuit... Ainsi, elle s'appelait Sarah Brinsmade.

5

CETTE nuit-là, dans une chambre du palais Iolani, à l'est de la ville, le roi Lot mourut. Il n'avait que vingt-cinq ans. Depuis des semaines, il ne s'alimentait plus. Dans l'archipel, où les fruits poussaient à profusion, où les poissons se laissaient prendre comme par jeu, où les oiseaux se posaient sur les épaules des chasseurs, le roi Lot avait choisi de mourir de faim.

Bishop apprit la nouvelle avant tout le monde. Dès neuf heures du matin, il était au bar du *Liberty* pour informer François.

– Tu as vu, Frenchie, je me suis fait beau! Il y a des événements qu'il faut savoir fêter dignement. J'ai fait un détour chez Fox et Walter, le meilleur tailleur de Punchbowl Street.

François demeura perplexe. Bishop claqua dans ses mains et, à l'autre bout du bar, un Chinois, veste blanche et papillon noir, accourut.

– Apporte-nous deux punchs aux fruits de la passion.

Tandis que le serveur repartait à petits pas rapides, il fit un rapide clin d'œil à Follet.

– C'est une boisson qui fait fureur dans les îles. Dans les endroits chic, bien entendu, au *Liberty*, au *Stars and Stripes*, à l'*American Saloon*... Ou dans les réceptions des Haolès de Nuuanu Valley. Pas au *Folie's* ou chez Robson... Eh bien, cher Follet, ce breuvage des gens raffinés, des « missionnaires » et des négociants, sais-tu qui l'a inventé ? C'est Bi-Bi... Bishop !

Le Chinois vint poser deux verres orangés sur le bar et il enchaîna :

– Il faut prendre un rhum de qualité. C'est le plus important. Le sélectionner parmi les meilleures mélasses de la Grande Ile, Hawaï, de préférence. C'est là qu'il est le meilleur.

François se tourna vers lui, amusé :

– Tu viens me chercher à neuf heures du matin, pour me donner la recette d'un cocktail ?

– T'énerve pas, Frenchie ! Je te l'ai dit : j'ai une grande nouvelle...

Il prit un temps, puis prononça solennellement :

– Lot est mort.

Il remarqua le regard indifférent de Follet.

– Lot ! Le roi d'Hawaï.

Il choqua son verre contre celui de François.

– Je bois au nouveau roi ! Vive le roi William Lunalilo, descendant de l'empereur Kamehameha, maître des îles du Pacifique et de toutes les autres, l'égal des dieux, mon copain !

Il vida son verre d'un trait, poussa un « ah ! » de satisfaction et laissa tomber, comme pour lui-même :

– A la tienne, Whisky Bill ! Te voilà au courant avant tout le monde, Frenchie. Lot, roi de l'archipel d'Hawaï, est mort ce matin, 20 avril 1872, à cinq heures, aux premiers rayons du soleil, sous le toit de palmes du palais Iolani. De quoi est-il décédé, quelle est la maladie qui a eu raison de sa royale personne ? Personne ne le sait. Tu vois, Follet, je suis arrivé dans les îles il y a presque vingt ans... J'avais vingt et un ans. Depuis, j'en ai vu mourir des Hawaïens, par milliers. J'ai tout connu, toutes les maladies, tous les fléaux. L'alcool d'abord, la syphilis ensuite... De quoi bien remplir les cimetières. Quand je suis arrivé, en 1855, c'était l'année de la peste. En fait, c'était la variole... Encore une maladie qu'on leur avait apportée gracieusement. Le plus curieux, c'est qu'aucun Blanc n'a été atteint. Mais les Canaques, eux, mouraient par villages entiers. On ne savait pas comment les enterrer... On allait les noyer au large, on régalait les requins.

Il se redressa comme pour chasser ces images horribles.

— Bref, ici, les médecins ont vu les indigènes périr de toutes les maladies imaginables, jusqu'aux oreillons et à la varicelle. En ce qui concerne Sa Majesté Lot, les savants restent le bec dans l'eau... « Vraiment, on ne sait pas de quoi il était atteint, disent-ils, on ne comprend pas... » Eh bien, moi j'en connais un qui a la solution. C'est Bi-Bi... Bishop !

— T'es plus fort que les autres, remarqua Daltrey, ironique.

— Pas plus fort, rétorqua Bishop. Je connais mieux les Hawaïens et leur façon de penser... Le couple d'anglicans qui s'est chapgé de l'éducation de Lot ne s'est pas contenté de lui apprendre l'anglais, le savoir-vivre et le carillon de Westminster. Il lui a appris l'amour ! « Aimer sa femme ? a demandé le pauvre roi. En quoi ça consiste ? » Et le malheureux a tout compris de travers. Il s'est mis à souffrir des « infidélités » de son épouse... Plus elle le trompait, sans y voir le mal, et moins il mangeait. Voilà l'explication. Le roi Lot, souverain du royaume d'Hawaï, est mort d'amour. Encore une maladie apportée par les Blancs.

– Le roi est mort, vive le roi, ponctua François en levant son verre.

– Nous allons annoncer la nouvelle à ce cher Whisky Bill. Bien que je ne sache pas où il est. Où a-t-il pu s'endormir ? Après tout, trancha-t-il, il sait que je suis à Honolulu. Il viendra me voir chez MacRoary... Le mieux c'est d'aller l'y attendre.

– C'est aussi mon avis, approuva François.

Se rendre chez MacRoary, c'était avoir une chance de revoir Sarah sans demander à Bishop d'organiser une rencontre. Depuis la veille, il ne cessait de penser à la jeune fille aux yeux verts. Elle avait vingt ans de moins que lui et il n'en tirait aucune conclusion, sinon, à en juger par la gaieté qu'il sentait en lui, que la jeunesse était contagieuse.

Dans la calèche qui remontait Punchbowl Street, François revint sur un point qui l'intriguait depuis qu'il avait rencontré Bishop. Charles lui paraissait plutôt étrange : la place qu'il occupait dans les îles, la manière dont on le considérait, l'indulgence qu'on accordait à ses frasques le laissaient perplexe.

– Tu es drôlement renseigné, Bishop, lui fit-il observer.

D'un mouvement de la tête il désigna les passants qui marchaient paisiblement dans la rue en pente.

– Personne ne sait encore que le roi est mort ce matin. Sauf toi... Tu sais tout, Bi-Bi... Bishop !

– Je n'ai aucun mérite et n'en retire aucune gloire. C'est Peter MacRoary qui a fermé les yeux de Lot. On l'avait appelé pour essayer de sauver la vie du roi. C'est pour cette raison qu'il avait disparu... Quand il est revenu chez lui, ce matin, il m'a annoncé la nouvelle. Peter est le seul médecin vraiment compétent de l'archipel. Les autres sont des charlatans et des filous. Ils se font passer pour des sorciers, des *Kahunas*, comme on dit ici, des sorciers blancs qui n'ignorent rien des mystères du corps, qui soignent les maladies. Evidemment, ils ne connaissent rien, mais c'est le dernier de leur souci. Pour eux, ce qui compte, c'est d'être dans l'entourage du roi, pour le suggestionner afin qu'il demeure sous le contrôle des « missionnaires ». C'est pas toujours facile! La preuve : Lot était resté anglican, et continuait d'admirer l'Empire britannique! Seulement, quand le roi est vraiment malade, quand il ne suffit plus de lui donner de la cervelle de requin bouillie, de l'huile de tortue ou de la poudre de perlimpinpin pour le sauver de la mort, on court chercher Peter MacRoary!

MacRoary était-il un médecin compétent? En le voyant, François Follet en eut la conviction. Sous les frondaisons du jardin, tandis qu'au loin les reflets turquoise de la baie blanchissaient sous le soleil, le docteur MacRoary était assis derrière la table de bois, ramassé sur lui-même. Il avait le même âge que lui, les traits fins et le corps décharné. Ses yeux bleu vif brillaient derrière des lunettes métalliques qui accentuaient ses joues creuses. Ses cheveux longs retombaient, raides, sur les épaules. « S'il est bon praticien pour les autres, se dit Follet, il est de bien mauvais conseil pour lui-même. Sa maigreur est inquiétante. » Bishop perçut le recul imperceptible de Follet devant l'aspect misérable de son ami. Il se hâta de faire les présentations.

— Je vous aurais reconnu entre mille, monsieur Follet, enchaîna MacRoary en tendant une main anguleuse. Charles m'a parlé de vous, tout à l'heure. Vous êtes, paraît-il, un compagnon de taverne tout à fait rassurant. D'après lui vous possédez une droite très exceptionnelle.

– La compétence de Charles en matière de batailles de bar ne saurait être contestée, répondit Follet. Je m'en trouve flatté.

Sarah Brinsmade apparut soudain sur la terrasse. François comprit, en surprenant un éclair d'inquiétude dans ses yeux verts, que le merveilleux, l'incroyable lui était donné. La jeune fille avait perdu de sa frivolité, de son insouciance. Il eut la certitude que Sarah cherchait à lui plaire. Sans doute s'aperçut-elle, en retour, avec cette intuition qu'apportent des sentiments à vif, du trouble que son émotion provoquait : elle reprit, en un instant, confiance en elle, et s'avança avec assurance, éclatante de beauté. Ses longs cheveux bruns étaient réunis en une masse légère, nouée d'un ruban de soie, d'où s'échappaient des mèches indociles. Sarah possédait à merveille les artifices de la séduction : elle laissait croire que sa coiffure n'était que le résultat involontaire de quelques épingles disposées à la hâte.

Peter MacRoary avait suivi la scène, discrètement amusé, portant sur chacun d'eux ses petits yeux bleus. Il se leva en souriant et se dirigea vers François.

– Comment cela se présente-t-il ? fit-il en observant la lèvre meurtrie. Chamberlain a fait du bon boulot...

– C'est ce qu'il m'a semblé, confirma Sarah.

Cet empressement, qui amena un léger sourire sur les lèvres de MacRoary, fit tressaillir François.

– Du vrai travail de petite main, reprit MacRoary. Je n'aurais certainement pas fait mieux... De la broderie anglaise... Si je puis dire !

– Vous pouvez, répondit François. Je suis à moitié anglais par ma mère !

Sarah le regarda, intriguée :

– Je vous croyais français?

Charles Bishop sortit alors de la maison une bouteille de McGregor à la main, décidé à poursuivre les festivités. Il s'arrêta devant Follet :

– T'es pâle, Frenchie...

– Ton punch m'a pris par traîtrise.

MacRoary ne cacha pas son irritation.

– Chamberlain aurait dû vous prévenir! La potion qu'il vous a administrée vous interdit l'alcool pendant plusieurs jours. Vous allez vous offrir une jolie crise de foie...

Sarah proposa aussitôt de le raccompagner à son hôtel et François s'empressa d'accepter. Compte tenu de la façon dont Bishop entendait fêter l'avènement de Whisky Bill, il n'était pas fâché de s'éclipser. L'occasion était trop belle de se retrouver enfin seul avec Sarah...

Le trot rapide du cheval, le grincement des hautes roues de la carriole dans la descente de Punchbowl Street, le vent qui remontait de la mer apaisèrent ses nausées. Plus ils s'approchaient de la brume bleutée du port, et plus la ville semblait animée. Les impressions de François se précisaient. Honolulu lui apparaissait harmonieusement contrastée. C'était à la fois une ville de marins en escale, parfois définitive pour les barbus en haillons titubant dans les rues du port; une ville chinoise, grouillante de commerces obscurs, où s'entassaient sacs d'épices et de tissus, parcourue par des coolies au large chapeau de paille; une ville américaine enfin, avant-poste de la Californie, où les hommes d'affaires, costume blanc et panama, sortaient des montres en or de leur gilet de soie pour vérifier qu'il était temps d'aller déjeuner, de remonter dans leurs élégantes demeures des hauteurs.

Ici se mêlaient les goûts et les parfums, la bière, le whisky et l'alcool de riz, les peaux claires et les teints jaunes. Ici bouillonnait la rencontre des deux rives du Pacifique, comme le confluent de deux fleuves. Au milieu de cet immense mascaret, tous les types d'hommes surnageaient, « tous... pensa Follet, tous sauf les Hawaïens ». Depuis qu'il séjournait à Honolulu il avait rencontré peu d'indigènes, de « naturels » selon l'expression de l'amiral de Villeneuve : une famille endormie en haillons sur le front de mer, le jour de son arrivée, quelques Canaques aux cheveux crépus, la peau caramel, un pagne autour des reins, qui, de temps en temps, traversaient la ville comme un rêve. A Honolulu, les communautés et les races vivaient en bonne intelligence, en bonne indifférence. Seuls les Hawaïens y étaient des étrangers.

En bas de Punchbowl Street, l'attelage fut arrêté par un long chariot croulant sous un amoncellement de grosses boules ocre.

– Mon père pense que le sucre va ruiner les îles, fit Sarah en serrant fermement les rênes du cheval qui piétinait d'impatience.

François la regarda, étonné. Sarah indiqua le chariot.

– C'est un planteur qui amène ses pains de sucre au port pour les charger vers San Francisco. La culture du sucre est devenue frénétique dans les îles. Les Blancs, les Haolès, sont devenus planteurs les uns après les autres. Des fortunes se sont constituées et c'est à celui qui gagnera le plus d'argent. De la folie... Mon père dit que la richesse de chacun, c'est la ruine de tous.

– Votre père a des idées originales, remarqua François avec douceur.

– Vous trouvez ?

Sarah relâcha les rênes et le cabriolet repartit.

– Pour mon père, l'important est le bien commun. Il estime que l'homme est bon, mais que la société le corrompt.

– Un admirateur de Jean-Jacques Rousseau ? s'étonna François.

– Pour lui, votre Rousseau est le plus grand philosophe. Il a lu toutes ses œuvres. Mon père est un amoureux de la France.

Elle se concentra, puis prononça en français, avec difficulté :

– « La patrie des droits de l'Homme. »

– Félicitations !

Ils se mirent à rire, complices.

Ils étaient arrivés devant le port. Des Chinois chargeaient des monceaux de pains de sucre dans les clippers amarrés dans l'eau turquoise, derrière l'îlot de Sand Island. Sarah dirigea son cheval sur la gauche, le long du front de mer, puis l'arrêta quelques dizaines de mètres plus loin, devant les buissons d'hibiscus du *Liberty Hall*.

– J'ai parlé de vous à mon père...

Elle sembla hésiter.

– Il aimerait vous rencontrer... Peut-être aurons-nous le plaisir de vous avoir à dîner ?

François s'entendit répondre :

– J'en serai très heureux.

En descendant il vit que le beau visage de Sarah s'était empourpré et ses yeux rencontrèrent ceux de la jeune fille. Ni l'un ni l'autre ne pouvait plus prononcer un mot. Quelques secondes plus tard, elle le salua d'un mouvement de tête gracieux et se remit en route. Il la suivit du regard, le cœur battant, et ne rentra dans l'hôtel que lorsqu'elle eut disparu. Pour la première fois de sa vie il vivait les paradoxes de l'amour : il se sentait comblé et désarmé, et, faute d'antécédents cruels, abordait les désordres de la passion avec un moral de vainqueur.

A quarante ans, et sans la moindre résistance, François Follet s'apprêtait à se soumettre d'un cœur léger à une femme.

François resta plusieurs jours dans sa chambre. Il profita de ce malaise passager pour réfléchir au tourbillon qui l'avait emporté. L'amour qu'il éprouvait pour Sarah l'intriguait. Elle était jeune, très belle, mais l'intérêt qu'elle lui accordait le troublait.

Il chargea Laetitia de condamner sa porte à toute visite. Seul le docteur MacRoary, venu lui retirer les fils qui fermaient sa blessure, put le rencontrer. François lui affirma qu'il se sentait encore faible et sujet à des nausées. MacRoary n'en crut rien. Son patient cherchait la solitude et cela ne le regardait pas.

S'arrêter à Honolulu, n'était-ce pas interrompre sa route, se demandait-il, mais une route qui le menait où ? Le voyage, le vrai voyage, n'était-ce pas avec Sarah qu'il devait l'entreprendre ? La plus grande des aventures commençait pour lui : il devenait un autre, il ne se reconnaissait pas.

Le quatrième jour, Laetitia vint l'informer qu'une jeune fille était venue apporter une lettre.

– Sarah... dit-il. C'est à cause d'elle que je vais rester à Honolulu.

– Tu es sûr de toi ? demanda Laetitia, un peu triste.

– J'ai l'impression que c'est pour elle que je suis venu à Hawaï. Dans le monde entier, elle était celle que je devais rencontrer.

La jeune femme sourit.

– C'est le signe des grandes passions. Elles aiment se faire passer pour des fatalités. Mais tu sais, François, cette fille, je l'ai bien regardée...

Elle fit mine de s'excuser.

– C'est normal, j'étais un peu jalouse... Elle est magnifique et bien jeune. Il faudra te méfier.

– Me méfier d'elle?

– Pas d'elle, François. Il faudra te méfier de toi.

6

LA nuit sur le bord de mer était propice à la rêverie. Des fiacres se croisaient sur le sable de l'allée. De temps en temps, des hurlements étouffés venus de l'*Honolulu Folie's* venaient troubler la quiétude du soir. François se promenait, apaisé et heureux. Il revoyait les yeux clairs de Sarah, ses cheveux bruns, son sourire, et ce rose qui lui était monté aux joues.

Avant de quitter l'hôtel, il avait relu sa lettre, quelques mots écrits d'une écriture régulière et sage, sur une feuille au grain souple : « Cher monsieur, j'ai appris que votre état de santé vous obligeait à garder la chambre quelques jours. Mon père se joint à moi pour former des vœux très sincères à votre rétablissement et espérer que nous aurons bientôt le plaisir de vous recevoir à dîner. Avec mes salutations distinguées... Sarah Brinsmade. » La formule de politesse le faisait encore sourire... Salutations distinguées !

Une autre pensée lui était venue à l'esprit. Dans cet archipel, planté dans le Pacifique et laissé à lui-même comme un navire fou, dans cette Honolulu qui errait entre sucre et opium, entre chants de marins et psaumes évangélistes, dans cette ville folle qu'il n'envisageait plus de quitter, la place de

Charles Bishop lui semblait incompréhensible. Il se dirigea vers le *Prince Alfred* pour interroger Robson à son propos. Les cafetiers sont souvent les archives d'une ville. Ils savent tout, recueillent des confessions, des ragots, des calomnies, des bassesses. Un cafetier qui meurt, c'est un gigantesque panier de linge sale qui brûle. Derrière son comptoir, près des foudres de bière brune, dans la pénombre du *Prince Alfred,* Tom Robson, après avoir salué Follet d'un sourire et d'une vigoureuse poignée de main, lui apporta les lumières qu'il souhaitait.

– Qui est Charles Bishop? Difficile à dire... Et au fond très simple! Tu sais, Frenchie, je commence à me faire vieux. Je vais accrocher les soixante dans quelques semaines... il y a plus de quarante ans que je suis dans les îles. J'ai débarqué un jour, ici, sur la plage de Waikiki et je n'en suis jamais reparti.

Il hocha la tête.

– Près d'un demi-siècle, Frenchie, tu te rends compte? Bishop fait partie de l'espèce des premiers Blancs d'Hawaï. C'est un rêveur, tout ce qu'il y a d'inoffensif... Si on veut bien oublier quelques bagarres. Il est arrivé il y a vingt ans et a fait comme ces centaines d'Anglais ou d'Américains qui n'ont cherché ici que le plaisir de l'instant, les femmes à la peau douce, les eaux tièdes des lagons et le sable fin des plages...

– Des types comme MacVigan? demanda François.

Robson parut surpris.

– Tu as entendu parler de MacVigan? C'était un curieux bonhomme. A la fin de sa vie, il était devenu très triste. Il ne parlait plus beaucoup. Un jour il m'a dit : « Si j'ai fait du mal, je le regrette encore, mais j'ai payé mes fautes. Je suis en règle avec moi-même. Je vais partir en paix. » Et sais-tu quelles ont été ses dernières paroles ? « Le Bon Dieu est indulgent. Il ne demande pas qu'on se prosterne devant lui à longueur de journée. Il lui suffit qu'on se conduise bien, qu'on ne nuise pas aux autres, qu'on ne soit pas des pourris. Le Bon Dieu ne se prend pas pour Jupiter... Je suis sûr qu'il m'acceptera au Paradis. Je connais très bien l'endroit. Le Paradis, c'était ici même, dans les îles Sandwich, sous les palmiers de Waikiki... » Il a duré jusqu'au jour où un trois-mâts a doublé la pointe de Diamond Head. C'était le 14 avril 1820. Le navire s'appelait *Thaddeus* et à son bord il y avait Hiram Bingham...

Robson, emporté par ses souvenirs, se mit à raconter ce qu'avait été l'histoire du royaume d'Hawaï. En 1778, Cook débarque. Il étudie les « naturels », il observe. Il cherche, par-dessus tout, à ne pas perturber la vie de l'archipel. On fait amis, on se marque de l'estime. Les hommes sont souriants et les femmes sont belles. On échange des présents, on s'invite à manger. Les chefs canaques offrent du cochon grillé et Cook fait goûter la choucroute qu'il a embarquée et qui est réputée lutter contre le scorbut. Passé le premier éblouissement, le navigateur britannique se demande si tout est vraiment parfait dans cet Eden du Pacifique... Les Hawaïens sont voleurs et les femmes sont traitées comme des êtres inférieurs. James Cook finira assassiné : il avait raison d'être sceptique...

Peu à peu, les grands voiliers viennent relâcher « dans les îles », que Cook a baptisées Sandwich, du nom de l'amiral sous les ordres duquel il sert. Le contact entre marins anglais et américains et les « indigènes » se passe bien. Il y a bien, par moments, quelques goélettes attaquées à l'abordage par des pirogues remplies d'Hawaïens costauds. On échange des coups de gourdin contre des salves de mousquetons, on mène quelques expéditions punitives mais le calme revient toujours. Les Blancs, les Haolès et les Canaques se laissent aller à la paresse et se contentent désormais d'échanger des microbes contre des bouteilles de whisky. Au début de l'année 1817, alors que l'empereur Kamehameha vit la fin de son règne, le monde d'Hawaï s'alanguit dans la béatitude. Il ne sait pas que ses jours sont comptés. Comment imaginer un péril que l'on ne voit pas, et dont on n'a jamais entendu parler, surtout lorsqu'il se situe, encore naissant, à des milliers de kilomètres, à l'autre bout du monde.

Car c'est de l'autre côté de la Terre que, selon l'expression de Robson, « éclôt le malheur ». Dans une petite ville de la côte est des Etats-Unis, Boston, une secte religieuse prospérait. C'était un groupe d'hommes et de femmes austères, voués à la prière et au labeur, dans l'amour du Christ. Des protestants qui se réclamaient de Calvin et se rattachaient à l'Eglise évangéliste. Leur pasteur était un homme d'une trentaine d'années, maigre, le nez crochu et mince, les yeux enfoncés, les joues creuses, vêtu hiver comme été d'une redingote noire comme ses ouailles. Sa foi dans le Christ était absolue. Sa rigueur dogmatique inflexible. On le disait sujet à des transes, à des apparitions. Il s'appelait Hiram Bingham.

Fruit d'une longue méditation solitaire dont il était coutumier ou conséquence d'une illumination ? Un beau jour de 1817, Hiram Bingham annonça aux frères et sœurs réunis pour l'office dominical qu'une tâche lourde, mais exaltante et divine, les attendait : ils allaient instaurer le Paradis sur terre.

L'époque était propice aux rêves les plus fous.

Dans le monde entier, et singulièrement aux Etats-Unis, les communautés idéales se multipliaient et des phalanstères se formaient, embryons de sociétés parfaites. L'utopie était le pain quotidien de l'esprit et croire à l'impossible se révélait le meilleur moyen de se montrer concret. Le Paradis sur terre, dans le fond, ce n'était pas une si mauvaise idée : personne ne souleva d'objection. Hiram Bingham précisa son projet. La communauté évangéliste de Boston irait créer le Paradis terrestre dans un archipel du Pacifique, un ensemble d'îles où le Créateur avait disposé la richesse naturelle en abondance, des poissons, du gibier, des fruits et des fleurs. Les Anglais l'avaient baptisé Sandwich et les indigènes Hawaï. Ce serait bientôt Eden-Hawaï.

On ne saura sans doute jamais avec certitude ce qui motiva le choix d'Hiram Bingham. Boston était, au début du XIXᵉ siècle, un port de chasseurs de baleines. Il allait même devenir, dans les années 1830, le plus grand port baleinier du monde. A l'époque, bien que les troupeaux fussent encore nombreux dans l'Atlantique, les équipages passaient le cap Horn pour « piquer des souffleurs » dans le Pacifique Nord. Les cachalots, prisés pour l'ambre qu'ils procurent, y croisaient en troupeaux importants. Hiram Bingham, tout le laisse à penser, rencontra des marins de retour du Pacifique Nord qui, ayant relâché dans l'archipel d'Hawaï, évoquaient sa nature, digne des jardins de l'Eden, et les mœurs de ses indigènes, sous l'emprise indiscutable du Serpent. La lumière lui vint : en convertissant, en purifiant les naturels, le monde d'Hawaï deviendrait non seulement la société idéale telle que pouvaient le rêver les innombrables utopistes, mais mieux, infiniment mieux... le Paradis sur terre. Eden-Hawaï !

Si on ajoute au tableau que non loin de Boston sévissait une secte d'illuminés, les « millérites », qui avaient prévu, selon des calculs ésotériques, que le Christ reviendrait sur terre en 1843, on comprend l'enthousiasme d'Hiram Bingham.

— Frères et sœurs, annonça-t-il aux membres de la congrégation évangélique de Boston, nous allons faire d'Hawaï le Paradis terrestre.

— Alléluia, approuva l'assemblée.

— Et le Roi des Rois, Jésus-Christ Notre Seigneur, viendra nous y rejoindre en 1843!

— Amen.

Les braves bougres qui contaient fleurette aux petites vahinés à l'ombre des cocotiers du bord de mer, avec pour seule préoccupation de savoir si MacVigan avait enfin reçu ses caisses de McGregor, ne se doutaient pas qu'à plus de dix mille kilomètres de là leur destin était scellé. Ils ne savaient pas encore que le ciel, au grand complet, Dieu le Père, le Fils et tous les saints, allait leur tomber sur la tête.

— Comment se déroula le contact entre les évangélistes et les habitants des îles, vagabonds des plages et Canaques? demanda François, dans le brouhaha du *Prince Alfred.*

— A l'avantage d'Hiram Bingham, sans conteste, reprit Robson. Victoire absolue... au moins dans les premières années. Quand je suis arrivé il y a quarante ans, c'était l'âge d'or des missionnaires. Ils étaient plusieurs centaines de familles qui convertissaient à tour de bras et à tour de Bible dans les villages. Ils pensaient que l'avenir ne pouvait leur échapper. Il faut dire que les évangélistes de Boston, Hiram Bingham et son premier lieutenant, Thurston, avaient agi avec astuce. Et le ciel avait été avec eux.

– C'est bien la moindre des choses, ironisa Follet.

– Quand le *Thaddeus,* le navire qui amenait Hiram Bingham, sa femme et une vingtaine de couples de missionnaires, est venu mouiller en baie d'Honolulu, l'empereur Kamehameha venait de mourir. L'inconvénient, avec les grands hommes, c'est le vide qu'ils laissent à leur mort. L'empire d'Hawaï s'est effrité en quelques semaines. Hiram Bingham a agi avec rapidité et précision. Il est entré en contact avec le successeur, Liholiho, et s'en est débarrassé.

Robson vit la surprise sur le visage de son interlocuteur.

– Il ne l'a pas assassiné... pas directement. Il lui a dit : « Vous aimez l'Angleterre? Vous vous souvenez de Cook? Allez donc voir le roi d'Angleterre. A côté de vous, bien sûr, c'est un roitelet, un petit roi de trois fois rien. Il sera honoré de votre visite... » Liholiho a mordu à l'hameçon. Et Hiram Bingham s'est retrouvé seul avec Kahahumanou.

Robson alla tirer deux pintes de bière pour des clients à l'autre bout du bar et revint expliquer :

– Kahahumanou, c'était l'épouse du grand Kame, la première dans l'ordre du harem. Elle menait tout le monde à la baguette, y compris l'empereur, le grand emplumé... Tu sais, Frenchie, plus les hommes se croient forts et plus les femmes les mènent par le bout du nez. Même dans les îles les plus reculées, chez les sauvages. Dès l'enterrement de son époux, la veuve impériale s'est mise à mener la révolte des femmes... Ici, de tout temps, elles avaient été traitées pire que des animaux. Un chien, dans une ferme du Lancashire, est privilégié à côté des femmes d'Hawaï. Méprisées, elles ne mangeaient pas avec les hommes et le porc leur était interdit. C'étaient des *kapu,* des tabous. Rien à faire, les dieux en avaient décidé ainsi. Elles filaient doux... Et puis les Blancs sont arrivés. Les femmes se sont mises à les fréquenter avec assiduité. D'une manière même très rapprochée... Elles n'ont pas tardé à constater que les tabous leur faisaient autant d'effet que l'eau sur les ailes d'un canard. Un jour, un sorcier, un *kahuna*, a interdit aux femmes de monter sur un voilier entré dans la rade, non loin d'ici, à quelques encablures de la plage. C'était un tabou! Quelques jeunes filles ont passé outre. Elles sont allées à bord par leurs propres moyens, à la nage... Et sais-tu, Frenchie, ce qui s'est passé? Eh bien, il ne s'est rien passé. Les volcans n'ont pas grondé, la terre ne s'est pas mise à trembler, un cyclone n'a pas dévasté les îles, et les jeunes filles, coupables du pire des crimes, n'ont pas été emportées par la fièvre. Chacun a pu constater que les tabous n'étaient pas très efficaces. Ce genre d'expérience s'est donc multiplié. Lorsque Hiram Bingham a rencontré la veuve du grand Kame, il n'a donc eu aucun mal à la convaincre que la religion traditionnelle c'était de la blague, et les tabous des épouvantails à moineaux. Et il a trouvé la formule magique : « Dans ma religion, a-t-il proclamé, la religion de Jésus-Christ, les femmes sont les égales des hommes. » La veuve s'est fait répéter la phrase, elle s'est dit : « Dans cette religion, les femmes ont les mêmes droits que les hommes? Elles peuvent manger ce que bon leur semble, faire ce qui leur plaît? C'est tout à fait ce qu'il me faut. » Et les femmes d'Hawaï se sont converties au christianisme.

« En l'espace de dix ans, il s'est construit des églises, un peu partout, des temples près des cocotiers, des écoles au bord des plages pour que les petits Canaques apprennent l'anglais, histoire de chanter correctement les cantiques. A Boston, un séminaire s'est créé pour recruter et former des « missionnaires ». On vérifiait leur foi dans le Christ, on leur enseignait la langue hawaïenne et on leur trouvait une femme, une robuste fermière de la région, pour qu'ils ne soient pas tentés par la chair, et qu'ils puissent fonder des familles nombreuses... Le Paradis d'Hiram Bingham était en marche. Pas de quoi rigoler tous les jours. Heureusement, reprit Robson, malicieux, les choses ne se sont pas déroulées tout à fait comme prévu. Les hommes d'Hawaï, les Canaques, ont vu d'un très mauvais œil l'évolution de la situation.

– Je comprends, confirma François, ils pensaient perdre leur pouvoir.

– Leur pouvoir? Tu n'y es pas. Les missionnaires avaient pris soin, au contraire, de montrer du respect envers les chefs. Ils voulaient les convertir pour qu'ils donnent l'exemple. Ils y sont d'ailleurs arrivés... Non, vois-tu, pour les hommes d'Hawaï, le drame n'était pas de perdre le pouvoir mais de ne plus trouver de whisky! Le whisky leur donnait la force, le *mana*! Mais à trop abuser de la force, on devient une épave... Et les hommes d'Hawaï sont tous devenus des épaves, ou presque.

Robson eut l'air triste et découragé.

– C'était un spectacle désolant. On les trouvait ivres morts, affalés n'importe où, même dans les villages les plus reculés, de l'autre côté de l'île. Et pas seulement les hommes, mais les femmes aussi et les enfants, et les vieillards, tout le monde au biberon infernal. C'était pathétique. Le rêve était trop beau : le réveil a été difficile. Pourtant, il faut être juste avec les missionnaires : aussi cafards qu'ils étaient, ils se sont dépensés sans compter. Ils avaient la force des croyants. Toujours au boulot, un marteau à la main, à construire des temples, des écoles. Ils s'étaient installés dans des cabanes en planches, en haut d'une ruelle en terre qu'ils avaient baptisée Punchbowl Street, dans les belles vallées verdoyantes qui redescendent de l'autre côté de la montagne. De temps en temps, ils venaient nous exhorter, ici même, sur le front de mer : « Les flammes de l'enfer vous guettent, hommes perdus! qu'ils criaient, en levant les bras au ciel. Renoncez à Satan! »

– Ils toléraient votre présence? s'étonna François.

Robson eut un sourire.

– A cause des chefs, des princes et de Kaui-keaouli, le roi Kiki, ils avaient pris goût aux tavernes d'Honolulu. Les missionnaires avaient fait la part du diable. Dans les autres îles, ce n'était pas la même chanson. Pas le même cantique, plutôt. Alcool et prostitution étaient formellement interdits. Les marins qui relâchaient ailleurs, à Maui et à la Grande Ile, ne prenaient pas bien la chose. Surtout les baleiniers. Tu imagines? Six mois dans les mers du Grand Nord, dans les glaces et les tempêtes, à harponner du monstre, entre Kamtchatka et le Japon, six mois à rêver tous les soirs des petites vahinés, dans un poste de matelot, pour tomber sur des missionnaires, maigres et barbus, une bible à la main qui te disent : « Fini le whisky et les filles à la peau dorée, terminé! Venez vous joindre à nos prières pour élever vos âmes vers Dieu! »

– De quoi perdre son sang-froid, admit François.

– Tous les ans, il y avait des bagarres. Les missionnaires se défendaient avec courage. « En avant, soldats du Christ! » S'ils ont perdu la partie, ce n'est pas faute de s'être donné du mal. En 1848, après vingt-huit ans de présence, Hiram Bingham est retourné dans le Massachusetts. Il était amer. Pour dire la vérité, il était devenu fou. Il vociférait tout seul, sur la plage de Waikiki. On l'entendait parfois hurler en pleine nuit : « Arrière Belzébuth!... » Il était brisé. Sa femme était malade... et son grand rêve s'était écroulé. Vaincre l'alcool et la prostitution, Frenchie, c'était une tâche surhumaine. Tous les Hawaïens étaient intoxiqués au raide. La seule façon de s'en procurer, c'était d'offrir les charmes de leurs filles : le cercle infernal.

Robson s'absenta de nouveau pour servir quelques pintes à des clients assoiffés qui manifestaient bruyamment leur impatience.

– Quand Hiram Bingham est parti, poursuivit-il à son retour, on a fêté l'événement dans les tavernes, au *Folie's*, au *Liberty* ou ici. On était tout de même un peu tristes. Mais, franchement, Bingham ne l'avait pas volé! Quelle idée de vouloir créer le Paradis à l'endroit où il y était déjà... En tout cas, Jésus-Christ a cru bon de décommander sa visite prévue pour 1843. On l'attend encore, conclut Robson en rigolant.

François émergea de cette étrange histoire comme d'un rêve. Il se sentit d'appétit quand il huma avec délices l'odeur qui venait de la remise, derrière le bar. Robson comprit d'un regard.

– Une tarte aux pommes de terre, précisa-t-il. Ma spécialité. Elle sera prête d'ici un moment, je t'invite à dîner...

Sans s'arrêter aux remerciements de François, il revint sur la destinée tragique de Bingham :

– Le Seigneur l'a pris quand même en compassion : il est parti au bon moment. Il n'a pas vu le pire.

François parut étonné.

– Le pire, s'empressa de dire Robson, vient

toujours des proches. Le pire c'est la trahison des amis...

– Les missionnaires ont trahi Hiram Bingham ?

– Et comment ! Et plutôt deux fois qu'une... Trahi, renié, désavoué. Les évangélistes de Boston croyaient dur comme fer à leur histoire de Paradis. C'étaient des vrais illuminés. Ils disaient : « Pas d'alcool au Paradis, ni de prostitution, mais aussi pas de mensonge ni d'adultère, et surtout pas d'argent ! » Tu te rends compte ! Pas d'argent ! Pendant près de trente ans ils ont vécu ainsi, sans le moindre dollar, sans le plus petit shilling. « Dieu a créé la nature, et le diable a inventé l'argent. » C'était leur formule. Ils échangeaient des fruits, des poissons, le produit de leur travail, mais jamais, au grand jamais, la moindre pièce de monnaie. Si le monde leur était cruel, si les déceptions s'accumulaient au fil des ans, au moins les évangélistes étaient fidèles à leur idéal et à leur règle : pas d'argent ! Mais, en 1848, tout a changé. A cause de la ruée vers l'or, en Amérique... Pour alimenter en fruits et légumes la Californie dévastée par les chercheurs d'or et leurs familles, expliqua Robson, des négociants de San Francisco ont proposé aux missionnaires de leur acheter leur récolte. Au début ils ont été reçus avec des fourches. « Gardez vos dollars. Nous travaillons pour Dieu. Pas pour l'exportation. » Seulement, les enfants et les petits-enfants des évangélistes de la première heure commençaient à se lasser de l'austérité. Les filles se sont mises à rêver de jolies robes, les garçons ont eu envie de monter des chevaux mexicains... Dieu, avec toutes ses belles promesses et son éternité, ne pèse pas lourd contre une jeune fille qui s'est mis dans la tête d'avoir des robes à froufrous, des gants de dentelle et des petites bottines de cuir blanc. Dans les foyers de

Nuuanu Valley, l'ambiance est devenue explosive. Chaque jour, il y avait des discussions enflammées, des cris de colère, des portes qui claquaient. Une famille a cédé la première. Qui était-ce?... Les Castle disent que ce sont les Hackfeld, et les Hackfeld que ce sont les Ladd... L'argent est arrivé, en petites gouttes d'abord, puis en ruisseau. Ensuite, ce fut un vrai fleuve. En 1854, il y a vingt ans, après cinq années d'exportation de fruits, les enfants des missionnaires, ennemis acharnés de l'argent, s'étaient déjà édifié de jolies fortunes. Les bicoques en planches, sur les hauteurs, étaient devenues de jolies villas avec des vérandas ouvertes sur des jardins plantés d'hibiscus et de magnolias. Sur Punchbowl Street, des tailleurs ont ouvert des boutiques, des magasins de frivolités se sont installés, des modistes, mais aussi des tapissiers, des ébénistes et même des joailliers. Dans les rues adjacentes, les ateliers de sellerie, de bourrellerie se sont multipliés, et même, non loin d'ici, au coin de Beretania, un vieil Allemand s'est installé. C'était un accordeur de pianos!

– Et Bishop? intervint François, impatient, qu'est-ce qu'il faisait, Bishop, dans cette histoire?

– Bishop est arrivé, il y a une vingtaine d'années, en 1854. Il devait avoir vingt-deux ans. Il s'est installé dans une palmeraie près d'une anse de sable blanc, au sud d'Hilo, l'ancien port baleinier de la Grande Ile, Hawaï... Il a rencontré une belle Hawaïenne, encore une adolescente, aux longs cheveux et aux grands yeux noirs, et resta avec elle. Il vivait dans la communauté comme un paresseux, à regarder à longueur de journée les vagues se briser sur la barrière de corail, dans le soleil et le vent frais du large. Le plus renversant c'est que Charles Bishop, qui a maintenant plus de quarante ans, vit toujours dans sa communauté hawaïenne d'Hilo. De temps en temps, il vient à Honolulu. Il a besoin de l'ambiance des tavernes, de la bière brune, du vieux Tommy Robson... Et aussi du tumulte et des bagarres! Dans le fond, je ne lui en veux pas. Bishop est un brave garçon, généreux et fidèle. C'est un papillon des plages.

François se mit à sourire :

– J'ai du mal à l'imaginer en vagabond.

– C'est vrai qu'il est un peu spécial. Mais c'est que la communauté où il vit le plus clair de l'année n'est pas, non plus, tout à fait habituelle.

Robson leva la tête tout à coup pour mieux respirer le fumet qui parvenait de la cuisine.

– On va bientôt passer à table, fit-il en se frottant les mains. Ça, on peut le dire, ce n'est pas une communauté banale. Tiens, pour te donner une idée, c'est le seul village de l'archipel où les Polynésiens parlent tous anglais. C'est stupéfiant, non? A leur arrivée, les premiers missionnaires ont porté beaucoup d'attention aux chefs canaques. Ils pensaient qu'ils donneraient l'exemple et leur ont donc appris l'anglais... Il se trouve que le village où Bishop s'est installé est un village de chefs. Bernice, elle-même, l'adolescente qui avait tant plu à Bishop, est une princesse hawaïenne, petite-nièce de l'empereur Kamehameha. Bishop est donc l'ami de la plupart des princes hawaïens depuis vingt ans, surtout de William Lunalilo, Whisky Bill, le nouveau roi.

– D'où ses protections princières...

– Bien sûr. D'où aussi les dollars qu'il sort de sa poche. Les princes d'ici tapent dans les caisses du royaume sans trop se poser de questions. Ils en font profiter Bishop quand il en a besoin. Les princes se servent de l'argent sans comprendre. C'est une notion qui leur échappe... Je crois bien que, depuis le temps, elle commence aussi à échapper à Bishop.

– Au fond, c'est lui qui continue la tradition des premiers missionnaires, fit François en riant. Il a supprimé l'argent de sa vie.

– Mais tu ne sais pas le plus beau de l'histoire, Follet. Quelques années après son arrivée, Bishop décida d'épouser la princesse Bernice. C'était l'occasion pour eux de faire une grande fête, un *hula* gigantesque. Bishop n'imaginait pas la suite... Six ou huit mois plus tard, il vient à Honolulu faire sa tournée des bistrots, « dégraisser son âme », comme il dit. Passons... Il veut en profiter pour faire enregistrer son mariage sur les livres du royaume que les missionnaires tiennent au palais Iolani et prendre la nationalité hawaïenne. Dans les couloirs, il remarque que les fonctionnaires, tous des Blancs évidemment, le regardent d'un drôle d'air... Et voilà qu'un gratte-papier, après avoir recopié son acte de mariage, lui fait savoir qu'il doit l'amener au bureau du docteur Chamberlain.

– Tiens..., remarqua François.

– Le docteur Chamberlain était alors le premier conseiller du roi Kiki... Sa Majesté agonisait. A cause du whisky. Chamberlain avait donc tous les pouvoirs. Il regarde Bishop avec mépris. « Ainsi, c'est vous qui avez épousé Bernice Pauahi », dit-il, l'air franchement dégoûté. Bishop se contente de hausser les épaules. « Acceptez-vous de vendre les terrains appartenant à la princesse Bernice ? » Bishop refuse placidement. « Savez-vous que ces terrains pourraient devenir une magnifique exploitation sucrière ? – C'est le dernier de mes soucis ! » Et voilà que Chamberlain entre dans une colère folle ; il se met à hurler : « Vous êtes un fléau, une calamité. Savez-vous ce que vous faites perdre à votre femme, la fortune dont vous la privez? Et ce que vous faites perdre au royaume, au moins, jeune crétin, vous en avez une idée? » Bishop, du coup, perd son sang-froid. Il attrape Chamberlain d'une poigne de fer, par son col de chemise, et le soulève de sa chaise. « T'as fini, vermisseau? qu'il lui crie dans le nez. Tu vas arrêter de me casser les oreilles? Sache que, tant que je serai en vie, l'héritage de Bernice ne sera pas vendu. T'entends? Jamais vendu... Tant que j'en aurai la force, les requins seront loin du rivage et on vivra en paix dans ma communauté, compris? » Puis il expédie Chamberlain sur le parquet et sort du bureau. C'est en passant devant le bureau du cadastre que Bishop a l'idée de vérifier que les terres de Bernice avaient bien été enregistrées. Il ouvre la porte d'un coup de pied, traverse la pièce, prend un grand livre posé sur une table, le feuillette jusqu'à trouver la donation du roi Kiki et reste pétrifié par ce qu'il lit... Trois gardes costauds l'ont ceinturé et jeté hors du palais. Ils n'ont pas eu de mérite, précisa Robson : Bishop ne leur a offert aucune résistance. Il était encore sous le coup de ce qu'il venait de voir. Complètement sonné. Il venait de lire que le roi Kiki avait donné à Bernice bien plus qu'une palmeraie, ou que les forêts autour... Il lui avait cédé, en donation, toute l'île d'Hawaï, la Grande Ile.

François eut le souffle coupé.

– C'est incroyable!

– Comme je te le dis, confirma Robson. Le dénommé Charles Bishop, qui vient régulièrement mettre à sac les bars d'Honolulu, possède la plus grande île de l'archipel, le tiers du royaume à lui tout seul, des milliers d'hectares dont la majorité de bonne terre, des cocotiers, des vergers sauvages, des lagons poissonneux, des volcans, et même une montagne de plus de quatre mille mètres, le Maura Kèa, en plein milieu, avec son sommet toujours enneigé... Ce guerrier de tavernes est le plus important propriétaire foncier du royaume d'Hawaï!

A l'instant où il finissait sa phrase, l'attention de Robson fut attirée par un brouhaha à l'entrée du *Prince Alfred*. Il fit signe à François de se retourner.

– Quelle coïncidence, dit-il, regarde, Frenchie, ce qui nous arrive...

Deux hommes approchaient dans la lumière des lampes à huile : Charles Bishop et Whisky Bill, bras dessus, bras dessous.

– Sa Majesté Whisky Bill a l'air bien esquintée, souffla Robson.

Le nouveau roi d'Hawaï paraissait en effet en pleine détresse. Il portait un costume beige, pantalon retroussé sur ses pieds nus, et manches repliées au-dessus des coudes. Ses yeux noirs, injectés de sang, avaient une expression pathétique. Près de lui, Bishop, vêtu de son costume crème de chez Fox et Walter, s'efforçait de paraître digne, malgré l'alcool. Ils vinrent s'accouder au bar et Bishop adressa un regard vacillant à François :

– Enfin debout, Frenchie ? Et en pleine forme ? Je suis content.

Whisky Bill hocha la tête.

– Je suis content aussi, répéta-t-il, en posant avec tendresse une main large et fine sur l'épaule de François. Tu nous as fait peur, monsieur le Français, tu nous as fait peur !

– On ne va pas s'attendrir, protesta Bishop. Monsieur Robson, ayez donc l'obligeance d'aller nous tirer des brunes pour fêter l'événement.

– Bishop, fit remarquer Robson, navré, tu ne crois pas que dans votre état... ?

Bishop se recula en titubant et posa ses deux mains sur les hanches.

– Comment ? Je rêve... Monsieur le cafetier britannique, acceptez-vous de nous servir, mon royal compagnon et moi-même, ou devons-nous faire appel à la force publique ?

Robson grommela, pour lui-même :

– Tu ne veux pas, des fois, faire venir la Royal Navy ?

Bishop ne l'entendit pas. Pour éviter de s'effondrer, il vint de nouveau s'accouder au comptoir.

– Tu sais, Tommy, en ce moment nous avons bien des soucis, balbutia-t-il.

– C'est vrai, confirma Whisky Bill, nous avons de grands tourments...

Ses grands yeux doux se remplirent soudain de larmes et il éclata en sanglots, en posant sa tête crépue sur l'épaule de Bishop.

– C'est la mort du roi Lot qui vous fait de la peine ? demanda François, compatissant.

Whisky Bill se recula d'un coup et considéra Follet, étonné :

– La mort de Lot me fait de la peine ? Pas du tout ! Lot était mon cousin, mais nous ne nous fréquentions pas. C'était un buveur d'eau. Je ne risquais pas de le croiser, s'esclaffa-t-il. Puis sombrement : Mon malheur est d'être le nouveau roi. Je ne voulais pas, Frenchie, j'espérais que Lot vivrait très longtemps, que la mort me préserverait de cette tâche. Mais l'assemblée des chefs canaques m'a élu, il y a longtemps, et je ne peux pas refuser.

A nouveau, il fondit en larmes.

– Je suis roi et je suis malheureux. Très malheureux.

– Et impossible d'abdiquer, précisa Bishop, d'une voix pâteuse. La princesse Emma viendrait

116

au pouvoir. Elle est encore plus pro-anglaise que feu Lot sa grenouille de beau-père. Tu imagines le désastre?

Robson se contenta de hausser les épaules.

– C'est un grand désastre d'être roi, reprit Whisky Bill. Un grand malheur.

– Allons, Majesté, tempéra Robson, tout de même, ce n'est pas tragique...

Whisky Bill sortit de sa poche un grand mouchoir finement brodé et se moucha bruyamment.

– C'est beaucoup de soucis, beaucoup d'affaires compliquées, marmonna-t-il. J'ai pris le docteur Chamberlain comme premier conseiller. Il est au courant des affaires. Le roi Kiki, mon oncle, l'avait déjà à son service.

Il se tourna ensuite vers Bishop avec un grand sourire.

– Et mon ami Bishop, mon cher ami de toujours, a accepté de me rendre un grand service.

Robson, surpris, regarda Bishop, les deux mains appuyées au comptoir.

– Tu as accepté de rendre un service à Sa Majesté, Charles?

– Tu peux leur dire, Bishop, intervint Whisky Bill. Tu peux dire le grand bonheur que tu me fais.

– J'ai accepté..., hésita Bishop, j'ai accepté le poste de ministre des Affaires étrangères!

7

La villa des Brinsmade se situait sur les hauteurs d'Honolulu, dans le quartier de Nuuanu Valley. C'était une modeste maison de plain-pied dont la peinture blanche, sur les murs de pierre, avait depuis longtemps viré au gris et s'écaillait par endroits entre les pans de lierre et de vigne vierge.

Perdue au milieu de résidences luxueuses, elle faisait figure de parent pauvre, avec sa terrasse en planches.

En passant le portail, une double porte de bois dans une haie de fusains, François Follet fut saisi par la dignité qui émanait du lieu. Des pots de géraniums sur le bord de la terrasse, des rideaux de voilage d'une blancheur parfaite aux fenêtres : la pauvreté n'est bouleversante que lorsqu'elle sauve les apparences. Le jardin, un gazon anglais, piqué de massifs d'hibiscus, de roses et de gardénias, était entretenu avec soin. La propriété des Brinsmade était tout entière attentive à ne pas laisser apparaître le moindre soupçon de misère.

François avait accepté l'invitation que Sarah était venue lui renouveler dans les salons du *Liberty Hall.*

– Maintenant que vous êtes remis, lui avait-elle

118

dit avec douceur, vous pourrez venir dîner à la maison. Mon père attend ce moment avec impatience. Il me demande souvent de vos nouvelles... Mercredi soir...? avait-elle suggéré.

Lorsqu'il pénétra dans le jardin, le soir tombait dans un embrasement pourpre derrière les collines, au-delà de la baie de Pearl Harbor. Un silence profond régnait. Tout était suspendu dans la sérénité de cette fin de journée ordinaire. François s'avança lentement sur le gravier de l'allée. L'air était doux. Une nuée d'oiseaux blancs, des albatros des îles, traversa le ciel, au-dessus de lui, sans un cri, dans le seul souffle de leurs ailes. Cette quiétude contrastait avec le malaise qui se nouait dans sa poitrine. Il respira profondément et serra le pommeau d'argent d'une canne qu'il avait achetée l'après-midi même chez un sellier de King Street, la rue qui dévalait, à droite de Punchbowl Street, jusqu'aux berges sablonneuses de la rivière Nuuanu. Le pommeau était gravé aux initiales « F. F. », et il s'était dit que la coïncidence était trop grande, cette canne aussi semblait l'attendre...

Des lumières s'allumèrent dans la maison, et Sarah parut sur la terrasse. Ses longs cheveux dénoués tombaient sur ses épaules couvertes d'un châle de laine sombre. Sa robe blanche accrochait les dernières lueurs du jour, dans la pénombre brumeuse du soir. Leurs regards se croisèrent, et, comme François gravissait les quelques marches de bois qui menaient jusqu'à elle, il lui sembla que cet instant durait une merveilleuse éternité.

– Bonsoir, monsieur Follet, fit-elle en s'appliquant à prononcer son nom correctement.

Son sourire avait découvert des dents superbes et allumé des paillettes d'or dans ses yeux. François répondit d'un geste de la tête et ôta son panama.

– J'ai craint un moment que vous ne trouviez pas notre maison. J'aurais dû mieux vous expliquer... Vous dire que c'était la seule villa de Nuuanu Valley à n'avoir ni portique à colonnes devant l'entrée, ni voitures luxueuses dans les allées, ni maître d'hôtel chinois sur le pas de la porte...

Ils pénétrèrent dans une salle à manger de dimensions modestes, au mobilier de bois simple, au buffet astiqué. Sur une longue table, des assiettes de porcelaine, des couverts en argent, une carafe de vin rosé et un bouquet de fleurs avaient été disposés avec soin sur une nappe blanche.

Il découvrit Sarah dans la lumière des lampes. Son sourire et ses yeux lui apparurent avec netteté, enfin. Autour de son cou, un collier de perles rehaussait la chair ferme d'une poitrine ronde qui se perdait dans la guipure blanche d'un sage décolleté. Il s'entendit prononcer, malgré lui, des paroles qui lui semblaient venir d'ailleurs :

– Vous êtes très belle, mademoiselle Brinsmade.

Sarah sentit le rouge lui monter aux joues et détourna la tête, désemparée.

– Je vais prévenir mon père de votre arrivée...

Elle fit quelques pas vers la porte, mais se retourna vers François avant de sortir :

– Je ne vous ai pas fait de compliments sur votre nouvelle apparence, monsieur Follet... fit-elle en s'inclinant gracieusement. La moustache vous va très bien!

François Follet eût été à cent lieues d'imaginer, quand il était à bord du *Little Lily* à écouter les histoires de captain Carrington, que de tels propos sur son physique, émanant d'une fille de vingt ans sa cadette, eussent pu le désarçonner à ce point.

– C'est la seule façon que j'ai trouvée de dissimuler une vilaine cicatrice.

Resté seul, François se surprit à sourire, en passant un doigt de chaque côté de sa moustache, et regarda autour de lui. Contre le mur du fond, un tableau avait été accroché. Il représentait une jeune femme aux yeux clairs et aux cheveux bruns. Les lumières de la pièce faisaient ressortir la douceur de ses traits, la finesse et la pâleur de la peau. François fut frappé par la ressemblance avec Sarah... Une porte s'ouvrit dans le fond de la pièce. Sarah entra en souriant et, derrière elle, François discerna la silhouette d'un homme.

– Mon père, présenta-t-elle avec un accent de fierté.

Il s'approcha d'un pas nerveux. C'était un homme d'une soixantaine d'années, sanguin, le front dégarni. Ses cheveux blancs tombaient sur ses épaules.

– Je pensais précisément à vous, dit-il en tendant à François une main ferme.

Il montra le livre, relié en cuir, qu'il tenait en main.

– *Le Contrat social!* Une œuvre remarquable. C'est une édition en français. Je l'ai achetée à Paris, il y a quelques années... Merveilleux Jean-Jacques. Le plus grand, sans nul doute. La monarchie est le mal absolu. La lumière naît de la révolution : voilà la vérité.

Il fit signe à François de s'approcher de la table. Il s'apprêtait à s'asseoir mais suspendit son geste : Sarah et son père restaient debout, recueillis. Peter Brinsmade prononça une action de grâces. Après Jean-Jacques Rousseau, l'enchaînement le décontenança.

121

– Nous te rendons grâces, Seigneur, pour le pain que tu nous offres.

Puis il leur fit signe de s'asseoir et reprit la conversation d'un ton enjoué.

– Vous ne le réalisez pas, bien sûr, mais nous sommes en royauté...

– Je ne l'ignorais pas, remarqua François.

Peter Brinsmade versa le vin dans des verres ciselés.

– Du rosé d'Honolulu. On le dit imbuvable. Moi, j'ai une petite faiblesse pour lui... J'ai contribué à planter s premiers cépages, sur les collines, à quelques kilomètres d'ici et j'ai pour lui l'indulgence d'un père.

François, à la première gorgée, trouva le vin lourd et sirupeux, dissimulant mal un arrière-goût amer.

– Curieux, non! Mais on s'y fait. On l'a chaptalisé avec du sucre de canne, d'où son originalité.

– J'ai rencontré Sa Majesté Lunaliho en personne, reprit François. C'est une des premières rencontres que j'aie faites dans les îles.

– Il faut dire Whisky Bill! Vous savez qu'il y tient beaucoup.

– C'est Charles Bishop qui vous l'a présenté, n'est-ce pas? intervint Sarah.

– Je l'ai connu il y a trente ans, poursuivit Brinsmade. C'était un gamin d'une dizaine d'années. Il s'appelait encore William. A l'époque, il fallait avant tout éviter l'annexion des îles. C'était notre règle absolue... Vous savez, une escadre a tôt fait de faire flotter son pavillon sur des îles perdues dans le Pacifique. Nous avons connu certaines expériences, dans ce domaine. Nous avons même connu la terreur semée par les marins français.

– Père! protesta Sarah.

– Monsieur Follet n'est pas la diplomatie française à lui tout seul, tout de même, répliqua-t-il. Il n'est pas responsable du comportement des matelots de *La Poursuivante*[1] !

– Je plaide non coupable, confirma François...

Sarah se leva et, au moment où elle se dirigeait vers la cuisine, elle jeta un regard vers François.

– Pour sauver l'indépendance du royaume, nous avions signé des traités : les Anglais se sont engagés à nous défendre contre les Américains et les Américains contre les Anglais.

– Bien joué, félicita François, en reposant son verre.

– Je vous remercie... Seulement les Anglais avaient peur de...

A cet instant, Sarah revint, portant dans les mains un plateau où trônait une superbe dinde rôtie, entourée de patates douces, de tomates et de rondelles d'ananas.

– Tenez, voilà précisément ce que redoutaient les Anglais !

Sarah éclata de rire :

– Je ne savais pas que les Britanniques tremblaient devant les volailles !

Elle posa le plateau au milieu de la table et s'assit, en tendant à son père les couverts à découper.

– Voyez-vous, monsieur Follet – François nota avec plaisir qu'il prononçait son nom correctement, et non « Follett », comme les autres Anglo-Saxons –, ma fille est hermétique au langage symbolique.

Sarah considérait son père avec bonheur. Elle

1. En 1849, les marins de la frégate française *La Poursuivante,* sous les ordres de l'amiral de Tromelin, mirent à sac le palais du gouverneur d'Oahu.

semblait heureuse de ce jeu qui cachait une tendre affection.

– La dinde, puisque je dois te l'expliquer, continua Brinsmade, n'est, en tant que telle, qu'une volaille assez sotte. Mais lorsqu'elle est cuite, elle change de nature. Elle devient une machine de guerre ! La dinde, c'est le goût américain qui s'installe dans les îles !

Il tendit à François une des cuisses de l'animal.

– On conquiert le monde en imposant aux autres sa langue, ses habitudes, ses croyances et surtout ses goûts alimentaires.

Il servit Sarah.

– Regarde bien ce que tu as dans ton assiette, dit-il, grave. C'est une arme bien plus redoutable qu'une frégate à deux rangées de canons !

Elle éclata de rire, ravie des facéties de son père.

– Revenons à notre roi. Le jeune William était un des trois neveux du roi Kiki. L'éducation des deux premiers avait été abandonnée à un couple de pasteurs anglicans, dont personne n'ignorait qu'ils étaient des agents britanniques. Quand on pense à la façon dont est mort ce pauvre Lot, on mesure l'étendue des dégâts.

Peter Brinsmade remplit de nouveau son verre. Son ton devenait peu à peu passionné. Ses pommettes se rehaussèrent de rouge.

– Whisky Bill, lui, a été élevé dans l'entourage des chefs, parmi les négociants américains, les fournisseurs d'alcool et les joueurs de cartes. Le résultat n'est guère plus brillant.

Il vida son verre d'un trait et s'en servit un autre. Le sourire de Sarah se figea et son regard soudain triste se posa sur François.

– Les influences que nous recevons, s'enflamma

Peter Brinsmade, voilà le drame! Rousseau a raison!

François se crut obligé d'approuver, dans l'espoir que Brinsmade s'en trouverait apaisé, mais il n'obtint aucun résultat. Son hôte, délaissant l'apologie du « merveilleux Jean-Jacques », vitupérait à présent contre Hobbes dont le *Léviathan* était un ramassis d'insanités. Jusqu'à la fin du repas, et sans que personne puisse intervenir, il se livra à une critique acerbe du philosophe anglais. Verre après verre, Peter Brinsmade avait le vin querelleur.

Sarah, qui avait fini par quitter la table, revint avec une tarte à l'ananas encore chaude. Son visage fermé trahissait l'irritation. Profitant de l'instant, François orienta la conversation sur un sujet plus neutre, pour détendre l'atmosphère.

– Je dois vous faire mes compliments. Votre jardin est une merveille.

Peter Brinsmade entamait sa deuxième carafe de vin, et son regard était devenu trouble.

– Une merveille? N'exagérez pas, fit-il, cinglant.

Sarah se leva d'un geste brusque et quitta la pièce en faisant claquer sa chaise.

– Disons que j'ai un bon jardinier. C'est le seul luxe que je m'autorise, avec le rosé d'Honolulu... Il s'appelle Gordon Moorehead.

La seule évocation de son jardinier parut soudain l'apaiser.

– C'est un type merveilleux. Il y a une quarantaine d'années, il était cuisinier sur un bateau anglais. Naturellement, il n'était pas fait pour ça. Lui, ce qui l'intéressait, c'était le jardinage. Il était comme tous les Anglais, qui transportent un morceau de gazon à la semelle de leurs souliers... Le chef Bocky, à Honolulu, lui a proposé de s'occuper de son jardin. Puis il est venu s'installer, à quelques kilomètres d'ici, sous les cocotiers du bord de mer. Il a fini par faire un enfant à une vahiné, une petite fille, une métisse adorable... C'est pour elle qu'il vit. Sa seule inquiétude, c'est de mourir avant qu'elle n'ait été éduquée, qu'elle ne puisse se débrouiller dans la vie... Pour la nourrir, la vêtir, pour qu'elle soit toujours impeccable, il lui fallait de l'argent. Alors, il a repris son boulot de jardinier. Il s'occupe des roses et des mimosas des missionnaires. C'est un grand artiste.

Brinsmade lança à François un clin d'œil vacillant.

– Et c'est mon informateur! Grâce à lui, je sais sans sortir de chez moi tout ce qui se passe dans les villas d'Honolulu. Rien de bien intéressant, du reste. Je les observe comme des insectes, ni plus ni moins. Le vieux Gordon me raconte aussi les échos de chez Robson, son compatriote, le cafetier du port. Il a même eu l'occasion de vous y voir! C'est par lui que j'ai appris que MacRoary avait ouvert un cabinet en ville. La déchéance de cet homme m'attriste! conclut-il, dégoûté.

Sarah, qui était revenue et s'occupait à découper la tarte, s'insurgea.

– Père, tu es odieux!

– Je dis pourtant la vérité! Ce garçon était un homme de qualité, un médecin compétent et habile de ses mains. Il écoutait les marins. Il colmatait leur désespoir et suturait leurs blessures. C'était un poète. Maintenant, il devient le « docteur » des bourgeois d'Honolulu. C'est plus honorable.

– Peter MacRoary est un homme désintéressé, protesta sa fille.

– Il soigne les gangrènes, les chancres, les véroles, sans compter les cirrhoses... Oui, je suis au courant. Ses tournées dans l'île, ses consultations dans les villages, ses conseils d'hygiène, tout cela se sait parfaitement. L'information est passée, n'aie crainte. C'était d'ailleurs le véritable but de l'opération : donner une auréole au bon docteur MacRoary. En faire un saint... C'est le début des grandes clientèles. Crois-moi, les Hawaïens ne viennent que bien après. Si jamais ils viennent.

Brinsmade regarda son verre avec tristesse.

– Le docteur MacRoary est un poète déchu, conclut-il.

Il haussa les épaules. Le rosé avait alourdi son regard et définitivement anéanti sa bonne humeur. Il s'adressa de nouveau à François, sans avoir la force de le regarder.

– La vraie explication, je la devine. Il s'est laissé manipuler par une femme.

Devant le mutisme de son invité, il s'exclama soudain.

– Je vous choque? Je suis un vieux misogyne, c'est ce que vous pensez, n'est-ce pas? Peu importe. Vous ne changerez rien à l'ordre du monde. Les femmes sont ainsi faites : elles aiment les pur-sang en liberté. Elles font tout pour les séduire et, une fois qu'elles les ont définitivement à leur bras, elles en font des animaux dociles. Finies l'imagination et la fantaisie : hop là! les mustangs, dans les brancards pour tirer la carriole. C'est comme ça.

Il se mit à bâiller. Ses yeux se fermaient.

– Parfois, vingt ans après, les mustangs se rappellent leur véritable nature. Le harnais, évidemment, finit par les blesser. Ils ont des envies de grands espaces, ils cassent leurs sangles et s'en vont. Ou alors, ils restent à l'écurie et s'endorment pour toujours.

Brinsmade, brusquement, se figea. Ses yeux

s'écarquillèrent, son visage tout entier se crispa, tandis que ses poings se serraient sur ses couverts. Ses pommettes prirent une teinte violacée. Il ouvrit la bouche et poussa un gémissement bref, puis s'effondra d'un coup.

La nuit était devenue fraîche. Sarah marchait dans le jardin, près de François. Elle serra son châle sur ses épaules, avec un geste las. Leurs pas crissaient sur le gravier. Au loin, les bateaux dans le port avaient allumé leurs feux pour la nuit. François se décida à briser le silence.

– Dans quelques jours, il sera rétabli, fit-il avec douceur. Demain, je suis sûr qu'il n'y paraîtra déjà plus.

Peter Brinsmade dormait dans son bureau, sur une banquette de bois recouverte d'une natte de couleur vive où François l'avait transporté. Ils étaient restés une heure à son chevet, épongeant son front moite. La respiration du vieil homme peu à peu s'était apaisée, ses paupières s'étaient fermées. Pendant la crise, le comportement de Sarah l'avait étonné : elle était restée calme et froide, sans proférer une parole, même au moment où son père s'était affaissé sur la table. Elle n'avait pas cédé un instant à la panique et s'était contentée de lui dégrafer son col de chemise et de lui défaire ses souliers. François avait pensé que ce n'était pas la première crise qu'elle affrontait, mais il avait fini par se demander quels sentiments elle pouvait bien éprouver. Il n'y avait aucune compassion, aucune inquiétude dans ses yeux. Juste de l'irritation.

– Mon père se réveillera demain en pleine forme, n'ayez aucune inquiétude... Il ne se souviendra de rien.

La formule était sèche, sans concession.

– Il serait peut-être bon de prévenir un médecin. Votre père doit souffrir, non?

– Le docteur Chamberlain, peut-être? demanda Sarah, avec ironie. Mon père le déteste.

– Je pensais à Peter MacRoary. C'est un homme de grande valeur.

La lumière peu à peu se fit dans l'esprit de François Follet. Il commençait à comprendre le comportement de Sarah. Son irritation n'était que la partie apparente d'un trouble plus profond. Par une attitude intransigeante et quelque peu cruelle, Sarah exprimait ce qu'elle n'osait avouer : la honte qu'elle éprouvait devant le spectacle de son père.

– Je vais vous étonner, continua-t-il de la même voix douce... J'ai trouvé que votre père était un esprit curieux.

Sarah haussa les épaules, nerveuse.

– Esprit curieux! se moqua-t-elle.

– Et attachant, confirma François d'une voix plus ferme.

Ils étaient arrivés devant le portail et restèrent ainsi face à face. François regarda Sarah dans les yeux.

– Croyez-moi, j'ai trouvé que M. Brinsmade était un homme de culture.

Sarah leva les yeux vers lui. Elle paraissait soulagée. Elle demanda, d'une voix douce :

– Vous... vous n'avez pas été choqué?

François comprit qu'il avait vu juste.

– Choqué de trouver, à l'autre bout du monde, un admirateur de Jean-Jacques Rousseau, un érudit capable de lire un philosophe français dans le texte? J'ai été flatté, plutôt, et même... admiratif!

Sarah serra plus étroitement son châle sur ses épaules, dans un geste frileux.

– Vous savez, mon père...

François ne savait rien, mais il devinait tout. La simplicité de la demeure des Brinsmade au milieu des résidences de Nuuanu Valley, cette façon de traiter ses voisins, les Haolès du quartier, d'« insectes », il n'était nul besoin d'être devin pour imaginer des problèmes douloureux, des conflits, des déceptions, des chagrins... Le tableau qu'il avait vu dans la salle à manger, cette femme qui ressemblait tant à Sarah! Les grandes douleurs sont d'autant plus poignantes qu'elles sont cachées.

– Votre père est un homme de valeur, Sarah, interrompit François, voulant éviter des confidences que la jeune fille n'eût sans doute pas tardé à regretter.

Il posa sa main sur son épaule puis, dans un geste tendre, glissa ses doigts le long de son cou, sous les cheveux.

– Vous ne craignez pas de prendre froid? murmura-t-il.

Sarah fut soudain contre lui, nouant ses bras autour de son corps. Elle le regarda, les yeux remplis de larmes.

– Il me semble que je n'aurai plus jamais froid, dit-elle en riant faiblement entre ses larmes. Ni peur ni froid.

Une ombre, au fond du jardin, fit crisser les graviers. François sursauta. Sarah sourit et posa une main sur sa joue.

– C'est Gordon Moorehead, le jardinier, qui fait sa ronde... Il surveille les iris bleus.

– Les quoi?

– Les iris bleus. Ce sont des fleurs d'Hawaï qui éclosent la nuit. Au matin, elles sont fanées.

Elle essuya ses yeux d'un geste rapide et offrit à François un regard triste et résigné.

– Les iris bleus durent l'espace d'une nuit...
Vous allez partir bientôt, n'est-ce pas?

Il sourit et l'enlaça plus fermement.

– Vous savez bien, Sarah, que le *Pablo Garcia* a appareillé ce matin.

– Mais quand il reviendra, insista-t-elle, vous partirez? Vous irez faire fortune à San Francisco. Vous oublierez Peter Brinsmade et sa fille.

Il se sentit fondre. Il faillit annoncer sa décision de ne plus quitter les îles, mais se reprit à temps. Il ne fallait rien brusquer, ni passer aux aveux. La situation lui semblait encore trop fragile et il ne voulait pas perdre Sarah en agissant inconsidérément.

– Attendons qu'il revienne, dit-il simplement.

Sa bouche se posa sur les lèvres de la jeune fille. Un instant, il eut l'impression qu'elle se refusait. Il passa doucement sa main le long de son cou et la jeune femme, alors, s'abandonna. Elle glissa ses doigts dans les cheveux de François. Tandis que leur baiser les liait dans un souffle passionné, leurs corps se serrèrent l'un contre l'autre. Il la sentit frémir. Une onde de désir monta en lui au contact de ses jambes qu'il sentait à travers l'étoffe de la robe et le tulle des jupons. La poitrine de Sarah vint se plaquer contre la sienne pour lui faire comprendre qu'elle brûlait de la même fièvre que lui. Ils étaient seuls, loin de tout, emportés par leur étreinte.

Il posa une main sur sa taille et remonta le long du corps de Sarah. Sous la caresse, la gorge de la jeune femme tressaillit.

– François... Il ne faut pas, murmura-t-elle.

Elle dénoua les bras qu'elle avait passés autour de lui et posa doucement sa tête contre son épaule.

– On se connaît si peu... Pour vous, cela ne serait pas très important.

– Pour moi, Sarah, vous êtes très importante..., se contenta-t-il de répondre.

Il voulait à tout prix lui cacher qu'elle était beaucoup plus que cela, et que le désir qu'il éprouvait pour elle n'avait rien de commun avec ce qu'il avait connu auparavant.

– Il faut me laisser le temps de m'habituer, dit-elle, avec un sourire.

Il se pencha de nouveau, et lui posa un baiser chaud au coin des lèvres. Dans la nuit fraîche et étoilée, des chiens, de loin en loin, se mirent à aboyer.

8

PETER MACROARY, assis devant la table de la terrasse, dans les frondaisons de sa maison du haut
d'Honolulu, semblait se divertir beaucoup. Ses
petits yeux malicieux se plissaient en contemplant
au loin la chaleur de midi qui montait de l'océan,
dans un brouillard bleuté. De temps en temps, il
jetait un regard amusé à François, assis à l'autre
bout de la table, pendant que Bishop arpentait
nerveusement la terrasse, en chemise et pantalon
de grosse toile. Il finit par dire :

– Calme-toi, Bi-Bi... dépense pas ton énergie
inutilement.

– Je dépense mon énergie comme je veux!
répondit Charles hors de lui. Il faudrait que je me
calme? MacRoary, tu me prends pour un moine?
Un contemplatif?

Il passa sa main dans ses cheveux blonds et en
tira une longue mèche.

– Je suis pas tonsuré, mon vieux.

Pris entre l'amusement tranquille de MacRoary
et l'emportement de Bishop, François se décida à
parler :

– Qu'est-ce qui te met dans cet état? Tu pourrais peut-être m'expliquer...

Bishop s'arrêta et le regarda droit dans les yeux.

– Tu te moques de moi, Follet? Monsieur le Français se paie ma tête!

MacRoary lui fit signe de laisser passer l'orage.

– Est-ce que tu sais au moins, Frenchie, quel jour nous sommes aujourd'hui?

– Samedi 4 août 1872, répondit François.

– Et le samedi, enchaîna Bishop avec fureur, il se passe un événement que tu sembles ignorer : le roi réunit son cabinet, avec tous ses ministres. Tu te rends compte que pendant deux heures je me suis retrouvé face à dix missionnaires, en redingote, col en celluloïd et cravate noire. Et que parmi les conseillers il y avait le pire de tous, Chamberlain! Chamberlain le cafard, Chamberlain le rat!

MacRoary éclata de rire.

– C'est de ta faute, Bishop. Tu as accepté les honneurs. Tu dois t'incliner.

– M'incliner, moi? Et devant Chamberlain? Si je ne l'ai pas tué ce matin, c'est par amitié pour Whisky Bill... D'ailleurs, ce que j'ai fait depuis la mort de Lot, tout ce que j'ai accepté, c'est pour lui.

– Tu es devenu ministre des Affaires étrangères pour rendre service?

Bishop éclata d'un rire forcé.

– Ministre des Affaires étrangères? Tu veux plaisanter, Peter... C'est un titre que Whisky Bill m'a attribué pour que je sois à ses côtés. Rien d'autre... D'ailleurs, après ce qui s'est passé ce matin, mes fonctions sont déjà terminées. J'ai prévenu William que je n'imaginais pas de passer une matinée par semaine avec cette tribu d'empaillés.

– Il a dû être déçu, fit remarquer François.

– Je ne suis pas sûr qu'il ait tout à fait compris

134

ce que j'ai dit... Le whisky, je crois, commençait à lui taper aux oreilles.

– Que s'est-il passé au conseil des ministres?

– Il s'est passé que cette chenille de Chamberlain m'a insulté! Dès que je suis entré dans la salle de conseil et que j'ai vu cette réunion de missionnaires, j'ai eu un frisson. « Bi-Bi, me suis-je dit, c'est pas encore cette année que t'auras le prix de camaraderie. » J'ai dit « Salut » et personne ne m'a répondu. Ils sont tous restés le nez dans leurs papiers étalés sur la table. Heureusement, Whisky Bill s'est levé. Il avait l'air inquiet. Il m'a dit, les larmes aux yeux : « Mon cher ami, mon doux ami. J'ai eu peur que tu ne viennes pas. » Et il m'a embrassé... Il sentait déjà le McGregor. Il a d'ailleurs sorti de sa poche la fiole en argent qui ne le quitte jamais et m'en a proposé une gorgée, mais j'ai refusé. Il m'a fait signe de m'asseoir, à sa droite, en face de Chamberlain. A peine étais-je installé que Chamberlain a commencé à m'asticoter.

Bishop s'emporta tout à coup. Il se remit à marcher furieusement, de long en large.

– Il a fait un sermon fielleux, hypocrite, adressé à tous, mais en réalité à moi seul : « Majesté, en tant que premier de vos conseillers, il me paraît nécessaire de faire une communication... Notre Seigneur Jésus-Christ a mis fin au règne de Lot, l'anglican. Gloire à Dieu au plus haut des cieux... Le royaume d'Hawaï est de nouveau placé sous la protection de notre foi calviniste. » Et les autres missionnaires d'approuver de la tête. Whisky Bill n'a pas relevé, je pense qu'il n'écoutait pas. « Dans cette grande joie, a continué Chamberlain, il faut nous montrer dignes de l'honneur qui nous est fait de veiller, désormais, à la destinée du royaume. » A ce moment, Chamberlain, qui avait jusque-là gardé

les yeux au ciel, me fixe, droit dans les yeux.
« Certains ministres feraient bien de se montrer à
la hauteur de leurs fonctions. Leur conduite désho-
norante pourrait retomber sur le royaume tout
entier et déconsidérer la personne même de Sa
Majesté. » Stupéfiant, non? Il y a tout de même
des limites! Le seul qui ait toujours pris soin de
Whisky Bill, c'est moi! Le seul qui l'ait sorti de
chez Robson ou du *Folie's*, et des fois à un contre
cinq, c'est moi! Le seul qui lui porte vraiment de
l'amitié...

    – C'est toi! coupa MacRoary.

    – Alors il a continué : « Arriver avec une demi-
heure de retard au conseil, vêtu comme un clochard, n'apporte rien à la gloire du royaume
d'Hawaï. »

    – Comment étais-tu vêtu? demanda François.
Tu avais mis ton costume de gentleman?

    Bishop ne put masquer un certain embarras.

    – C'est-à-dire... je me suis endormi tard, hier,
dans la cuisine de Robson. Dans mon sommeil, j'ai
un peu froissé mon costume. Mais avec une chemise et un pantalon en toile, prêtés par Tommy, et
des chaussures en tissu, j'étais tout aussi présentable! Je n'ai rien dit, mais, quand Chamberlain a
ajouté : « Ceux qui se conduisent ainsi agissent en
ennemis de Sa Majesté William », j'ai éclaté! Il y a
des insultes qu'on ne peut pas laisser passer. Je me
suis levé d'un coup, j'ai contourné la table en trois
enjambées, je l'ai attrapé par son col en celluloïd et
je l'ai soulevé de sa chaise.

    – Encore? C'est une manie...

    Bishop haussa les épaules.

    – Je l'ai secoué de toutes mes forces et lui ai
hurlé : « Qu'est-ce que tu as dit, cafard? Tu veux
que je te pète le nez d'un coup de boule? Whisky
Bill a des ennemis, et autour de cette table il y en a

beaucoup. Des hypocrites dans ton genre, qui font des simagrées, des salamalecs, qui l'appellent Majesté pour mieux décider à sa place, agir dans le seul intérêt des missionnaires, les pourris de Nuuanu Valley... Si Whisky Bill n'a qu'un ami, depuis vingt ans, c'est moi, pigé ? » Les autres sont restés assis, terrorisés. Whisky Bill m'a dit avec gentillesse : « Bishop, mon bon ami, toi qui es si doux à mon cœur, ne cède pas à la violence. » Je me suis retourné et j'ai vu qu'il pleurait. « Tu es mon ami, Bishop. Tu es comme mon frère. » Alors j'ai laissé le docteur Chamberlain retomber sur sa chaise et je lui ai dit : « Je le fais pour toi, Whisky Bill. Pour ton amitié... Mais je ne m'assoirai plus jamais autour de cette table, je m'en vais! » Et je suis sorti. Je me demande si William a compris que je démissionnais.

MacRoary regarda Follet, l'air grave :

– Ainsi s'arrêta la carrière de Charles Bishop qui fut, l'espace d'un matin, ministre des Affaires étrangères du royaume d'Hawaï.

François éclata de rire. MacRoary se figea, étonné.

Bishop et François se retournèrent... Dans les frondaisons de vigne vierge, un homme venait d'entrer sur la terrasse.

– Whisky Bill..., murmura Bishop.

Il s'avança et le roi, retirant son panama, se jeta dans ses bras, comme un enfant. Des larmes coulèrent le long de son nez épaté, son corps se souleva de sanglots.

– Que se passe-t-il, William? demanda doucement Bishop. Pourquoi pleures-tu?

Whisky Bill parvint à s'exprimer, entre deux hoquets :

– Je pleure parce que tu m'as abandonné, mon

ami... Qu'est-ce que je vais devenir sans toi, Bishop?

– Je pars pas pour les Indes, Bill... je suis toujours auprès de toi.

Whisky Bill finit par prendre place sur la chaise que Peter avait approchée de lui. Il s'essuya les yeux et découvrit que MacRoary et Follet avaient assisté à la scène.

– Je vous prie de m'excuser, messieurs, dit-il. C'est plus fort que moi.

Il mit la main à la poche de son veston et sortit sa flasque de whisky avec un plaisir évident. Il en but une large gorgée, avec délectation.

– Whisky Bill, fit Bishop, je voudrais comprendre pourquoi tu te mets dans un état pareil. Tu sais bien que je ne t'abandonne pas.

– Tu me laisses seul au conseil des ministres!

Bishop vint s'asseoir près de lui.

– Ecoute-moi, Billy. Tu es le roi. Que je sois présent ou non au conseil n'a rien à voir avec l'amitié.

– Je ne veux pas siéger au conseil sans toi! Je ne comprends rien à ce qu'on me raconte, moi. Les missionnaires me feront signer n'importe quoi. Le vrai roi sera Chamberlain... Comme du temps du roi Kiki, mon oncle. Ce matin, après ton départ, Chamberlain a repris la parole. Il a parlé, parlé pendant au moins une heure... Il a dit qu'il faisait le point sur l'état du royaume.

Whisky Bill éclata en sanglots.

– Je n'ai rien compris à ce qu'il a dit!

Bishop lui passa un bras autour de l'épaule.

– Allons, Billy, calme-toi.

– Tu sais, mon doux ami, que je n'ai jamais compris ce qu'était l'argent. Pour moi, c'est du papier qu'on échange contre de l'alcool, ou un panama, ou une canne à tête d'aigle... L'argent

138

c'est une idée de Blanc... Comme l'amour, la propriété de la terre, ou Jésus-Christ, le plus fort de tous les dieux.

– Evidemment, ce sont des idées de Blanc. T'en fais pas...

Mis en confiance, Sa Majesté William poursuivit :

– Chamberlain a dit des mots incompréhensibles. Je ne savais plus quelle langue il parlait. Il a dit « taxe sur l'alcool, taxe sur les exportations, sucre, sucre, et toujours sucre, droit de douane aux Amériques ». Il a répété : « caisse du royaume et trésor des planteurs ». C'était pire que du chinois... Il eut un sourire : En chinois, je comprends tout de même quelques mots! Il a fini par dire : « Le royaume est dans une situation difficile. Il est au bord du gouffre... »

Whisky Bill tourna vers Bishop des yeux implorants.

– Sans toi, Bi-Bi, si tu n'es pas là pour m'expliquer, il fera croire que le royaume est mort et que c'est de la faute de Whisky Bill. Je serai malheureux toute ma vie. Et même encore longtemps après.

Bishop, embarrassé, se contenta de hocher la tête. Le roi se leva, découragé.

– Je te comprends, Bishop, dit-il d'une voix triste. Tu ne veux pas fréquenter un homme comme Chamberlain qui ne sera jamais ton ami. Je ne t'en fais pas reproche.

Il demeura un instant silencieux, les yeux perdus dans la contemplation de la mer.

– Je sais ce qu'il me reste à faire. Moi non plus, je ne veux pas fréquenter les missionnaires à tête de serpent... Je vais abdiquer.

Bishop sursauta.

– Tu n'y penses pas? C'est impossible.

– La princesse Emma est la première dans la succession. C'est elle qui prendra ma place. Je préfère que ce soit elle qui ait des ennuis, fit-il avec un sourire malicieux.

– La princesse Emma? Tu te rends pas compte? C'est une anglicane. Pendant le règne de Lot, elle a fait le tour du monde pour aller rendre visite à la reine Victoria en personne. Elle l'appelait sa cousine, paraît-il... Elle n'aura pas besoin de Chamberlain, ni d'un autre : elle prendra ses ordres directement à Buckingham.

– Au moins, elle me débarrassera de mes soucis. La couronne d'Hawaï, je te le dis mon doux ami, est trop lourde pour ma tête. D'ailleurs, au palais Iolani, j'ai un très mauvais sommeil. J'irai de nouveau dormir sur les plages. Fini Chamberlain et les cauchemars.

– Tu ne peux pas abdiquer, Whisky Bill. Ce serait une catastrophe.

Whisky Bill ne répondit pas. Il eut un geste de la main, découragé...

– Attends... Attends un peu, hésita Bishop. Je ne veux pas que tu renonces à ton trône... Je reviens sur ma décision. Je conserve la fonction que tu m'as confiée. Je reste ministre des Affaires étrangères.

Whisky Bill se précipita aussitôt dans les bras de Bishop. Ses rires se mêlaient aux larmes :

– Bishop, mon frère, mon compagnon de toujours... Tu ne me trahis pas, tu ne m'abandonnes pas. Les volcans ont cessé de gronder, la déesse Pélé me sourit.

– Comprends-moi bien, Whisky Bill, précisa Bishop en lui tapant affectueusement le dos. Je n'ai rien à voir avec les autres. Je ne suis le ministre de rien, ni des Affaires étrangères, ni d'autre chose. Je suis ton ami et je ne veux pas qu'on abuse de toi, qu'on te fasse signer des décrets qui iraient contre ton intérêt. Je veux simplement prendre soin de toi. C'est pour cette seule raison que je reste!

— Oui, tu restes, répéta Whisky Bill, transporté. La joie est de nouveau dans mon cœur.

Il se rapprocha de la table, les yeux rouges et le sourire aux lèvres.

— Et vous, docteur, dit-il en regardant Peter MacRoary... Voulez-vous participer à mon conseil? Vous êtes le meilleur médecin des îles. L'état de santé de mon peuple m'inquiète beaucoup, vous savez. Je le crois en grand péril...

— Il l'est, confirma MacRoary, grave.

— Il y a maintenant, reprit-il d'une voix sombre, cette maladie horrible, ce fléau qui ronge les membres, détruit les visages. Je vois souvent des Canaques, mes sujets et mes frères, qui n'ont plus de doigts, plus de bras souvent, aveugles parfois. C'est affreux... C'est la maladie du diable!

— Non, Majesté. De vieux missionnaires attardés voudraient vous faire croire que le ciel punit les Canaques de leur impiété, qu'ils paient leurs fautes et leur absence à l'office du dimanche. Il ne faut pas les écouter, Majesté. Le fléau qui touche le peuple d'Hawaï est une maladie comme les autres qui s'appelle la lèpre. Elle n'a rien à voir avec le diable. Elle a été apportée par des hommes, qui la donnent à d'autres hommes.

— Je comprends, je comprends. Un religieux européen est venu me voir la semaine dernière. Il m'a expliqué que la lèpre était une maladie du plaisir, vous savez? Une sorte de syphilis. Il m'a dit : « Ce qu'il faut, surtout, c'est empêcher les lépreux de faire l'amour! Il faut les mettre à part... » Alors, je lui ai donné l'île de Molokai, au nord de Maui... Tous les lépreux y seront conduits.

– Je connais ce religieux, Majesté, fit MacRoary, contenant mal sa colère. C'est un Belge du nom de Joseph de Veuster. Il se fait appeler frère Damien... Les idées qu'il soutient sont fausses et dangereuses. Un autre Européen, un savant appelé Hansen, a montré que la lèpre n'avait rien à voir avec la syphilis. Ne laissez pas faire ce Damien, Majesté. Ce n'est pas en contraignant les lépreux à la chasteté et en disant des prières qu'on chassera le fléau.

Whisky Bill, découragé, se tourna vers Bishop.

– Tu vois, mon bon ami, dit-il, le monde m'échappe. Mon propre royaume est jeté à tous les vents. Je ne comprends pas ce qu'on me dit quand on me parle d'argent. Les Haolès, qui prétendent connaître tout l'univers, ne sont pas d'accord entre eux. Quand je prends une décision pour soulager les souffrances de mon peuple, à peine le lendemain me dit-on que j'ai mal fait... Sans toi, mon cher ami, la tâche serait trop lourde.

Il regarda à nouveau MacRoary.

– Vous n'avez pas répondu à ma question, docteur... Voulez-vous faire partie de mes conseillers, avec mon frère Bishop ? Vous pourriez être ministre...

Il réfléchit un instant et proposa :

– Vous pourriez être ministre des Maladies ?

MacRoary sourit et fit non de la tête.

– Votre présence au conseil du samedi matin ne vous pèserait guère, insista Whisky Bill. Vous vivez désormais à Honolulu, n'est-ce pas ? On m'a dit que vous veniez d'ouvrir un cabinet de médecin au bas de Punchbowl Street.

Peter éclata de rire.

– C'est un leurre, Majesté... Je l'ai déjà expliqué à Charles : c'est la seule façon que j'aie trouvée de me débarrasser des malades ! Les missionnaires et leur famille avaient pris l'habitude de me faire appeler en consultation, lorsque j'étais en ville. On me faisait chercher par un palefrenier chinois, un cuisinier ou une nurse canaque, à n'importe quelle heure du jour ou de la nuit. J'étais aux ordres, à disposition. J'ai fini par trouver la parade : je ne me déplace plus, je reçois dans mon cabinet... Mais je n'y suis pas souvent, pour la bonne raison que je ne suis pas souvent à Honolulu! Majesté... je me crois plus utile au royaume d'Hawaï en vivant dans les communautés auprès des malades... La lèpre est un fléau redoutable qu'il faut combattre par les moyens de la science, non ceux du frère Damien. Le bacille de la lèpre ne résiste pas au mercure. C'est une certitude, scientifiquement démontrée. Il suffit de plonger le malheureux atteint du mal terrible dans une solution contenant du mercure pour obtenir la guérison. La tâche est immense, Majesté. Je crois que nos efforts connaîtront le succès.

– Votre courage me touche, docteur Mac-Roary... Mon peuple et moi-même vous en serons toujours reconnaissants.

Il se tourna vers François et retrouva son sourire.

– Et vous, monsieur le Français, vous allez nous quitter bientôt, je suppose?

François resta silencieux quelques secondes. Il voulait ménager ses effets.

– Majesté, je déteste les faux départs. J'ai déjà manqué deux fois mon embarquement sur le *Pablo Garcia*. Je ne prendrai pas le risque de le manquer une fois de plus. De quoi aurais-je l'air?... J'ai donc décidé de ne pas partir du tout.

– Qu'est-ce que tu dis, Frenchie? s'exclama Bishop. Tu restes dans l'archipel? Tu t'installes à Honolulu?

– Eh oui! Vous ne vous débarrasserez pas de moi aussi facilement. Je crois que les évangélistes de Boston ne s'étaient pas complètement trompés. Il y a comme une odeur de paradis qui flotte par ici, dès qu'on aperçoit la pointe de Diamond Head. Ce n'était pas tout à fait faux, Eden-Hawaï.

Chaque jour, en début d'après-midi, François, vêtu d'un élégant costume clair, descendait quatre à quatre les escaliers du *Liberty*, saluait d'un geste le Chinois derrière son comptoir et retirait son panama blanc lorsqu'il croisait Laetitia.

– Chère Laetitia, lui demandait-il en passant un doigt rapide sur sa moustache, me trouves-tu digne d'Honolulu, digne de remonter Punchbowl Street, la rue la plus distinguée de toutes les villes du Pacifique?

– Je te trouve très élégant, Frenchie, disait-elle. Et très beau... La moustache ajoute à ton charme... Tu vas encore visiter la ville?

– La ville et les environs. Les criques, les plages, les palmeraies, le flanc des montagnes. Je suis aujourd'hui capable de reconnaître des dizaines d'oiseaux, par leur plumage et, mieux, par leur chant. Je traverse même les forêts les yeux fermés, sans jamais me tromper.

Et, comme il passait la porte du *Liberty*, Laetitia conclut, un peu triste :

– C'est bien, Frenchie.

François se faisait ensuite déposer par un fiacre devant la villa des Brinsmade. Il marchait d'un pas impatient dans les allées du jardin, entre les buissons de roses et les massifs d'hibiscus, empli d'une gaieté juvénile qui s'assombrissait lorsque Sarah tardait à sortir. Mais quand elle apparaissait enfin, tout s'illuminait, comme un ciel soudain lavé de nuages. Elle avançait vers lui et il lui semblait que le monde entier était, en cet instant, contenu dans ses yeux verts et son sourire. Elle chuchotait : « Bonjour François » et l'entraînait aussitôt quelques mètres plus loin, parmi les manguiers et les flamboyants, à l'écart, loin des regards éventuels de son père. Puis ils partaient en promenade.

Dans Punchbowl Street, Sarah menait sa carriole d'une main ferme. Elle aimait conduire son cheval dans les rues populeuses d'Honolulu, bien que ce fût un animal lourd et placide, à la large croupe et au trot fatigué.

Une fois sortis de la ville, elle faisait découvrir au Français les paysages de l'île, les plages de sable blanc ou gris, les plantations de canne à sucre, les falaises éclatées au nord de Diamond Head, où la longue houle, poussée par les alizés de nord-est, venait se briser en gerbes étincelantes. François passait son bras autour des épaules de Sarah pour la protéger de la bise de l'océan, et elle se serrait contre lui, ses cheveux frôlant, par mèches folles, le visage de François. Sarah lui racontait aussi les légendes hawaïennes des temps anciens, avant l'arrivée de Cook et même l'arrivée des hommes, du temps où les dieux vivaient en paix.

Un jour, ils s'arrêtèrent dans une clairière située sur le versant nord du Punchbowl. C'était un endroit étrange où des milliers de gros oiseaux blancs, des albatros des îles, se pelotonnaient, frileux, les ailes serrées et le jabot gonflé. Çà et là, dans les hautes herbes, apparaissaient des planches, des poutres, les restes dévorés par la végétation d'une vaste construction. François donna la main à Sarah pour l'aider à descendre, et des milliers d'oiseaux s'envolèrent soudain en une vague vertigineuse et criante. Ils firent quelques pas et vinrent s'asseoir sur un carré d'herbe sèche où François étala sa veste, à la lisière des arbres au parfum de santal.

– Je te présente Fort Schaeffer, annonça solennellement Sarah. Nous aussi, nous avons des châteaux en ruine. Celui-ci appartenait à Nicolas Ier, tsar de toutes les Russies.

François la regarda, incrédule.

– Que pouvait bien faire le tsar sur le Punchbowl?

Sarah lui posa le bout de son index sur le nez.

– Cher François, tu te fais plus sot que tu n'es. Nicolas Ier n'est jamais venu ici. Il lui suffisait que le drapeau impérial soit hissé au sommet de la plus haute tour. Il n'est d'ailleurs pas sûr qu'il ait été jamais au courant... Mon père prétend qu'il flotte dans l'air d'Hawaï un parfum, une substance qui rend fous certains hommes. Ils outrepassent alors leurs pouvoirs. Ce fut le cas d'un certain Schaeffer. Il se prenait pour un ami si proche du tsar qu'il prenait des décisions à sa place. Le plus étonnant de l'affaire est qu'il n'était même pas russe. C'était un aventurier allemand qui s'était retrouvé fondé de pouvoir d'une compagnie russe chargée d'acheter des fourrures en Alaska pour les revendre à Canton. C'était au début du siècle, vers 1805, alors que l'empereur Kamehameha régnait sur l'archipel, depuis la Grande Ile. En fait, il ne contrôlait pas vraiment ce qui se passait ici, dans l'île d'Oahu, ni du reste dans les autres îles de l'archipel. Honolulu, c'était une bonne escale sur la route de Chine, pour les vendeurs de fourrures... Schaeffer y a ouvert un comptoir. Il s'occupait de faire réparer les navires, de renouveler les vivres et le sel pour conserver les fourrures.

Sarah désigna les arbres autour d'elle.

– Il a découvert qu'ici il y avait du santal et qu'il pourrait en vendre sur les marchés chinois. En plus des peaux d'ours et de castor... Peu à peu, il est devenu fou. Il a réussi à convaincre le chef canaque d'Oahu de donner l'île à la Russie, et il a construit ce fort!

– Comment ce Canaque a-t-il pu abandonner aussi facilement sa terre et son pouvoir?

– Schaeffer était un malin. Il a trouvé les mots pour le séduire : il l'a tout simplement fait officier d'état-major du tsar et lui a offert une tenue d'officier de la marine russe! Devant un tel cadeau, le chef a été ému jusqu'aux larmes... Et, bien après que Schaeffer eut dû fuir devant l'arrivée de vrais bâtiments russes, chaque jour, jusqu'à sa mort, il a porté la vareuse blanche aux épaulettes dorées et le pantalon rouge, étoffe épaisse dans laquelle il étouffait de chaleur. Il n'a jamais su que Schaeffer lui avait offert un uniforme de général mexicain dont il avait hérité, on ne sait trop comment, au cours d'une de ses multiples aventures.

François éclata de rire, mais Sarah se mit à fixer tristement l'herbe au bout de ses bottines de cuir.

– Tu te moques du chef canaque. Tu as tort... Il a fait confiance à quelqu'un qu'il prenait pour un ami et il a été trahi.

– Sarah...

– Opuhaïa avait raison, reprit Sarah, le regard dur. Les étrangers sont toujours des menteurs. Ils racontent des histoires à ceux qui vivent dans les îles. Ils leur volent leurs richesses et ils s'en vont.

Sarah était-elle sincère ou jouait-elle le rôle de la jeune fille qui redoute d'être séduite et abandonnée? François demeura sur ses gardes et préféra changer de conversation.

– Qui était Opuhaïa? demanda-t-il.

– Opuhaïa était une Canaque, ma « nurse » comme disent les missionnaires... Pour mon père, c'était une tâche trop lourde de s'occuper tout seul d'une petite fille.

François devina que Sarah ne souhaitait pas évoquer la mort de sa mère. Il demeura silencieux.

– Opuhaïa avait une soixantaine d'années. Elle a veillé sur moi pendant toute mon enfance. Je m'en souviens très bien. Elle avait de grands yeux noirs. Sais-tu le souvenir le plus précis que je garde d'elle ? C'est la douceur de sa peau. Je crois que tout l'amour, toute la tendresse d'une mère se retrouvent là : dans la douceur de la peau... Le soir, Opuhaïa m'endormait comme on endort tous les enfants du monde : elle me chantait des berceuses des îles, des complaintes hawaïennes. Elle me racontait des histoires. J'aimais particulièrement celle de Lolohana. C'était une princesse qui vivait sur un récif, au fond de l'océan dont elle était l'épouse, très loin, à l'endroit où les nuages se mêlent à l'écume des vagues. C'était le temps où les dieux et les génies vivaient en paix dans les îles, avant que n'arrivent les premiers hommes. Lolohana, donc, au fond des océans, était heureuse. Un jour, un homme arriva dans une grande pirogue. Il venait de très loin, du bout de la mer, de Tola-Tola[1]. Il s'installa au milieu des palmiers près d'une anse de sable blanc, pas très loin d'ici, du côté de Kanehohe Bay. C'était un homme rusé.

Sarah jeta un coup d'œil rapide à François.

– Rusé comme tous ceux qui arrivent par la mer. Il entendit parler de la belle princesse Lolohana et décida de la séduire. Il a fait alors sculpter, dans les plus beaux bois des îles, des statues superbes, des centaines d'idoles comme personne n'en avait jamais vues. Puis il a envoyé sur les

1. Bora-Bora.

eaux, des pirogues portant chacune une statue, jusqu'à l'endroit où vivait Lolohana, au-dessus de son récif. Ainsi, les embarcations disposées de loin en loin sur la mer formaient-elles une immense chaîne jusqu'à l'homme qui attendait, sûr de lui dans sa palmeraie. Ce qu'il avait prévu arriva. La belle Lolohana fut subjuguée par la beauté de la première idole qu'elle vit, dans la pirogue au-dessus d'elle, puis par les autres portées par les suivantes. Curieuse de les voir toutes, elle arriva finalement devant l'homme qui la garda prisonnière. Elle ne retrouva jamais son rocher et son bonheur d'antan.

François s'approcha de Sarah et ses lèvres se posèrent sur son cou. Il la prit par l'épaule, l'allongea doucement sur la mousse de la clairière et plongea ses yeux dans les siens.

– L'histoire de Lolohana est bien triste, chuchota-t-il.

Il la sentit frémir quand il fit descendre sa main jusqu'aux rondeurs fermes de sa poitrine. Les lèvres de Sarah s'entrouvrirent dans un frisson brûlant et il y posa sa bouche. Elle murmura :

– Opuhaïa m'a prévenue. Lolohana a perdu tout ce qu'elle avait, elle a été malheureuse toute sa vie.

François feignait de ne pas percevoir le lien qu'il pouvait avoir avec l'homme de la légende, et sa main continua à descendre le long de la taille étroite de Sarah. Elle fit mine de se fâcher.

– Vous ne croyez pas au malheur de Lolohana, monsieur Follet, et vous avez tort.

– Le destin de cette princesse est tragique, protesta-t-il.

– Sais-tu qu'il pourrait se révéler aussi tragique pour toi, comme pour moi ? La princesse Lolohana est morte depuis longtemps. Son âme flotte loin de son corps. Mais l'océan, lui, est toujours là. Il était le fidèle compagnon de la princesse. Il vivait avec elle, dormait avec elle... Depuis qu'elle est partie, souvent le soir, il est triste et pleure de chagrin. Parfois, sa peine se change en colère : une vague immense déferle alors sur les îles. Les Haolès, les Blancs qui ne comprennent rien, disent qu'il s'agit d'un raz de marée. Les Hawaïens, eux, connaissent la vérité... C'est l'océan qui veut libérer la princesse Lolohana et la ramener avec lui.

François éprouva soudain un élan irrésistible vers Sarah. L'histoire de la princesse venue du fond de l'océan lui ressemblait. Dans le cadre somptueux de la clairière, il voulait maintenant se sentir en communion avec elle, éprouver la douceur de sa peau contre la sienne. Il enfouit sa bouche au creux de son cou et étreignit Sarah avec une violence trop longtemps contenue. Ses mains caressèrent son cou, ses épaules jusqu'aux premiers frissons de sa gorge. Le regard de Sarah était grave.

— François..., murmura-t-elle, implorante.

Il la fit taire en l'embrassant avec passion. Sarah se débattit quelques instants, puis chavira.

Le palais Iolani se situait à l'ouest d'Honolulu, sur une colline qui dominait la baie. Il n'avait guère de rapport avec les résidences royales d'Europe ou d'Asie, et se composait d'un ensemble de bâtisses en planches sans étage, recouvertes de larges feuilles de bananier, qui s'ouvraient sur des jardins anglais. L'influence britannique, à la vérité, n'était pas sensible uniquement à la finesse du gazon. Le drapeau du royaume qui flottait au milieu de la pelouse, strié de bandes horizontales multicolores, était frappé de l'Union Jack. Un Parlement, également à la mode britannique, avait été instauré et se composait d'une Chambre des lords et d'une Chambre des communes. Les « missionnaires » américains qui avaient mis au point le système avaient bien calculé leur affaire... On trouvait aux Lords les chefs canaques, et aux Communes, qui désignaient le Premier ministre, des représentants élus. Le titre de propriété donnait seul le droit de vote et, les Hawaïens n'ayant pas la moindre notion de la propriété, seuls les Haolès votaient...

Assis derrière une table encombrée de dossiers, dans son bureau donnant sur les jardins, Charles Bishop s'amusait à expliquer à François les bizarreries du système :

– Les Lords et les Communes ne se disputent jamais : ils ne se comprennent pas. Les Lords parlent hawaïen et les Communes américain.

La remarque acerbe du premier conseiller Chamberlain sur le négligé vestimentaire de Charles avait porté ses fruits. Il avait aujourd'hui un des trois costumes qu'il venait de se faire tailler chez Fox et Walter, une chemise de coton fin sous un superbe gilet de soie. Il était chaussé d'élégants souliers de cuir et de guêtres blanches. Seule marque de laisser-aller : sa lavallière était dénouée.

– Tout ceci n'est pas très important, poursuivit-il. La santé de Whisky Bill est beaucoup plus préoccupante. Les soucis le minent. Le trésor des planteurs, en particulier.

François avait déjà entendu l'expression. Il voulut en savoir plus.

– Le trésor des planteurs, expliqua Bishop, c'est une taxe qui a été instaurée sur les exportations de canne à sucre. La vente de la canne aux Etats-Unis a fini par prendre des proportions telles qu'on a surnommé le budget du royaume « le trésor des planteurs »... Depuis que je suis ici, je constate que le trésor est en train de fondre. Le gouvernement américain a jugé que le sucre hawaïen, d'une qualité exceptionnelle, ruinait les planteurs de Louisiane. Alors, il a instauré des droits de douane exorbitants. Depuis, notre sucre ne se vend plus ou presque aux Etats-Unis. Les Haolès sont au bord de la ruine et le trésor des planteurs s'évanouit... Tu choisis un bien mauvais moment pour t'installer dans l'archipel. On va vers un naufrage collectif.

François fit tourner sa canne à pommeau d'argent dans sa main, avec une assurance tranquille.

– J'ai été courtier maritime dans les Indes néerlandaises et je suis arrivé à m'imposer dans des conditions difficiles. L'aventure à Honolulu ne me paraît pas impossible. Courtier ici ou ailleurs, après tout...

Bishop fit non de la tête et, pour la première fois, François observa sur son visage une expression grave qu'il n'y avait jamais vue.

– Courtier ici ou ailleurs, Frenchie, trancha Bishop, ce n'est pas du tout la même chose... Depuis que je suis dans cette nouvelle « fonction », je découvre chaque jour des aspects inconnus du royaume d'Hawaï... Le commerce avec San Francisco est tenu par un dénommé Spreckells. C'est un émigré allemand qui tient une bonne partie de la Californie, paraît-il... Si je te dis que c'est le premier raffineur de canne à sucre de l'Ouest américain, tu auras une idée des moyens de pression qu'il a sur les planteurs... Tu as peu de chances de tirer ton épingle du jeu.

– Et les marchés des autres pays? demanda François. Les Chinois? Hawaï serait-il le seul archipel du Pacifique où les Chinois ne jouent aucun rôle? Ils ont des comptoirs, des magasins. Je suis sûr que dans les îlots les plus retirés ils tiennent des échoppes... Il serait tout de même...

– Tu n'y es pas, Frenchie, interrompit Bishop... Hawaï n'est pas un pays comme les autres.

Il se leva de sa chaise et se mit à marcher jusqu'à la fenêtre, les mains dans les poches.

– Hawaï ne devrait même pas s'appeler Hawaï, continua-t-il, ni Sandwich. Ce pays devrait s'appeler Sucre!

Il revint s'asseoir derrière le bureau, nerveux, et posa brutalement une main à plat sur un dossier, devant lui.

– C'est ce que je constate tous les jours depuis un mois. Je me doutais bien, depuis des années, que l'archipel prenait une drôle d'allure. Quand je quittais mes cocotiers d'Hilo pour faire un tour à Honolulu, je sentais l'odeur du fric dans Punchbowl Street. J'ai beau venir d'une crique perdue, je ne suis pas complètement stupide... Maintenant je comprends tout. Ce pays n'a plus ni foi, ni loi, ni religion, ni honneur. Il s'est donné au sucre comme on se vend au diable.

François fut étonné de ces propos inattendus. Il fut au bord de lui demander s'il était ministre des Affaires étrangères, ou s'il se prenait pour un de ces prédicateurs illuminés qui s'installaient, de temps à autre, au bas de Punchbowl Street. Mais il n'en fit rien. Bishop lui paraissait aujourd'hui peu accessible à la plaisanterie.

– Et les Chinois, dans ton histoire, quel est leur rôle ? fit-il.

– Les Chinois ? Tu ne mettras jamais le pied dans leurs affaires. Le commerce avec la Chine est d'un genre très particulier. Il s'agit du trafic d'êtres humains. Il y a déjà un Blanc qui gère tout cela. Tu l'as peut-être rencontré. Un brun avec une moustache qui vient souvent au *Liberty*... On s'occupera de tes affaires plus tard... On trouvera bien une solution. Pour l'instant, il faut te trouver une villa. Tu ne peux pas rester toute ta vie au *Liberty*...

Bishop réfléchit quelques secondes :

– Le ranch Mooney, Frenchie. Voilà ce qu'il te faut. C'est une superbe résidence sur les hauteurs, dans le quartier Palama, avec une vue magnifique sur la baie. C'est une vraie demeure coloniale avec un portique à colonnes, un salon immense au rez-de-chaussée et un escalier royal. C'est vrai, Frenchie, un escalier digne des plus grands rois de France, qui mène aux chambres du premier. Le tout dans un jardin immense... mais en friche, vu que la propriété est inoccupée depuis une douzaine d'années. En ce moment, tu l'auras pour trois fois rien. Ne laisse pas filer cette affaire, crois-moi.

En échange de cinq cents dollars, François Follet, citoyen français, devint propriétaire quelques jours plus tard du ranch Mooney. On était au début de septembre 1872, moins de trois mois après son arrivée à Honolulu pour une simple escale de quelques jours sur la route de San Francisco.

Le ranch Mooney était une curieuse demeure. Si elle était inhabitée, malgré sa beauté, malgré la vue magnifique sur la baie d'Honolulu et les dizaines d'arbres fruitiers qui y poussaient dans l'anarchie, c'est que, dans le quartier blanc de Nuuanu Valley, parmi les familles des missionnaires, elle avait mauvaise réputation. En douze ans, le ranch Mooney avait même fini par être considéré comme un endroit maudit. La réalité était plus simple et moins sulfureuse...

Archibald Mooney, l'ancien propriétaire de la maison, avait été en 1850 un des premiers avocats installés à Honolulu. C'était le temps où certains missionnaires, profitant du départ d'Hiram Bingham et de la fin de ses utopies édénistes, commençaient à prendre la réalité à bras-le-corps et à faire d'Hawaï un Etat terrestre. Avec l'usage retrouvé de l'argent, ils décidèrent d'instaurer la propriété foncière. Les derniers utopistes du séminaire de Boston protestèrent : « La propriété n'existe pas au Paradis ! » Leur combat était déjà perdu. Le Premier ministre de l'époque, Judd, décréta que la terre des îles appartenait au roi et que lui seul pouvait vendre des titres de propriété. Le roi Kiki ne comprit jamais ce qu'il faisait. Il vendit à tour de bras et fit des dons, aussi, selon son humeur...

Gerrit Judd était le maître de l'opération. C'est lui qui décidait de l'acceptation des demandes de propriété et de l'importance des terrains accordés. Un seul critère dictait son choix : la respectabilité des familles et l'ancienneté de leur présence dans les îles. Ainsi, étonnant paradoxe, les descendants des illuminés qui avaient supprimé de leur vie l'argent et la propriété eurent accès en priorité aux terres d'Hawaï. Bien mieux, plus les premiers arrivants avaient été purs dans leurs convictions, plus leurs enfants et petits-enfants se virent décerner des terres importantes. Plus les parents avaient été ennemis farouches de l'argent, plus les enfants eurent droit à la fortune.

Avec les propriétés éclatèrent des types de conflits inconnus jusque-là dans l'archipel d'Hawaï. Les affaires de Mooney l'avocat devinrent florissantes. Eden-Hawaï, le rêve des premiers missionnaires, était pour toujours enterré... Il n'y a pas d'avocat au Paradis.

Au bout de quelques années, Archibald Mooney se fit construire une merveilleuse maison, inspirée de la Louisiane dont il était originaire. Il fut admis chez les autres Haolès, où on appréciait son humour, ses compétences professionnelles et lui pardonnait quelques défauts : son passé obscur – d'après des témoignages recoupés de voyageurs, il était établi qu'Archi Mooney n'avait pas appris le droit dans une université, mais derrière les barreaux d'un pénitencier du Texas – et des mœurs peu orthodoxes. Il donna à son tour des réceptions et il devint bientôt de bon goût d'être vu aux soirées du ranch Mooney.

En 1860, l'annonce de la sécession des Etats sudistes et de la guerre civile américaine fut un coup de tonnerre dans le ciel radieux d'Hawaï. La plupart des Blancs des hauts de la ville étaient des

« nordistes » convaincus, et certains avaient même gardé des attaches familiales dans la région de Boston. Tous se réclamaient des principes anti-esclavagistes des pionniers des îles, et quelques jeunes hommes embarquèrent même pour rallier les troupes yankees.

Par fidélité envers les Etats du Sud, qu'il considérait comme sa patrie, Archi Mooney décida, lui, de rejoindre les confédérés, au grand scandale des Haolès. Il avait dépassé les cinquante ans et était d'une santé précaire. Il savait qu'il allait à la mort. On ne le revit jamais sur la colline d'Honolulu.

– Voilà l'histoire d'Archi Mooney, conclut Bishop, en finissant de faire le tour du propriétaire avec François, dans le parc à la végétation luxuriante. Comme ils ne pouvaient le punir de son acte, les missionnaires jetèrent l'anathème sur sa résidence. Le ranch Mooney fut considéré comme un endroit maudit et personne ne songea à s'y installer !

– Tant mieux, ponctua François.

Les allées étaient jonchées de feuilles mortes, de fruits flétris et de branches brisées. Il imaginait ce qu'il ferait de ce parc et de cette villa abandonnés. Il leur redonnerait leur luxe et leur faste d'antan. A chaque instant, il imaginait Sarah passant entre les bougainvillées et les flamboyants, dans une robe d'étoffe légère, sortant sur la terrasse pour venir à sa rencontre. Il se voyait avec elle, dans la lumière des torches, accueillant leurs invités, heureux et comblé. François Follet, sans s'en rendre compte, et dans le plus complet des bonheurs, s'était dépouillé de l'homme qu'il avait été et ne songeait plus qu'à l'avenir.

– Tu as l'air fichtrement content, Frenchie, constata Bishop, à mille lieues d'en imaginer les véritables raisons. Tu as raison...

Ils montèrent les marches qui menaient à la terrasse.

– Ne fais pas attention aux carreaux cassés et aux toiles d'araignée. Quelques ouvriers te retaperont cela en une semaine ou deux. Tu auras un vrai palais...

Il parut triste en entrant dans le grand salon du rez-de-chaussée, désert, devant l'escalier monumental qui menait au premier, écrasé de poussière.

– Il va falloir que je m'achète aussi une vraie maison, laissa-t-il tomber. Chamberlain me l'a fait comprendre : « Un ministre des Affaires étrangères ne saurait recevoir les diplomates étrangers dans un clapier. » La maison de MacRoary, un clapier à lapins! Frenchie, ce Chamberlain est un scélérat!

Leurs pas résonnèrent dans le salon vide. Des bouts de plâtre et des feuilles mortes jonchaient le parquet.

Tout à coup les deux hommes s'arrêtèrent, étonnés. Un bruit les avait mis en éveil, le grincement d'une porte... Un souffle furtif parut s'approcher, comme le murmure d'un vêtement de soie. Ils se retournèrent : devant eux, à l'entrée du salon, entre les hautes portes à double battant, un homme les regardait. C'était un Chinois, d'aspect juvénile, les mains dans les manches d'une ample vareuse de soie bleu nuit, un large pantalon de soie noire et une calotte noire sur la tête. Il s'inclina pour saluer. Une grande dignité émanait de lui et son geste n'avait rien d'obséquieux. Follet et Bishop se regardèrent, ahuris. Le Chinois se releva et leur adressa un large sourire.

– Je suis Cheng-Hi, dit-il en se courbant à nouveau. J'étais le majordome de Mr. Mooney, il y a très longtemps. On dit aujourd'hui que c'est un Français qui a acheté cette maison. Je pense : si ce noble gentleman achète le ranch Mooney, il doit prendre Cheng-Hi à son service. Cheng-Hi fait partie de la propriété, comme les flamboyants du jardin.

François, interloqué, se demanda comment le petit homme pouvait connaître son existence alors que la nouvelle avait été tenue secrète pour en faire la surprise à Sarah.

– Comment savez-vous que je viens d'acheter cette maison? demanda-t-il en tapant sa canne sur le sol. Personne...

Le Chinois prit un air modeste, comme pour s'excuser :

– Cheng-Hi au courant de beaucoup de choses. Cheng-Hi au courant de tout ce qui se passe à Honolulu. « Grande qualité », disait Mr. Mooney. En plus, il fait bien la cuisine, française, italienne... Et même chinoise.

Follet et Bishop éclatèrent de rire.

– Soit! Je vous engage comme valet de chambre, majordome, coursier et informateur.

– Très bonne idée, fit Bishop... Tu me tiendras au courant des affaires du royaume!

François se mit à arpenter la grande pièce vide et montra son admiration devant la hauteur du plafond.

– Ce Mooney avait le sens de la grandeur...

Puis il se tourna vers le Chinois qui n'avait pas bougé, le visage incliné, les mains dans les manches de son ample veste :

– Dès demain, vous vous mettrez au travail... Je me renseignerai sur la rémunération qu'il convient de faire à un homme de confiance aussi précieux que vous...

– Cheng-Hi très heureux et très honoré. Cheng-Hi demain matin au travail...

Il se retourna et repartit vers le vaste hall d'entrée. En passant la porte, il fit demi-tour et lança :

– Je vous souhaite un bon séjour à Honolulu, et une très longue vie, monsieur Foyette.

– Tu vois, Frenchie, enchaîna Bishop avec un sourire, à peine trois mois que tu es dans les îles et te voilà connu au fin fond de Chinatown. Tu deviens un vrai Haolè...

Le soir était doux quand les deux hommes ressortirent. Un vent frais faisait frissonner les arbres du jardin, annonçant l'imminence de la saison humide et ses premières ondées. Ils s'assirent sur les marches du perron et restèrent quelques instants silencieux, dans l'obscurité naissante.

– Le parc a besoin d'une bonne toilette, finit par dire François avec une certaine jubilation. Mais j'ai trouvé un jardinier !

– Celui des Brinsmade, je suppose ? Dis donc, Frenchie...

« Nous y voici, pensa François... Il va me parler de Sarah. » Il en fut pour ses frais.

– ... Tu t'installes comme nabab, tu dilapides ta fortune...

– J'ai de quoi subsister encore quelques semaines, rétorqua François.

– Ne le prends pas mal. Je voulais seulement te parler de ton avenir.

– Je te trouve bien sérieux, tout à coup.

– Je suis sérieux pour toi... Tu as pensé à ce que tu deviendras lorsque ta fortune se sera envolée ?

Que Bishop pût aborder un sujet aussi terre à terre laissa François interdit. A mi-chemin entre la boutade et la provocation, il répondit :

– Je reprendrai mon premier métier.

– Courtier maritime ?

– Non. Imprimeur, corrigea François, hautain...

160

Les Follet étaient imprimeurs depuis trois générations. J'ai été élevé dans l'odeur du papier imprimé, de l'encre et de la feuille de chou. A dix-huit ans, j'étais un typographe virtuose. Je composais, presque seul, un journal.

– Ici, il n'y a qu'un journal. C'est le *Polynesian*. Il sert de journal officiel du gouvernement et appartient aux missionnaires. Le directeur s'appelle Chamberlain. Tes talents ont peu de chances de s'y exprimer... Mais j'ai pensé à toi, depuis ta visite au palais... continua-t-il, indécis encore. Je crois que tu devrais acheter du sucre!

– Du sucre?

– Des terrains sucriers, plutôt. Des plantations...

– Je ne comprends pas...

– En ce moment, tu pourrais acheter des centaines d'hectares pour trois fois rien.

François, passé l'effet de surprise, haussa les épaules.

– Evidemment que je pourrais acheter des terrains pour trois fois rien... Le sucre ne se vend plus, tu me l'as dit toi-même.

– Depuis un an seulement, rectifia Bishop. Je connais la question. Sais-tu que le destin a perdu la raison, dans l'archipel d'Hawaï? s'enflamma-t-il, soudain. Il s'est acharné à faire tomber des fortunes colossales sur les enfants de ceux qui ne croyaient qu'à la pauvreté.

– Ils ont vendu des fruits à San Francisco, coupa François. Je suis au courant.

Bishop fit non de la tête, sans perdre son calme.

– Les fruits, ce n'était pas grand-chose. A côté de ce qui allait arriver, c'était de l'argent de poche. Lorsque la ruée vers l'or s'est terminée en Californie, quand des milliers de pouilleux sont allés chercher des pépites d'or dans d'autres coins du monde, les fermiers américains, de San Francisco à San Diego, ont trouvé que les fruits hawaïens leur faisaient une mauvaise concurrence. Ils en ont parlé à leurs hommes politiques... Et les bateaux en provenance des îles n'ont plus été autorisés à accoster au wharf de Frisco. En 1860, c'était terminé... Plus rien ne partait aux Etats-Unis, rien ! Pas le moindre kiwi, la plus petite tomate... Mais le destin veillait. La guerre de Sécession a éclaté et les plantations de sucre de Louisiane et d'Alabama sont parties en fumée. C'était l'aubaine. Les Haolès, jusque-là, ne s'étaient pas intéressés à la canne à sucre, il fallait trop de main-d'œuvre. Seulement, quand ils ont vu que le sucre se vendait à prix d'or, puisqu'il n'y en avait plus en Amérique, ils s'y sont tous mis. Finis les arbres fruitiers, en avant la canne à sucre... Ils en ont envoyé, à San Francisco, des clippers remplis de pains de sucre, les Castle, les Ladd, les Hartford, les Hackfeld, qui disposaient des meilleurs terrains. Ils sont devenus des nababs.

– Mais le sucre ne se vend plus... reprit François.

– Depuis un an, la situation est catastrophique à cause des taxes américaines. Quand la guerre de Sécession a été terminée, les sudistes ont remis leurs plantations en état. Le sucre de Louisiane, dès 1870, est revenu sur le marché des Etats-Unis. Et les producteurs ont dit à leurs hommes politiques : « Empêchez la concurrence de la canne hawaïenne. » Ils ont instauré des taxes à l'importation, des droits de douane. C'était plus élégant que d'empêcher les navires d'Hawaï d'accoster, mais ça revenait au même. On n'a plus vendu un seul gramme de sucre aux Etats-Unis...

– Pourquoi voudrais-tu que cela change ?

demanda François. Et pourquoi veux-tu surtout que j'achète des terrains ?

Bishop se leva d'un seul coup, comme si une force nouvelle l'animait brusquement.

– Il y a du nouveau, dit-il.

François se leva à son tour et les deux hommes se mirent à marcher dans le parc sombre. Bishop, mains dans les poches, parlait à mi-voix :

– J'ai rencontré Henry Pierce, il y a quelques jours, un homme d'affaires américain. C'est aussi le nouvel ambassadeur des Etats-Unis à Honolulu. Il est venu au palais présenter ses lettres de créance à Whisky Bill. Pendant l'entrevue, William a eu une crise de larmes. Il a répété : « Votre pays me mène au désespoir, monsieur l'Ambassadeur... Au désespoir ! » A la sortie, Henry Pierce m'a pris à part : « Votre situation devient dramatique, j'en conviens. » Je ne l'ai pas contredit. J'ai même précisé : « Non seulement le royaume n'a plus d'argent, mais les faillites des petits planteurs se multiplient. – C'est de là que viendra la solution, m'a expliqué l'ambassadeur. Si tout le royaume d'Hawaï fait banqueroute, des milliers de Blancs, américains pour la plupart, retourneront avec leur famille en Californie. Ils s'entasseront sur les pontons de San Francisco ou iront errer dans les rues de Monterey et de Los Angeles. J'en ai déjà parlé au président Ulysse Grant. C'est un problème qu'il préférera éviter ! »

Ils étaient parvenus devant les lourdes grilles rouillées du portail.

– Les Américains finiront par lever leurs droits de douane, Frenchie. J'en suis sûr. D'ici quelques mois, le président aura signé le décret. Tu peux me croire, conclut Bishop en lui jetant un coup d'œil entendu. Et la valeur des terrains que tu auras achetés sera multipliée par dix. Que dis-je ? Par cent, par deux cents !

En passant le portail, il ajouta :

– Penses-y, ne laisse pas passer la chance, Frenchie... C'est le moment ou jamais...

PENSE-T-ON à l'avenir quand on est amoureux? Pendant une semaine François Follet n'eut d'autre souci que de s'installer au plus vite au ranch Mooney. Il attendait d'avoir aménagé au moins le grand salon du rez-de-chaussée pour annoncer à Sarah la nouvelle. Par l'intermédiaire de Robson, il chargea Gordon Moorehead de redonner forme au parc de la propriété, de redessiner les allées, de refaire les pelouses, d'arracher les lianes qui paralysaient l'endroit comme les tentacules d'une immense pieuvre végétale. Cheng-Hi l'accompagna dans les boutiques de Punchbowl Street pendant que ses amis nettoyaient et repeignaient le rez-de-chaussée. Il conseillait l'achat des meubles, des lits, des rideaux, des couverts. Cheng-Hi était un majordome discret et efficace. Il orientait le choix de François avec goût, savait mélanger les objets d'utilité et les accessoires de luxe. Sans que François eût à faire le moindre geste, il se chargeait de les faire enlever et de les installer dans le grand salon que son maître avait décidé de rendre habitable en priorité.

Quelques jours plus tard, il jugea qu'il était temps de quitter le *Liberty*. Debout de bonne heure, au moment où Laetitia dormait encore dans le lit de Daltrey, il descendit régler sa note.

– Ainsi, vous restez dans les îles ? demanda Daltrey, en faisant son addition... Vous choisissez mal votre moment.

Il releva son visage bouffi et contempla les lieux :

– Regardez le salon, l'hôtel le plus chic des Sandwich... désert. Plus aucun négociant pour acheter le sucre. Et vous avez senti l'odeur sur les îles ? Un bain de caramel... Ecœurant ! Et les colonnes de fumée qui montent au-dessus de Punchbowl ? Bientôt on ne verra plus le ciel. C'est dramatique... Ce n'est plus les pousses de canne à sucre qu'on brûle, c'est les récoltes ! Il va bien falloir trouver une solution, sinon, je me demande comment ça va se terminer.

François, impatient, sortit un billet de cent dollars et indiqua que Cheng-Hi, son majordome, viendrait prendre ses affaires.

– On vous regrettera, monsieur Follet, dit Daltrey avec un sourire fielleux. Faudra nous rendre visite, de temps en temps.

Le soir même, après le repas que lui servit Cheng-Hi, François alluma son premier cigare, assis dans un large fauteuil de rotin, sur la terrasse de sa nouvelle résidence. Il eut la sensation que le voyage s'interrompait pour longtemps, pour une longue, très longue escale.

La nuit était douce. Quelques ondées avaient rafraîchi l'air et son esprit vagabondait autour de Sarah.

Cheng-Hi, pour son premier dîner, s'était révélé un excellent cuisinier. Il avait préparé du poisson au piment, en s'excusant de ne pas avoir une cuisine suffisamment équipée pour réaliser des plats plus compliqués, nids d'hirondelles, ou chenilles grillées, pour donner la mesure de son talent. Il tint à montrer ensuite qu'il avait une large conception de son métier de majordome. La tête inclinée, les mains dans les manches de sa vareuse, il vint trouver François.

– J'ai quelqu'un pour vous, dit-il en souriant.

Puis il se retourna et fit un signe. François sourit. Devant lui, une ravissante petite Chinoise au teint pâle, une longue natte noire tombant sur une chasuble de soie blanche incrustée de fleurs printanières, baissait les yeux, les joues à peine colorées de rose.

– C'est ma nièce, fit Cheng-Hi. Elle est arrivée du Setchuan, le mois dernier... Parle pas anglais, mais très douce. Elle vous tiendra bonne compagnie, Mister Foyette.

François refusa de la tête. Cheng-Hi marqua un court instant d'étonnement, puis se ressaisit, avec un large sourire.

– Je comprends, dit-il, l'air entendu, je comprends... comme mister Mooney.

C'est le lendemain, à la même heure, après le dîner que François comprit ce qu'il voulait dire. Cheng-Hi vint vers lui et lui chuchota, complice :

– J'ai quelqu'un à vous présenter.

François vit alors s'approcher un jeune Chinois d'une quinzaine d'années, aux yeux impertinents et aux oreilles décollées, vêtu d'un ample pyjama bleu nuit, un petit calot sur la tête. Cheng-Hi dit :

– Foun-Hieng, un neveu qui vit Downtown.

François éclata de rire.

– Cher ami, fit-il, devant l'air ahuri de son majordome, si vous devez me présenter toute votre famille, organisez un repas, un banquet. On fera connaissance d'un seul coup.

Cheng-Hi resta perplexe... Le lendemain, son interrogation disparut : Sarah vint au ranch Mooney.

Depuis quelque temps, elle alternait les moments d'abattement et de gaieté. François comprenait que son humeur variait avec la santé de son père. Il avait profité d'un jour où elle était joyeuse pour l'emmener au ranch. Dans les allées que Gordon Moorehead avait commencé à éclaircir, par une fin d'après-midi lumineuse où le parfum des jasmins se mêlait à celui de l'herbe mouillée, ils remontèrent, enlacés, jusqu'à la grande demeure.

Devant les quatre colonnes qui soutenaient le portique et marquaient l'entrée, François désigna l'immense villa d'un geste de la main, avec une certaine vanité. Sarah éclata de rire.

– Seriez-vous atteint du mal du Pacifique, monsieur le Français, de la folie des grandeurs ?

Il sourit.

– Je n'ai nullement l'intention de faire de cette résidence un palais royal !

Ils entrèrent. Le hall était encore vide, mais propre, l'immense escalier débarrassé de la poussière avait retrouvé sa majesté et son éclat.

– Je n'ai acheté cette propriété que pour une qualité, la plus grande à mes yeux. Son prix...

Il ouvrit une haute porte, sur la droite, et laissa Sarah entrer la première.

– Sais-tu, Sarah, que le ranch Mooney souffre d'une affreuse réputation ? C'est aussi ce qui m'a décidé à l'acheter.

Parvenue au milieu de la pièce, elle fut sur le point de faire à François des compliments sur la manière dont il avait décoré la pièce, les meubles de bois ciré, les napperons sur le long buffet, le tapis de lahau-hala qui donnait au salon un aspect

168

hawaïen traditionnel, malgré le luxe des doubles rideaux de velours rouge aux cordons dorés, le lit posé contre le mur, drapé d'une couverture bariolée de couleurs vives, et d'une avalanche de coussins de soie, cadeaux de Cheng-Hi. Elle s'approcha de son amant et lui caressa la joue.

– Ignores-tu, François, que je suis née à Honolulu, que je suis une Haolè? Je connais très bien le ranch Mooney et sa mauvaise réputation. Rien ne me fait plus plaisir que de te voir redonner la vie à cet endroit merveilleux.

– La vie, Sarah, c'est toi qui l'apportes ici, fit-il, en l'enlaçant.

Elle se laissa aller contre lui avec tendresse et il la serra dans ses bras. Quand il posa un baiser sur son cou, la jeune femme tressaillit de tout son corps. Il la sentit tendue, vibrante de toute sa chair. Sa bouche remonta vers son visage et Sarah y jeta ses lèvres, impatiente.

Lorsqu'il l'allongea sur le lit, elle ferma les yeux, les joues brûlantes, répétant son nom dans une supplication avide. Il l'embrassa plus passionnément. D'une main, il remonta doucement le long des bas de soie blanche et effleura sa peau. Son murmure se perdit en une longue plainte et, libérée de la souffrance de l'attente, elle put s'abandonner à l'épanouissement de son plaisir...

Le soir venait, peuplant d'ombres la pièce où les amants, enlacés, somnolaient. Sarah devait partir. Elle s'habilla devant François et cet acte simple et intime, qu'elle effectuait pour la première fois devant un homme, la ramena au plaisir obscur qu'elle avait ressenti. Elle embrassa François une dernière fois sur le perron, avant de monter dans sa carriole, mais ne lui fit pas la confession du sentiment étrange qu'elle éprouvait. Elle garda secret l'aveu qu'elle avait failli lui faire après l'amour, quand elle avait posé sa tête sur sa poitrine : « C'est une joie sublime de t'appartenir. »

François Follet resta plus d'une semaine sans voir Sarah... Le temps que dura l'agonie de Peter Brinsmade.

C'est Gordon Moorehead qui le mit au courant.

– Il faudra m'excuser monsieur Follet, dit-il en retirant son chapeau de paille déchiré sur le côté. Je crois que je ne vais pas être bien vaillant au travail. Avec Mlle Sarah, on n'a pas dormi de la nuit... M. Brinsmade a eu une crise, hier, un peu avant minuit.

– Mon Dieu... Sarah, laissa échapper François.

Le vieux Gordon avait compris les liens qui unissaient François à la fille Brinsmade. Il prit les devants, d'une voix douce, tout en tournant son chapeau d'un geste embarrassé.

– Il ne faut pas chercher à voir Mlle Sarah, en ce moment, monsieur Follet... Elle veut être seule avec son père. Elle sait que ce sont les derniers jours, peut-être... Elle veut se garder pour lui, sans voir personne d'autre.

Il ajouta, pour rassurer François :

– Et puis, elle ne veut pas montrer sa douleur. Le chagrin, c'est secret, ça ne regarde personne.

François s'inclina devant la volonté de Sarah d'affronter seule, aidée du jardinier, l'agonie de son père. Chaque jour, Gordon Moorehead venait au ranch. Bien que François l'eût dispensé de sa tâche, il tenait à venir surveiller la croissance des arbres fruitiers, les pousses, les greffes, arroser les massifs de fleurs naissantes, à l'heure tiède du crépuscule. François déploya plusieurs soirs suffisamment d'astuce pour convaincre le vieux jardinier anglais de dîner avec lui.

De révélations en confidences, entre potage au vermicelle et rouleaux de printemps, François finit par reconstituer ce qu'avait été la vie de Peter Brinsmade, et comprit la place qu'occupaient les Brinsmade, à l'écart du monde haolè d'Honolulu.

Peter Brinsmade avait une vingtaine d'années quand il arriva à Honolulu. On était en 1834 et Hiram Bingham croyait, plus fort que jamais, que « les Hawaï » filaient sur la route du Paradis. Peter Brinsmade n'était pas un missionnaire comme les autres. Il avait commencé par se distinguer, à vingt ans, en débarquant à Honolulu célibataire. Il écornait ainsi l'une des règles intangibles des évangélistes de Boston... « J'ai trop le respect du sacrement du mariage pour épouser une femme par commodité... » C'était à prendre ou à laisser. Hiram Bingham avait pris : Peter Brinsmade était dévoué, infatigable dans l'évangélisation des Canaques, parcourant les îles à cheval, au cœur des forêts, et vaillant à clouer des planches pour édifier des temples évangélistes. Il n'en soufflait mot pendant les assemblées. Mais il trouvait la source de son action autant dans la Bible que dans Jean-Jacques Rousseau. Un beau jour de 1843, alors qu'il était dans les îles depuis près de dix ans, il provoqua une réunion des principaux missionnaires.

– Le royaume d'Hawaï va au naufrage, leur dit-il. L'alcoolisme ravage la population. En fait de paradis, on va finir dans un dépotoir. Sans compter la syphilis. Il faut voir la situation avec réalisme.

Avant de tout quitter pour Hawaï, Peter Brinsmade avait été le secrétaire d'un homme d'affaires new-yorkais qui avait vendu en Europe des terres de Floride et d'Arizona... « Faisons la même chose.

Nous ferons entrer de l'argent dans les caisses du royaume et avec cet argent nous soignerons la population. » Les débats furent âpres. Le premier conseiller Judd finit par donner son accord et Peter Brinsmade partit pour l'Europe proposer les terres d'Hawaï.

– Quand il est revenu, conclut un soir le vieux Gordon Moorehead, mis en verve par le verre de rhum que François lui avait servi, M. Brinsmade était au désespoir. Il n'avait rien vendu... Alors, tous les Haolès d'Honolulu lui sont tombés dessus. Il avait échoué, il avait donc tous les défauts : « Ça vous apprendra à pactiser avec le diable ! » Judd a été jusqu'à lui faire un procès, à cause de ses frais de voyage, pour dilapidation des deniers de la couronne ! Depuis, Peter Brinsmade s'est mis à l'écart du monde des « missionnaires ». Il aimait ce pays et il voulait y rester... On lui a proposé de donner des leçons de français, au collège, au séminaire, et il a accepté. Quand, quelques années plus tard, les missionnaires se sont découvert des âmes d'exportateurs de fruits et sont devenus riches, Peter Brinsmade les a regardés avec mépris. Judd a ensuite instauré la propriété foncière, le grand *mahalé*, et les missionnaires ont insisté pour que Brinsmade n'ait droit à aucune terre. « Vous pensez bien, Brinsmade, lui dit Judd sans ménagement, que votre conduite pendant ces dernières années ne vous donne pas droit au '' grand partage ''. »

– C'est ignoble ! s'écria François.

– Les missionnaires, c'est serpents et compagnie, confirma Gordon. Moi, j'ai mon bonheur sur terre. J'ai ma petite Agnès. Les missionnaires, je ne les fréquente pas... Brinsmade a pensé comme moi. Dans ces années-là, il a rencontré la fille d'un négociant en alcool de San Francisco. Il l'a épousée et ils ont été heureux... Les missionnaires, ils s'en moquaient bien. Sarah est née de leur amour, mais sa naissance a coûté la vie à sa mère... Voilà, conclut Gordon, le regard brouillé. La suite vous l'imaginez. Peter Brinsmade a protégé Sarah de toutes ses forces. Un homme est capable de bien des merveilles, vous savez... Pour Sarah, il a été à la fois son père et sa mère, l'autorité et la tendresse. Sarah était une jolie petite fille vive et toujours gaie. S'il n'y avait pas eu les missionnaires, elle aurait eu une enfance heureuse.

– Que lui ont-ils fait?

– Eux rien. Mais leurs enfants... Les chats ne font pas des chiens et les serpents engendrent des serpents... A l'école, des petites vipères lui faisaient des réflexions venimeuses, mais elle ne répondait pas. Elle tournait tout par le rire et la plaisanterie... Et puis un jour, un après-midi, je l'ai vue entrer en larmes dans le jardin. Elle avait dix ans. Pour la première fois, elle avait été invitée à un goûter, chez Emily Ladd, la fille d'un des missionnaires qui était devenu richissime grâce au sucre. Comme les autres...

Gordon Moorehead haussa les épaules, comme si, dix ans plus tard, il n'en revenait toujours pas.

– Cette pimbêche l'a obligée à prendre son bol de chocolat dans la cuisine, avec les domestiques. Elle trouvait qu'elle n'était pas assez bien habillée! Quand il a appris ça, Peter Brinsmade a été faire un scandale chez les parents : « Votre fille est à votre image. Vous n'êtes que des parvenus, des monstres d'égoïsme et de méchanceté... Il est beau, le Paradis sur terre! » Sarah a séché ses larmes, mais elle n'a plus jamais fréquenté les enfants des Haolès. Elle n'a même pas voulu retourner à l'école... C'est Brinsmade qui s'est chargé de son éducation...

Gordon Moorehead se leva. Il préférait retourner dans sa cabane, dans le fond du jardin des Brinsmade, au cas où Sarah aurait besoin de lui. Sur la terrasse, dans la lumière de la lampe à huile que Cheng-Hi avait allumée sur la table, il regarda une dernière fois François.

– Sarah, c'est une chic fille... elle mérite d'être heureuse.

– S'il ne tenait qu'à moi... répondit François, conscient que le vieil homme avait depuis longtemps percé ses sentiments.

– Sarah restera seule au chevet de son père. Je la connais. Elle pense que vous l'attendrez. Dès que son père... n'aura plus besoin d'elle, elle retournera vers vous. Elle viendra ici, au ranch Mooney.

Deux jours plus tard, Sarah fit son apparition. C'était la fin de la matinée. François, les manches retroussées, armé d'un marteau, des clous de tapissier entre les lèvres, aidait Cheng-Hi à fixer une tenture au mur, le long du grand escalier. Sarah portait une robe vert pâle et, malgré la chaleur de midi, un châle blanc sur les épaules. Comme si les heures de veille, la fatigue et l'immense lassitude qu'on lisait dans ses yeux l'eussent rendue frileuse. François se précipita à sa rencontre et comprit qu'elle ne souhaitait pas donner d'explication, encore moins recevoir de réconfort. Elle avait vécu des années seule avec son père. Elle garderait pour toujours ses derniers instants comme un trésor.

– Bonjour Sarah, fit-il simplement.

Elle resta muette quelques instants en regardant autour d'elle, puis prononça d'une voix douce :

– Mon père s'est endormi. Il a beaucoup souffert. Il est apaisé, maintenant.

174

Elle leva vers François des yeux verts, plus pâles, délavés par les larmes.

– Ici, on dit que tant que le défunt n'est pas installé dans sa dernière demeure, son âme flotte près de lui... Je sais que mon père n'est pas encore parti.

Elle ramena son châle sur ses épaules.

– Je crois qu'il ne partira jamais de notre maison. Pour moi, il sera toujours présent dans sa bibliothèque, à la grande table où nous prenions nos repas, dans le jardin qu'il aimait tant. Je sais que je ne pourrai pas vivre dans cette maison. C'est inexplicable... Je peux supporter la mort de mon père, mais pas son absence...

– Le ranch Mooney sera bientôt une magnifique résidence, Sarah. Tu pourrais t'y installer...

Elle esquissa un sourire.

– Vivre sous le même toit, pour un homme et une femme, c'est vivre comme des époux, murmura-t-elle.

– Alors, Sarah... veux-tu être ma femme ?

Sarah répondit oui.

Whisky Bill assista aux obsèques de Peter Brinsmade, le surlendemain, dans le petit cimetière de Nuuanu Valley. Il descendit d'une calèche conduite par un vieux Noir au regard fatigué, vêtu d'une livrée rouge et d'un grand chapeau claque. De chaque côté de son attelage, quatre Canaques, pieds nus, un simple pagne de rafia autour des reins et une lance à la main, lui servaient d'escorte. Le révérend Sturphy Miles, pasteur de la communauté évangéliste, lisait un passage de la Bible. Devant lui, l'assemblée était clairsemée. Sarah se tenait, seule et droite, devant la tombe. Derrière elle, Bishop, Robson, Moorehead et François Follet, tête nue et regard lointain, se retournèrent à l'arrivée de Whisky Bill. La haie d'honneur que formèrent les quatre gardes emplumés et l'allure même de Whisky Bill, vêtu d'un élégant costume beige et d'une lavallière de soie rouge, des chaussures impeccablement cirées aux pieds, donnèrent à la pauvre cérémonie un aspect solennel.

Sa présence à l'enterrement de Peter Brinsmade n'était pas fortuite. Depuis son arrivée à la tête du royaume, Whisky Bill se révélait non seulement soucieux des responsabilités de sa charge, mais également fin politique. En assistant aux obsèques de son ancien professeur que Chamberlain avait, en son temps, contribué à persécuter, il affirmait son indépendance vis-à-vis de son premier conseiller et des missionnaires de Nuuanu Valley.

William Lunalilo était habité par le sentiment de la disparition proche de son peuple et ne prenait plus son métier de roi à la légère. Il passait de nombreuses heures, chaque jour, à se faire expliquer les dossiers par Bishop. « Mon doux ami, lui répétait-il, il faut trouver une solution. Nous devons remplir les caisses du royaume pour sauver mon peuple. – Pour cela, nous n'avons qu'une issue, répondait Bishop : un accord avec les Etats-Unis... »

Lorsque Sarah fut repartie dans la villa de son père, après que Sturphy Miles eut dit l'absoute et que chacun eut jeté une rose sur le cercueil, Bishop et François firent quelques pas dans le silence du cimetière :

– Tu as pensé à ce que je t'ai dit, l'autre jour ? demanda Bishop.

– Mon avenir est dans les îles! répondit François. Dans un mois, deux au plus, je serai marié... J'aurai épousé Sarah!

Bishop sursauta et s'arrêta, les yeux ronds :

– Sarah Brinsmade ? C'est incroyable, Frenchie !
Tu sais...

Bishop s'arrêta in extremis. Il allait dire : « Méfie-toi. Sarah est une petite chatte qui vient ronron-
ner près de toi, se frotter contre tes jambes parce
que tu es un homme mûr. Que cherche-t-elle ? Je
ne sais pas... Peut-être à assouvir totalement
l'amour qu'elle portait à son père. Ce que je sais,
c'est qu'elle n'est jamais tombée amoureuse d'un
garçon de son âge. Quand elle avait seize ans, elle
en a pincé pour Peter MacRoary. Je peux aussi te
raconter comment, l'année dernière, elle s'est
éprise du commandant d'une frégate américaine
qui était venue relâcher par ici. C'était un homme
qui avait largement dépassé la quarantaine. L'heureux homme a eu droit à une visite guidée
d'Oahu... » Mais Follet était son ami. Il ne voulait
rien gâcher.

– C'est une grande nouvelle, François ! s'exclama-t-il. Par ton mariage, tu vas devenir citoyen
du royaume d'Hawaï. J'établirai moi-même ton
passeport... Et pour ton avenir... matériel, tu y as
pensé ?

– J'accepte ta suggestion, répondit François
d'un ton assuré. Je vais acheter des terrains
sucriers. Je ferai désormais partie des planteurs
d'Hawaï.

11

Le mariage de Sarah et de François fut célébré un mois plus tard, en septembre 1872. Le révérend Sturphy Miles accepta de venir jusqu'au ranch Mooney pour donner la bénédiction nuptiale, mais il ne s'attarda pas. L'union de la belle Sarah Brinsmade et de ce Français fortuné, probablement papiste, ressemblait trop à une provocation à l'égard des riches Blancs dont il était le pasteur.

Une dizaine d'invités seulement se réunirent après son départ autour du buffet que Cheng-Hi avait préparé avec fierté. Sur une nappe blanche, c'était une profusion de mets parfumés et de fruits appétissants : poissons aux piments doux, volailles aux ananas, rouleaux de soja, mangues et kiwis étaient accompagnés de punchs variés et de citronnade fraîche. Vêtue d'une robe à crinoline blanche dénudant avec grâce ses épaules et sa gorge, Bethsabée Hartford était la seule présence féminine aux côtés de Sarah. C'était son unique amie. Après l'avoir embrassée et complimentée sur son éclatante beauté, Bethsabée se fit présenter François.

– Vous avez la responsabilité du bonheur de Sarah à présent, monsieur Follet, lui dit-elle avec une certaine émotion.

François allait répondre quand Bishop vint se mêler à eux.

– Connaissez-vous notre ministre des Affaires étrangères, mon ami Charles Bishop? fit-il.

– On parle beaucoup de vous en ce moment, monsieur le Ministre...

– Le sujet n'en vaut pas la peine, madame.

– On vous dit plus influent que Chamberlain.

– On me surestime... Tenez, nous aurons tout à l'heure la visite de Sa Majesté Lunalilo. Eh bien, tout le monde va penser à Honolulu que c'est moi qui l'ai manigancée. Il n'en est rien. Le roi William tient à témoigner, de son propre chef, son affection à la fille d'un homme dont il a toujours apprécié le dévouement et le courage...

François admira la façon dont Charles, en quelques mots, avait fait comprendre à celle qui représentait les riches Haolès que Whisky Bill, en rendant hommage à feu Peter Brinsmade, entendait mener sa politique sans tenir compte de leurs opinions. Bishop apprenait vite les subtilités de la diplomatie...

– Je vous enlève le marié, poursuivit Charles, avec un sourire.

– Soit, accepta Sarah en prenant le bras de Bethsabée.

Elle lança à son mari un regard implorant qui semblait dire : « Ne m'abandonne pas trop longtemps! »

En se dirigeant vers le buffet, Bishop et François s'arrêtèrent devant Gordon Moorehead et Tom Robson, endimanchés et en grande conversation un verre de punch à la main.

– Les Anglais complotent? ironisa François.

Agrippée au pantalon de son père, Agnès Moorehead, vêtue d'une jolie robe rose, des rubans de soie nouant deux bouts de cheveux crépus au-dessus des oreilles, regardait le marié, intimidée.

– J'ai quelqu'un à te présenter, annonça Bishop. C'est un ami, je me suis permis de l'inviter...

L'homme avait une cinquantaine d'années. Dégustant une mangue derrière le buffet, il se faisait expliquer par Cheng-Hi une recette chinoise qui semblait d'une haute complexité. D'une élégance un peu hautaine, son seul luxe était un petit chapeau de paille clair, un canotier, accessoire vestimentaire jusque-là inconnu dans les îles.

– Henry Pierce, présenta Bishop.

Henry Pierce, large sourire, regard noir et tempes grisonnantes, correspondait bien à l'image que François se faisait d'un ambassadeur des Etats-Unis dans le royaume d'Hawaï.

– Permettez-moi, monsieur Follet...

Il entraîna François à l'écart vers une petite table dressée au fond du jardin, à l'ombre d'un cèdre. Sur la nappe, un long coffret plat aux ferrures d'argent avait été mis en évidence.

– ... mon cadeau de mariage.

François souleva les fermetures ciselées : dans l'écrin tendu de satin, de magnifiques couverts d'argent se mirent à resplendir dans le soleil... Bishop arriva avec des verres de punch et les trois hommes s'assirent autour de la table.

– Vous me mettez mal à l'aise, monsieur l'Ambassadeur...

– Je ne suis pas seulement ambassadeur, mais aussi importateur et ce coffret provient de ma boutique de Punchbowl Street.

Il sortit de sa poche un long étui de cuir et leur offrit des cigares.

– Je suis aussi importateur de cigares...

– Vous êtes un homme précieux dans les îles, remarqua François.

– Je voudrais être un homme précieux pour les îles... Un mariage est un moment merveilleux et grave. Comme vous, monsieur Follet, je me suis marié à quarante ans. Ce jour-là, j'ai eu l'impression que je changeais de peau. J'ai compris que j'avais en charge une vie autre que la mienne.

François regardait Henry Pierce, un léger sourire sur les lèvres. Il se demandait où voulait en venir son interlocuteur.

– Craindriez-vous, monsieur l'Ambassadeur, que je ne sois pas en mesure de faire face aux dépenses de mon ménage ?

– Je ne redoute rien de tel, protesta Pierce... Mon ami Bishop, qui vous accorde bien des qualités, m'a souvent parlé de vous. Je vous sais nanti d'une certaine fortune qui vous met à l'abri des difficultés matérielles. Vous avez acheté une résidence superbe, vous avez engagé des domestiques. Vous aurez bientôt un attelage et un équipage. Mais si vous ne mettez pas de bois dans la cheminée, votre feu s'éteindra.

François se raidit. Pierce dépassait les bornes et se mêlait de ce qui ne le regardait pas. Il allait le remettre à sa place.

– Je me suis mal exprimé, s'excusa Pierce... C'est tout l'archipel d'Hawaï qui va à la ruine. L'avenir n'est guère encourageant. Pour personne, ni pour vous ni pour moi.

– Charles m'a vendu cinq cents hectares de ses terres dans la Grande Ile, répondit François. J'ai accepté à cause du prix exceptionnellement bas qu'il m'offrait et de la qualité du terrain. La canne à sucre y pousse toute seule, à l'état naturel.

Bishop tirait nerveusement sur son cigare.

– Mais je crois me souvenir, continua François

qu'il m'a fait espérer une reprise de l'activité sucrière par la levée des taxes dans les ports californiens. N'affirmiez-vous pas, Excellence, que le gouvernement américain ne pourrait supporter le déferlement dans les villes de l'Ouest de milliers de planteurs hawaïens ruinés par les taxes?

– Si tu veux, s'emporta Bishop, je te rachète dès aujourd'hui les terres que je t'ai vendues. T'auras même du bénéfice...

– Allons, cher ami, fit Pierce, ne vous énervez pas. C'était l'analyse que je faisais de la situation il y a encore quelques semaines. Depuis, j'ai des informations en provenance de Washington qui m'amènent à corriger mon jugement... Le lobby des sucriers américains est beaucoup plus puissant que je l'imaginais. Le président et le Congrès n'envisagent pas pour le moment de supprimer les barrières douanières. Pour ne rien vous cacher, les planteurs ruinés de Hawaï ne leur arrachent aucune larme. « Les Haolès ont édifié des fortunes colossales sur la dévastation des Etats du Sud. Vous n'allez pas nous faire sangloter sur le destin de profiteurs de guerre? » Voilà ce qu'on entend un peu partout, à la Maison-Blanche, dans les couloirs du Congrès et au Département d'Etat. Quant à l'arrivée prévisible des planteurs dans les villes de Californie j'ai reçu une instruction de mon ministre. On leur refusera l'entrée sur le territoire. On les enverra en Australie. C'est un beau pays et c'est vaste. Ils ne gêneront personne.

Pour la première fois, François sentait naître un sentiment d'inquiétude au fond de lui. L'ambassadeur Pierce avait raison : se marier c'est prendre en charge une autre vie. N'être responsable que de soi, c'est n'être responsable de rien.

– On n'a pas dit notre dernier mot, Frenchie,

intervint Bishop. Faut pas nous enterrer tout de suite... N'est-ce pas, Henry?

– Le défaitisme ne mène à rien, confirma l'ambassadeur.

– Soyez clair, coupa François d'un ton sec. Si vous connaissez une façon de sauver l'archipel de la faillite, expliquez-vous. Je me sens concerné.

Henry Pierce prit un certain temps avant de répondre.

– Les Américains sont des gens contradictoires. D'un côté, ils défendent leurs intérêts, grâce aux barrières douanières. De l'autre, ils sont sensibles et généreux. S'ils sentent qu'on a besoin d'eux, qu'on les appelle à l'aide, ils fondent. Les Américains sont comme des enfants. Ils ont besoin qu'on les aime.

François ne comprenait pas où l'ambassadeur voulait en venir.

– J'ai du mal à vous suivre... Dans la pratique, que peut-on faire? Leur envoyer des mots d'amour?

– Vous n'êtes pas loin de ce que je propose, monsieur Follet. Il faut en effet leur envoyer des billets doux. Mais pas sous forme de lettre... sous forme de journal!

Charles Bishop prit la parole :

– C'est en feuilletant le *Polynesian* que j'ai eu l'idée... Je n'y voyais que des articles rédigés par les vieux missionnaires sur les horaires des messes ou les naissances dans les familles chic. Je l'ai fait remarquer à Chamberlain. « Vous pourriez parler un peu de Whisky Bill. C'est tout de même le roi... » Il s'est moqué de moi! La meilleure solution pour dire ce qu'on veut, c'est encore de créer un journal. Alors j'ai pensé à toi......

– A moi? demanda François, les yeux ronds.

– Tu m'as bien dit que tu avais été imprimeur, que tu pouvais composer un journal tout seul!

– Admettons, coupa François... Mais je ne vois pas le rapport entre un journal, le sucre, l'amour pour les Américains et le reste...

– Nous envisageons de créer ici un journal qui exprimera l'amitié de la population hawaïenne pour le peuple américain, monsieur Follet. Tout simplement. Grâce à lui les Américains connaîtront l'existence d'un courant d'idée qui leur est favorable, dans un archipel du Pacifique dont pour l'instant ils ignorent jusqu'à l'existence.

– Le président Grant connaît notre existence! s'insurgea François.

– Bien sûr, répondit Pierce avec un large sourire. Comme tous nos hommes politiques. L'important ce ne sont pas les sénateurs, les membres du Congrès, ou le président. L'important, c'est l'Américain moyen, l'homme de la rue. C'est lui qui imposera son point de vue aux hommes politiques. Mon ami Alfred Mahan, un jeune officier de marine versé dans les problèmes stratégiques, m'a cité un jour une phrase d'un général prussien, un certain Clausewitz : « L'opinion publique est un objectif militaire » disait-il. Croyez-moi, la lutte pour la sauvegarde du royaume d'Hawaï passe par une conquête : celle de l'opinion publique américaine.

François, perplexe, tira une bouffée de son cigare.

– Et vous estimez, Excellence, qu'un journal publié à Honolulu suffira à toucher l'opinion publique américaine? fit-il avec ironie.

– Sans aucun doute. Parce qu'il représentera l'authentique appel de détresse des Blancs d'Hawaï, d'origine américaine... Vous me comprenez, monsieur Follet. Pour le reste, nous veillerons à le faire parvenir à certains journalistes qui sauront en parler à leurs lecteurs.

Bishop, l'attention attirée par un attelage entrant dans le parc, posa sa main sur le bras de Pierce pour l'interrompre.

– Whisky Bill est de parole, il vient saluer les mariés.

Les trois hommes se levèrent d'un même mouvement. Comme ils se dirigeaient vers le buffet où Whisky Bill, au milieu des invités, présentait ses félicitations à Sarah, l'ambassadeur conclut à voix basse.

– Convenons d'un rendez-vous chez moi avec Bishop... L'affaire que je vous propose, monsieur Follet, est la seule qui, en ce moment, puisse vous rapporter de l'argent. Ce n'est pas négligeable. Pensez-y.

François, méfiant, se tourna une dernière fois vers l'ambassadeur. A mi-voix, il demanda :

– Cette affaire peut être intéressante pour moi ? C'est à discuter... Je vois mal, en revanche, votre intérêt dans l'opération, Excellence...

– Vous oubliez que je suis aussi importateur de produits américains. Des objets de luxe en majorité. La ruine de mes clients serait la mienne.

Whisky Bill accueillit François avec un grand sourire.

– Votre mariage, monsieur le Français, remplit notre cœur d'aise, dit-il avec douceur. Vous et votre femme construisez, dès aujourd'hui, une vie de bonheur. Je vous souhaite un avenir très heureux. Je voudrais en dire autant de celui de mon peuple...

Au crépuscule, après le départ des invités, le silence tomba sur le ranch Mooney. Cheng-Hi avait allumé quelques lampes dans le grand salon qui servait provisoirement de chambre nuptiale. Sarah n'avait pas voulu attendre la fin des travaux pour se marier et ce soir elle ne le regrettait pas : grâce à François, elle passait sans heurts de son ancienne vie à la nouvelle. Quand il entra, elle le contempla dans la pénombre, avec un mélange de bonheur et d'appréhension. Elle aimait ses cheveux grisonnants, son visage où, çà et là, des rides se creusaient, son corps puissant et svelte qui la rassurait. Il se glissa enfin entre les draps brodés et sa peau nue lui donna le vertige.

Dans la nuit, François Follet sortit sur la terrasse. Sarah s'était endormie, pelotonnée contre son oreiller : pour la première fois il l'avait vue enfant.

« Créer un journal ! » L'enthousiasme le gagnait si fortement qu'il en effaçait presque la joie d'avoir épousé Sarah. Il jubilait à l'idée de se lancer dans la bataille, examinant déjà en désordre les questions pratiques qu'il faudrait régler. « Faire le tour de la Terre pour en arriver là ! » se disait-il, incrédule. Il ne put s'empêcher d'éclater de rire tout seul en revoyant l'atelier de la rue Vivienne, et son père, manches relevées, serrant les vis sur les formes, ou passant la brosse sur les pages composées. Il se rendit compte qu'il était dans le même cas que Ted MacVigan et que l'amiral de Villeneuve avait raison : quand le destin a choisi un métier ou un amour, il s'y tient. Il est capable d'aller vous chercher à l'autre bout du monde.

Une semaine plus tard, Henry Pierce, Charles Bishop et François Follet engagèrent les négociations sur la création du journal. Ils se réunirent, un matin, au domicile de l'ambassadeur, une villa luxueuse située sur le flanc ouest du Punchbowl.

– Votre projet m'intéresse, annonça d'entrée François. J'ai fait une rapide estimation des frais, immeuble, typographie, salaires. Je ne peux pas me lancer seul dans cette aventure, vous vous en doutez.

– Telle n'était pas mon idée, fit l'ambassadeur.

– Il nous faut environ trente mille dollars.

– Soit. Investissons chacun dix mille dollars, proposa Bishop.

– C'est d'accord. Mais sachez qu'un journal n'est rentable qu'au-dessus d'un certain tirage.

– Cinq mille exemplaires par jour, cela conviendrait? demanda l'ambassadeur.

– Je vois mal comment on pourrait en vendre mille dans tout l'archipel!

– Mille exemplaires dans le royaume, ce sera un objectif ambitieux, confirma Pierce, nullement décontenancé. L'essentiel est que notre journal soit connu aux Etats-Unis. J'ai un commanditaire à San Francisco... Je m'engage, en son nom, à vous en acheter un certain nombre, chaque jour.

– Combien?

– Quatre mille...

Devant les yeux écarquillés du Français, il précisa :

– Les Etats-Unis sont un grand pays. Il n'est pas à la dimension de l'archipel d'Hawaï. C'est un continent!

– Soit, conclut François. Puisque c'est un continent qui nous fait l'honneur d'acheter quatre mille exemplaires quotidiens d'un journal hawaïen, acceptons-le comme un don du ciel.

Pendant trois mois, François se consacra sans relâche à la réalisation du quotidien. Il se jeta dans l'aventure avec une ardeur qu'il n'avait pas connue depuis sa jeunesse et qui le sortait avec éclat des mois de paresse qui avaient suivi son arrivée dans les îles.

Dix heures par jour, il allait aux quatre coins de la ville, déployant des trésors d'ingéniosité pour trouver ou commander le matériel nécessaire, les presses, les rotatives, le plomb, l'encre, le papier, jusqu'aux tables et aux crayons. Il prévoyait sa comptabilité, les rédacteurs qu'il faudrait engager et les salaires qu'il faudrait leur verser. Dans Beretania Street, il dénicha enfin un immeuble à deux étages et put y installer ses locaux. Dès lors, il commença à se sentir dans la peau d'un directeur de journal. Cela lui convenait.

Sarah ne protesta pas devant l'absence de son mari, des journées entières. Au contraire... Elle était fière de le voir lancer le premier grand journal de la ville. Pour ne pas être en reste, elle se chargea de la remise en état définitive, et dans le moindre détail, du ranch Mooney. Deux pièces furent aménagées à l'étage, une chambre d'amis et la chambre conjugale, avec son grand lit tendu de blanc, ses murs recouverts de tissu rose imprimé de fleurs carmin, ses coussins de soie rouge jetés sur un rocking-chair d'ébène et de rotin. Elle décora le grand salon de magnifiques bouquets de fleurs et y installa dans un coin un bureau recouvert de cuir vert pour François. Elle surveilla la réfection des peintures sur la façade, engagea une lingère et demanda à Cheng-Hi de recruter une cuisinière pour le seconder, ce qu'il fit aisément, disposant autour de lui, selon son expression, « d'une très grande famille ». Elle passait volontiers des heures dans le jardin, auprès de Gordon Moorehead, en sandales et robe de lin, les mains dans la terre, à planter des rosiers ou des plants d'orchidées.

Le soir pour le dîner, en attendant son retour, elle prenait le temps de se préparer pour l'honorer. Assise devant la coiffeuse de bois blanc, elle brossait ses longs cheveux et les nouait en chignon ou les bouclait en deux anglaises qui retombaient, soyeuses, dans le creux des épaules. Elle se parfumait d'ambre et de chèvrefeuille et essayait plusieurs robes, choisissant celle qui mettait le mieux en valeur sa poitrine ferme. Lorsque, à la nuit tombée, François revenait et qu'elle entendait sur le gravier de l'allée les roues de la calèche qu'il avait achetée, elle courait se jeter dans ses bras. Ils s'abandonnaient l'un à l'autre dans un baiser passionné, à la lumière des torches posées sur les colonnes de l'entrée et finissaient par éclater de rire quand Cheng-Hi, invariablement, pestait en chinois contre le cheval, un bel alezan nommé Sardanapale, qu'il devait mener à l'écurie parce que son patron n'avait pas encore engagé de palefrenier. Sarah, pendant le dîner, était suspendue aux paroles de François, passionnée par le moindre détail de sa journée. François, lui, se plongeait avec un égal bonheur dans le regard brillant d'excitation de sa femme.

Les nuits se réchauffaient au fur et à mesure que s'éloignaient vers les lointains rivages de l'Asie les nuages de la saison des pluies. Sur le lit, Sarah se tendait, plaintive, lorsque la bouche de son mari tardait trop à se poser sur ses lèvres brûlantes. Puis elle se laissait aller au plaisir trouble de s'offrir à son ardeur. Elle lui donnait tout, mais pour elle était-ce suffisant ? Elle rêvait de s'offrir davantage. François se conduisait en seigneur. Elle désirait obscurément qu'il se comportât en maître.

Le 20 janvier 1873, parut le premier numéro du *Morning News*. Epuisé, les traits tirés mais les yeux fous de bonheur, François demeura de longues minutes à contempler le premier exemplaire sorti des presses. Il retrouvait les plaisirs de son enfance, l'épaisseur du papier et l'odeur de l'encre : le bonheur de la page imprimée.

Le soir, dans l'immeuble de Beretania Street illuminé, Bishop offrit des punchs aux fruits de la passion pour fêter cette naissance. Encouragé par Son Excellence Henry Pierce, et sous le regard de Sarah, tremblante d'admiration, François dut prononcer le discours de circonstance :

– Le *Morning News* est à l'image du royaume d'Hawaï. Au rez-de-chaussée, c'est le monde chinois. L'imprimerie, où nous sommes, fonctionne grâce aux lettrés venus de l'autre côté du Pacifique. Un empereur fou a décidé d'exterminer tous les intellectuels de Mandchourie. Certains travaillent dorénavant pour nous... Allez comprendre comment ces hommes, voués aux choses de l'esprit, savent se servir de rotatives fabriquées à New York ! Au premier étage, au marbre, les typographes sont canaques. Remercions les missionnaires de les avoir éduqués au séminaire et de leur avoir appris un métier. A la demande de mon ami Bishop, le dernier étage, celui de la rédaction, est le domaine des Haolès. Je me suis rangé à son avis : nous avons préféré choisir comme rédacteurs des jeunes gens issus du monde des petits planteurs ruinés par la chute du sucre, pour ne pas avoir à leur expliquer les nécessités d'un accord avec les Etats-Unis ! En matière de journalisme, la conviction aide souvent le talent.

François, un verre de punch à la main, se tourna enfin vers un Canaque d'environ vingt-cinq ans, grand, costaud et souriant, vêtu d'un pantalon de toile et d'une chemise de lin claire, largement ouverte sur sa poitrine.

– Dans cette histoire, William Pitt n'est pas à sa place, continua François. Eh bien! je prétends le contraire... William Pitt sera un rédacteur en chef idéal.

La petite assemblée applaudit à tout rompre la nomination inattendue d'un Canaque à ce poste important. C'est Sarah qui avait orienté le choix de François et de Bishop sur William Pitt.

– Mon père l'a eu comme élève, avait-elle expliqué. Il le trouvait intelligent, et excellent rédacteur... Et puis, c'est un très lointain cousin de Whisky Bill et il parle canaque. C'est important...

– Précieux même! s'était exclamé Henry Pierce. Un indigène, rédacteur en chef d'un journal hawaïen favorable aux Etats-Unis, c'est inestimable. Mes compatriotes vont fondre d'émotion.

François avait accepté d'engager le jeune homme. Il avait, effectivement, toutes les qualités annoncées. Un point l'intriguait toutefois... Son nom : William Pitt. Quand la première édition fut bouclée et les morasses descendues à l'imprimerie, il se décida. Avec un sourire découvrant des dents magnifiques, William Pitt lui expliqua l'origine de son nom. Originaire de Niihau, l'île où le *Discovery* de James Cook avait abordé pour la première fois en 1778, il avait passé les premières années de sa vie au milieu de sa communauté, une famille d'une cinquantaine de membres, entre les paillotes aux toits d'herbe et les cocotiers du bord de mer. Au temps de son enfance, raconta-t-il, la vie était encore réglée selon les usages traditionnels; les femmes n'étaient pas admises à manger avec les hommes et la consommation de porc leur était interdite. L'existence passait, paisible et paresseuse, en dehors du temps, lorsqu'un couple d'Anglais était venu s'installer dans leur île perdue. C'était un pasteur anglican et sa femme, venus évangéliser les païens. Ils construisirent une église, une école, baptisèrent tous les garçons du village et leur donnèrent des prénoms chrétiens. Pour faire bonne mesure et les éloigner plus sûrement du diable, ils leur attribuèrent un patronyme anglo-saxon. Quand tous les Brown, les Smith et les Simpson furent épuisés, ils en arrivèrent aux hommes célèbres. C'est ainsi qu'un garçonnet hawaïen était devenu William Pitt. Il aurait pu plus mal tomber : dans sa classe, il y avait un Horacio Nelson et un William Shakespeare...

Sarah, serrée contre François qui conduisait la calèche vers le ranch Mooney, lui dit qu'elle connaissait cette pratique.

– La mode s'est étendue dans toutes les îles et les missionnaires américains s'en sont donné à cœur joie, expliqua-t-elle. Mon père m'a raconté qu'au cours de sa vie à Hawaï, il avait été amené à rencontrer une bonne vingtaine de George Washington, autant de Benjamin Franklin, une petite compagnie d'Abraham Lincoln et quelques Thomas Jefferson. Et même un Christophe Colomb !

En février, le grand soleil s'installa de nouveau sur les îles. Par un bel après-midi, sur une falaise escarpée de Kaneohe Bay où ils étaient retournés comme en pèlerinage, François et Sarah aperçurent au large un troupeau de baleines franches qui se promenait, paisible dans la longue houle. Les évents s'élevaient à intervalles réguliers et Sarah avoua que c'était la première fois qu'elle voyait un troupeau aussi nombreux. Il lui était arrivé de découvrir un couple de baleines le jour où, enfant, elle avait accompagné son père chez un ami qui demeurait à Lahaïna, un port de la côte ouest de

l'île de Maui. Ils avaient pris un clipper et, pendant la traversée, un couple de cétacés s'était approché à quelques milles. Son père lui avait dit que les baleines venaient leur dire bonjour.

– Ces animaux sont nos frères, murmura François en se remémorant la formule du captain Carrington...

Il prit Sarah dans ses bras, subitement ému.

– Février est un mois béni pour les baleines franches. C'est le mois des rencontres, des amours et des naissances...

– Si le mois de février est le mois des naissances, fit-elle avec malice, il faut que j'en profite...

– Tu veux dire...?

Elle fit oui de la tête et se serra plus fort contre lui :

– J'attends un enfant de toi, murmura-t-elle.

12

LES ventes du *Morning News* ne cessaient d'augmenter. Bientôt le millier d'exemplaires destinés aux lecteurs de l'archipel n'y suffisait plus. A peine engagés dans les rues, les petits vendeurs à la criée chinois se voyaient assiégés. De jour en jour, on ne se procurait plus le *Morning News*, on se l'arrachait.

Sarah se disait qu'elle aussi brûlait les étapes, passant en moins d'une année de la situation de jeune fille à celle d'épouse et de future mère. François, malgré son bonheur, ne pouvait comprendre, pensait-elle, ce moment de sérénité que procure l'enfantement, ce lent cheminement où la vie donne la vie, où les richesses de son propre corps se mêlent et se dédoublent.

Bishop venait régulièrement au ranch Mooney. François et Sarah, après chacune de ses visites, évoquaient les changements dans son comportement.

– Il paraît soucieux, disait Sarah... Il s'inquiète de la santé de Whisky Bill. Je crois qu'il prend trop à cœur les difficultés du royaume...

– Sans doute. L'état de l'archipel reste alarmant, répondait François.

Il ne disait pas le fond de sa pensée. D'ailleurs,

comment eût-il pu formuler ce qui n'était que doute et intuition? Bishop prenait ses fonctions au sérieux mais ce n'était pas tout. Il semblait y prendre du plaisir. François l'avait deviné à une succession de petits détails : Bishop multipliait les contacts avec Pierce sans lui en parler; plus tard lorsque les Banks, une famille de missionnaires ruinée par la chute du sucre, avaient mis en vente leur propriété, véritable palais tropical, Charles Bishop l'avait acquise. Comme François Follet lui avait demandé avec quoi il avait financé cet achat, Bishop avait laissé tomber, imperturbable : « J'ai vendu des terrains dans la Grande Ile... deux mille hectares environ, à des amis d'Henry Pierce. »

Quelques jours après, François apprit de la bouche de William Pitt que Henry Pierce avait également servi d'intermédiaire dans l'achat de la plantation sucrière des Banks. Bishop ne lui en avait pas soufflé mot.

Un soir de juin, Bishop passa en coup de vent. Il éclatait de joie, chaleureux, vêtu d'un costume clair, la tête nue et les cheveux longs blonds battant sur ses épaules.

– Demain, je vous invite à un pique-nique! Vous ne sortez jamais. Nous irons à la mer! Dans la baie de Pearl Harbor! Tu ne connais pas l'endroit, Frenchie? Des collines surplombant l'étendue transparente des eaux de la plus belle baie du monde... On étalera une nappe sur le sable blanc d'une plage, à l'ombre des cocotiers. On dégustera des pistaches grillées, du gingembre confit, et on boira des punchs aux fruits de la passion. Les Hawaïens viendront nous offrir des ananas contre une bouteille de whisky. Nous ferons un retour aux origines! Alors, Frenchie, qu'est-ce que tu en dis?

– Je me demande quelle mouche te pique,

répondit François, amusé. Sais-tu, cher Bishop, que Sarah est enceinte de six mois ? Je ne connais pas le chemin qui mène à Pearl Harbor, mais je l'imagine : caillouteux, défoncé... Nous allons passer deux heures à nous faire secouer comme des cocotiers dans notre petite calèche... Sans compter Sardanapale qui refusera sans doute d'avancer.

– Laisse ton Sardanapale tranquille. Je m'occupe de tout.

Le lendemain, en fin de matinée, François et Sarah, stupéfaits, virent Bishop descendre d'un magnifique landau, tiré par deux chevaux à la robe luisante. C'était une voiture longue et confortable, avec deux banquettes de cuir rouge.

– Les crises économiques ont parfois du bon, expliqua Bishop. J'ai acquis cet attelage pour une bouchée de pain chez un voiturier de Punchbowl Street...

Il se tourna vers Sarah et lui ouvrit la porte avec cérémonie :

– Tu vois, je prends soin de toi...

Deux canotiers étaient posés sur une banquette. Il en mit un sur sa tête et tendit l'autre à François.

– Ce chapeau est la dernière folie de San Francisco... C'est un cadeau que nous fait Pierce !

Ils étaient assis à la lisière d'une petite plage de la baie de Pearl Harbor quand des Hawaïens débarquèrent en pirogue pour leur souhaiter la bienvenue et goûter leur nourriture. Plus tard trois vagabonds barbus et en haillons, marchant tranquilles les pieds dans l'eau, les saluèrent de loin d'un geste amical. Au milieu de l'après-midi, alors qu'ils s'étaient allongés à l'ombre des cocotiers et que Sarah, la tête appuyée sur l'épaule de François, fermait les yeux pour mieux savourer la douceur de l'instant, Bishop alluma un cigare et laissa tomber :

– C'est un endroit exceptionnel, n'est-ce pas ? Certainement une des plus belles baies du monde... Regardez-la bien : si tout se passe comme prévu, d'ici quelques mois, Pearl Harbor ne fera plus partie du royaume d'Hawaï.

Sarah, surprise, ouvrit les yeux et François se tourna vers Bishop.

– C'est une information exclusive que te donne le ministre des Affaires étrangères, continua-t-il. Tu pourras l'annoncer dans le *Morning News*... Whisky Bill a reçu hier Son Excellence Henry Pierce et lui a officiellement demandé de transmettre au président Grant la proposition suivante : si les Etats-Unis lèvent les taxes qui frappent le sucre, nous leur céderons la baie de Pearl Harbor. C'est une baie en eaux profondes. Ils pourront y installer, en toute propriété, une base navale. Je crois que nous allons sortir de l'impasse. L'offre est séduisante. Les Américains ne refuseront pas.

– Dis donc, Bishop, c'est toi qui as eu cette idée ?

– Oui... Enfin, je veux dire... c'est Henry Pierce qui m'en a d'abord parlé, mais c'est moi qui ai convaincu Whisky Bill. Je trouve que c'est un excellent projet. Dans six mois, l'argent tombera de nouveau dans les caisses du royaume.

Deux jours plus tard, le *Morning News* publia une édition spéciale. Sur toute la largeur de la première page, en gros caractères, il titrait : « Suppression des taxes sur le sucre en perspective. » Et en dessous : « Sa Majesté William Lunalilo propose la baie de Pearl Harbor contre la levée des taxes sur le sucre. »

Ce numéro obtint un succès tel qu'il fallut retirer d'urgence. En se promenant le long du front de mer, François Follet perçut un frisson d'excitation qui courait parmi les passants. On s'interpellait d'un trottoir à l'autre, on se montrait le journal, on riait et on se frottait les mains. Le monde des Blancs d'Honolulu, non seulement les missionnaires mais les commerçants, les cafetiers, les hôteliers et jusqu'aux petits employés du port, tous les Haolès du royaume retrouvaient l'espoir.

Quelques jours plus tard, William Pitt entra dans le bureau de François Follet. A la main, il tenait une petite feuille de papier imprimée qu'il tendit à François.

— L'offre de cession de Pearl Harbor aux Américains n'a pas que des partisans, fit-il. Voici un tract que l'on distribue en ce moment, dans les rues.

— Un tract ?

— Un tract tiré à des milliers d'exemplaires. Il est distribué par de jeunes Chinois. Tu peux lire, c'est intéressant.

François prit le papier entre ses mains et lut à voix haute.

PEUPLE DE DIEU, PEUPLE D'HAWAÏ

Cette terre qui vous nourrit et que vous chérissez; ce ciel que vous sanctifiez, ces flots qui vous abreuvent et que vous glorifiez appartiennent à Celui qui, dans son amour infini, vous les a légués à jamais. Ils appartiennent à Dieu et à Lui seul! A l'heure ultime du rachat et de la rédemption, peuple de Dieu, peuple d'Hawaï, les comptes seront réglés. « Qu'avez-vous fait de mes dons, demandera le Seigneur. Qu'avez-vous fait de mon legs ? » Oserez-vous lui répondre : « Seigneur, nous l'avons troqué pour quelques dollars à une poignée de fripouilles » ? Non, même dans le Pacifique, même dans la baie de Pearl Harbor, le royaume de Dieu n'est pas à vendre! Faisons

fructifier les dons que nous a prodigués le Sei-
gneur et qu'Il conduise le peuple d'Hawaï au
royaume des cieux et à la vie éternelle. Amen.
                              Walter Murray Gibson

François reposa la feuille sur la table et se laissa
aller contre son fauteuil, incrédule.

– Walter Murray Gibson... Tu connais?

William Pitt eut une moue dubitative.

– Tu as questionné les petits Chinois? insista
François.

– Ce sont des enfants qui attendent l'arrivée des
navires pour porter les valises des passagers et
offrir de l'opium. On leur a donné la pièce pour
distribuer ces feuilles de papier. Ils n'en savent pas
plus.

– Walter Murray Gibson... Ce n'est pas un nom
d'ici. C'est sans doute un métis.

William Pitt fit non de la tête.

– Je ne crois pas... Ce nom me rappelle quelque
chose. Je crois me souvenir d'un Blanc, un Européen ou un Américain, qui portait ce nom... Gibson. Il venait de temps en temps rendre visite au
roi Lot. C'était un drôle de type. Je l'ai rencontré
un jour, sortant du palais Iolani. Il était grand,
majestueux et devait avoir une cinquantaine d'années. Il portait une longue cape noire. Le plus
étonnant, c'était ses cheveux! Ils étaient blancs,
immaculés... Je n'en avais jamais vu de pareils!

– Tu n'en sais pas plus?

– On disait qu'il était assez influent auprès de
Lot... Laisse-moi quelques semaines. Je te prépare-
rai un dossier...

Le jeune rédacteur en chef sembla reconstituer
ses souvenirs...

– Je me souviens, maintenant, fit-il... Walter
Murray Gibson est un mormon.

La stratégie de Walter Murray Gibson était-elle de provoquer un coup de tonnerre soudain, puis de retourner à son silence? Les semaines passèrent sans qu'Honolulu entendît à nouveau parler de lui. François décida d'abandonner l'enquête sur l'auteur du tract, probablement un illuminé.

– Il y a des sujets plus importants à traiter en ce moment, expliqua-t-il à Pitt. L'inquiétude grandit chez les petits planteurs. Il faut sans cesse faire des reportages sur leur situation financière, et ne pas laisser passer une journée sans expliquer l'importance de la baie de Pearl Harbor pour les Etats-Unis. On peut se dispenser de s'occuper d'un fou comme ce Walter Gibson.

Un soir de juillet, François Follet vit Bishop entrer dans la salle de rédaction du journal. Il était tard. L'édition était bouclée, les rédacteurs étaient partis... la grande pièce aux bureaux encombrés de papiers était déserte. Il comprit qu'il s'était passé quelque chose de grave. Bishop avançait, les mains dans les poches, le regard lointain. François s'inquiéta :

– Ça ne va pas, Bishop? Que se passe-t-il?

L'Américain s'appuya contre une table et annonça d'une voix sourde :

– Peter MacRoary est mort.

François sortit une bouteille de whisky d'un tiroir. Bishop but silencieusement. Au deuxième verre, il se mit à parler.

– Tu vois, Frenchie, on se croit très fort, on se démène pour les autres et c'est les autres qui ont ta peau. D'une façon ou d'une autre. MacRoary s'est battu contre la lèpre... Et c'est la lèpre qui l'a tué. Il se savait malade, mais il n'osait pas se l'avouer. Il croyait à son traitement, aux bains de mercure. Et il est mort, la déception au cœur. Le mercure n'est pas plus efficace que les prières du frère Damien... Quand il a compris qu'il était perdu, que ses doigts étaient insensibles, qu'il devenait aveugle, il s'est confectionné un cocktail à sa façon, et il s'est endormi... Needle-doc n'est pas mort de la lèpre, il est mort d'avoir trop aimé ce pays.

Aux premières ondées de septembre 1873, Sarah donna naissance à un garçon. Elle attendit d'avoir recouvré un peu de force, de s'être noué les cheveux et d'avoir passé une chemise de nuit de soie blanche pour laisser entrer François. Dans ses bras, elle tenait son enfant, qui poussait encore des hurlements rageurs. Elle leva les yeux vers son époux, une lueur d'amour et de fierté dans le regard.

– Tu m'as fait un bel enfant... Il sera comme toi. Doux et fort, dit-elle.

François, plus impressionné qu'il ne voulait le paraître, se pencha vers elle et l'embrassa avec tendresse. Puis il contempla son fils qui se mit à crier de plus belle.

– Suis-je d'humeur aussi difficile? demanda-t-il en riant. Tu me donnes un grand bonheur, Sarah...

– C'est moi qui me sens pleine de gratitude pour toi. J'ai pensé... qu'il devait porter un nom français. Je voudrais qu'il s'appelle Pierre. Comme ton père... Ce sera une façon de se souvenir plus tard que tu as eu ta part dans la vie de ce pays.

Les yeux de François s'embuèrent sous l'émotion.

– C'est aussi pour te remercier... Et pour te dire que je t'aime, conclut-elle.

On frappa discrètement à la porte : Gordon Moorehead, avec un sourire éclatant, se tenait à l'entrée de la chambre, son chapeau de paille à la main.

– Je viens présenter mes félicitations à mademoiselle Sarah, fit-il en s'approchant du lit.

– C'est un garçon et il s'appelle Pierre, déclara Sarah épanouie.

– Je sais qu'il sera heureux...Dites-moi : il est né à quelle heure ?

– Je crois qu'il était un peu plus de huit heures...

– C'est extraordinaire ! s'exclama Gordon. Au même moment, à quelques kilomètres d'ici, ma femme a donné naissance à une petite fille. En quelque sorte, mademoiselle Sarah, nous avons fait des jumeaux !

François éclata de rire.

– C'est un jour béni, Gordon...

– Pour moi oui, monsieur Follet. Je suis père pour la deuxième fois. C'est une petite fille, à la peau de pomme brûlée et aux grands yeux noirs, qui s'appelle Adélaïde. Mais ma femme a pleuré sans que je puisse la consoler : elle voulait un garçon blond aux yeux clairs.

« Le bonheur, se disait François, est d'autant plus fort qu'il vient plus tard. »

La crise économique qui secouait l'archipel ne le troublait pas outre mesure. Au contraire... Le *Morning News*, glorifiant l'amitié avec les Etats-Unis et laissant prévoir une suppression imminente des taxes sur le sucre, augmentait ses ventes de jour en jour. Au début de l'année 1874, le tirage fut porté à six mille exemplaires. Henry Pierce continuait à en acheter quatre mille et François finit par ne plus rien trouver d'obscur à ces achats massifs.

Bishop, en revanche, semblait mal se remettre de la disparition de son ami MacRoary. C'est ainsi que François interprétait le changement qui affectait son comportement.

Charles venait fréquemment le retrouver dans la salle de rédaction du journal, d'où l'on pouvait voir les bateaux qui avaient allumé leurs feux pour la nuit sur les eaux assoupies de la baie. Il regardait les morasses du journal du lendemain.

– C'est bien de te donner tout ce mal, Frenchie, de laisser croire que la suppression des taxes est pour bientôt, disait-il. Je crains que Whisky Bill ne voie jamais un tel accord. Sa santé décline au fur et à mesure que le traité est retardé...

Au moment de partir, il demanda un soir à François de faire quelques pas avec lui sur le front de mer. Amarré à un wharf, un clipper embarquait des familles, de lourdes valises au bout des bras. A l'autre bout du ponton, on déchargeait des carrioles.

– Les petits planteurs quittent les îles, observa Bishop.

– Le traité devient urgent.

Bishop hocha la tête, désabusé.

– Je ne te l'ai pas dit, mais j'ai rencontré cet après-midi un envoyé du secrétariat d'Etat en visite dans le Pacifique.

– Un diplomate américain?

– Oui. Je lui ai exprimé notre souhait de voir lever les taxes. Il m'a dit : « Nous en avons parlé avec le président Grant. Cette éventualité a été rejetée. »

Les deux hommes firent un pas de côté pour laisser passer un chariot croulant sous les fruits.

– Ce sont bien eux qui ont raison, fit Bishop, avec lassitude en le regardant passer. Les mormons ont trouvé la solution. Ils ne touchent pas à la canne à sucre.

François, encore sous le coup de la réponse du plénipotentiaire américain, ne s'arrêta pas au fait que les mormons en question étaient des Canaques vêtus à l'européenne. Il reprit :

– S'ils ne suppriment pas les taxes, le désastre est pour bientôt...

– C'est ce que je lui ai fait remarquer. « Une catastrophe sans nom se prépare », lui ai-je dit. Et tu sais ce qu'il m'a répondu ? « Il faut bien qu'un ouragan tombe quelque part... Si on vous sauve du déluge, on enverra se noyer les planteurs d'Alabama et de Louisiane. Nous avons fait notre choix ! » Il n'y a plus rien à faire, Frenchie. Et pourtant, j'ai tout essayé, fait toutes les propositions possibles...

François l'observa, étonné.

– Quelles propositions as-tu faites ?

– C'est... C'était une idée de Pierce. J'ai offert aux Etats-Unis un accord plus large que la seule utilisation de Pearl Harbor. J'ai annoncé que nous pourrions envisager une certaine forme... d'annexion.

– Une annexion ? Rien que ça ! Tu vas un peu loin !

– Ce n'est pas la peine de te mettre dans cet état, Follet, l'Américain m'a ri au nez : « Vous me prenez pour un enfant ? On vous annexe, vous devenez américains et vous ne payez plus de droits de douane. Non merci ! Quant à la baie de Pearl Harbor, gardez-la. Les bâtiments de guerre sont très disgracieux, surtout les vapeurs : ils dégagent beaucoup de fumée. Pearl Harbor est une merveille de la nature : ne détruisez pas le paysage. » La vérité est tout simplement que les Américains ne veulent pas de nous !

François aimait se promener avec Sarah dans le parc du ranch Mooney, son fils dans les bras. Il s'alarmait d'un rien, de pleurs répétés, d'une perte d'appétit que lui seul avait remarquée; et Sarah qui marchait près de lui, un bras passé autour de sa taille, riait de ses inquiétudes.

En mars, Nalani vint s'installer dans leur demeure. C'était une jeune Hawaïenne que Sarah avait engagée comme nurse. Ses longs cheveux noirs soyeux, qui encadraient son visage rond, descendaient jusqu'à ses reins.

– C'est important que notre fils ait une nurse hawaïenne, expliqua Sarah. Pierre, malgré son prénom, est un vrai enfant de l'archipel. C'est un Haolè d'Hawaï. Il doit s'endormir comme tous les enfants d'ici, en écoutant les berceuses et les légendes hawaïennes. Nalani est la fille d'Opuhaïa. Elle connaît les dieux et les génies qui vivent dans les îles, dans la profondeur des volcans ou dans les rochers du fond de la mer. Elle lui apprendra le monde... Et elle saura lui masser les pieds.

– Lui masser les pieds?

Sarah lui posa le bout de l'index sur le nez.

– Tu ne sais pas encore que, pour les Canaques, l'âme est indépendante du corps, et qu'elle est d'une nature turbulente et dissipée? Mon chéri, ton ignorance m'attriste! Pour les Blancs, on vit et on meurt. Pour les Hawaïens, la mort n'existe pas. C'est seulement l'âme qui en a assez d'être prisonnière d'un corps. Elle prend la fuite... Et pour retrouver sa liberté, elle passe par les pieds. Chez les enfants, le corps est faible et l'âme vigoureuse et indisciplinée. Il faut donc leur renforcer les pieds, les masser longuement pour que l'âme ne s'échappe pas.

– Dans ces conditions, ma chère Sarah, tu as

bien fait d'engager cette fille, reconnut François. Je vérifierai qu'elle passe suffisamment de temps chaque soir à palper les pieds de notre fils. Mais peut-être conviendrait-il également, pour plus de sécurité, d'envisager l'achat d'une paire de chaussures?

Le lendemain, alors qu'il descendait Punchbowl Street pour rejoindre le *Morning News* et diriger l'édition de la nuit, François eut envie de s'arrêter prendre un verre au *Liberty*. Il n'y avait pas mis les pieds depuis un an. Derrière son comptoir, il retrouva avec plaisir le gros Daltrey dont l'humeur était toujours aussi aigre.

– Tiens, vous voilà! s'exclama celui-ci en lui versant à boire. Vous voyez, les affaires sont en dégringolade... Je ne vends plus rien. Sauf du bourbon. Les clients s'imaginent qu'en buvant ça, ils obtiendront la grâce du président Grant! A ce propos, dit-il d'un ton fielleux, je vous félicite pour votre journal. Le *Morning News* nous redonne un peu d'espoir..

– Je vous remercie, coupa François.

Il se retourna pour jeter un coup d'œil dans le salon.

– J'espérais mettre la main sur Stuart Brookster. C'est une de mes plus anciennes connaissances dans les îles.

Daltrey haussa les épaules.

– Pas vu ce gentleman depuis une éternité... Evidemment, la chute du sucre fait fuir tout le monde. Un, par contre, que j'ai vu, c'est Sa Majesté Whisky Bill. Il est venu samedi soir. Pour une fois le *Liberty* était comble, comme aux plus beaux jours... Sa Majesté avait sérieusement glissé sur un bouchon. Il est passé vingt fois du rire aux larmes et a offert tournée sur tournée à tout le monde, à la santé du peuple canaque et des Américains.

Après le bourbon, il s'est mis à pleurer : il se demandait où était passé Bishop, son frère, comme il dit, et il s'est mis au punch pour le faire venir. Vous voyez le mélange. A un moment, il a enlevé ses chaussures et il s'est mis à délirer contre les missionnaires, en dansant debout sur le bar ! Tenez, la grosse Josépha, en trente ans de métier, elle en a connus, des déglingués. Eh bien, quand elle a vu Whisky Bill dans son numéro, elle est restée sans voix. Elle a fini par dire : « Ben alors, celui-là, il est pas ordinaire... »

François reposa tranquillement son verre et jeta une pièce de cinquante *cents* sur le bar. En coiffant son panama, il laissa tomber, méprisant :

– Monsieur Daltrey, il est possible que nos efforts aboutissent à un accord avec les Etats-Unis. Les affaires alors redeviendront florissantes. Votre hôtel affichera complet. On se bousculera autour du pianola, et du bar. Vous ramasserez alors une fortune que vous ne méritez pas.

Le patron du *Liberty* le fixa d'un regard rond. François poursuivit :

– Quand on ne pense plus qu'à compter sa caisse, quand on ne voit plus dans les êtres humains que des clients, on devient comme vous, monsieur Daltrey : on passe à côté du monde. On traite le cœur de diamant brut de Whisky Bill comme les épaves de la grosse Josépha. On confond les poivrots et les désespérés.

13

UN soir de mars 1874, un secrétaire du palais Iolani entra, essoufflé, dans le bureau de François, un message à la main. Sur un papier à en-tête du royaume, Bishop avait griffonné : « Whisky Bill agonise. Il souhaite te voir. Fais vite ! » François laissa William Pitt boucler l'édition et se précipita au palais. Dans une simple chambre aux murs d'herbe et au toit de palme, allongé sur un simple lit de bois, le roi William Lunalilo était en train de mourir. Son visage s'était creusé de souffrance, les belles teintes d'acajou brûlé s'étaient voilées de gris, sa bouche aux larges dents blanches s'était mouillée d'écume. L'agonie donnait au doux Whisky Bill l'apparence d'un animal sauvage... Ses bras maigres reposaient au-dessus d'une couverture blanche et ses mains fines s'agrippaient à la laine pour retenir la vie. Ses grands yeux noirs étaient devenus vitreux et regardaient déjà très loin, de l'autre côté du monde. Bishop se tenait silencieux à son chevet.

– ... Merci d'être venu, monsieur le Français, laissa échapper le roi dans un souffle douloureux... Je ne voulais pas partir sans vous dire adieu...

Il parut apaisé. Tout à coup, une veine de son cou se mit à palpiter, puis des tremblements agitèrent son corps. Bishop se précipita. Le thorax de Whisky Bill se souleva et sa tête fut rejetée en arrière. Ses yeux s'écarquillèrent dans une lueur de désespoir.

– Mon Dieu... Mon peuple.

Puis il se contracta tout entier et retomba inerte.

Bishop glissa doucement une main sur le front et les yeux de son ami. Il n'y avait pas dans ce geste la moindre tristesse. Simplement l'immense soulagement de savoir que Whisky Bill avait fini de souffrir.

Malgré la foule des marins qui s'y pressait – une escadre espagnole de trois frégates relâchait dans la baie depuis l'aube –, Bishop et François parvinrent à se glisser jusqu'au comptoir du *Folie's*.

– Qu'est-ce que vous prenez, monsieur le Ministre? La maison est heureuse de vous offrir le premier verre.

Bishop attrapa le barman par le revers de son gilet.

– C'est pas fini, ces singeries? Je suis pas ministre. Je suis juste l'ami de Whisky Bill, roi de Hawaï. Saisi?

Le barman devint blême et balbutia, tremblant :

– Certainement... monsieur le Ministre!

Bishop le lâcha, découragé.

– Apporte-nous deux bourbons...

Le brouhaha du *Folie's* apaisa les deux hommes.

– C'est curieux, finit par dire Bishop en reposant son verre. J'ai connu MacRoary et Whisky Bill au même moment, à quelques mois près, et ils sont partis tous les deux, maintenant... pour ainsi dire ensemble.

– MacRoary n'était-il pas un ami d'enfance? demanda François.

– Les amis d'enfance sont rarement les bons. Ils nous sont donnés, comme notre famille. On leur accorde la même indulgence qu'aux vieux souvenirs... MacRoary, lui, je l'avais rencontré à vingt ans, dans un bar, à Boston.

– A Boston?

– La ville des évangélistes, confirma Bishop, le siège du Bureau américain des missions... Hawaï rôdait déjà dans ma vie. D'ailleurs, ma première bagarre, je l'ai connue dans une taverne de la ville avec des baleiniers anglais qui revenaient, précisément, d'Hawaï. MacRoary traînait par là. Il venait de terminer ses études de médecine. Et c'est sur moi qu'il a fait ses premiers points de suture.

Bishop désigna son front du bout de l'index.

– En ce temps-là, il était sur le point d'aller s'installer dans un port du Pacifique, à Portland, dans l'Oregon. Son oncle y était marchand de bois. Pour gagner du temps et chercher l'aventure, on a décidé de faire le voyage en bateau. On a fait le tour du continent par le cap Horn. Au large du Nouveau-Mexique, après des semaines et des semaines de voyage, on a retrouvé le soleil... et un superbe ouragan qui nous a entraînés, sur un clipper démâté, dans le nord-ouest, jusqu'au port d'Hilo, dans la grande île. Le clipper est reparti sans nous.

– Entre-temps une belle princesse hawaïenne était tombée amoureuse de toi, c'est cela?

– Tu n'y es pas, Frenchie, corrigea Bishop avec mélancolie. Bernice était une adolescente qui avait le même rêve que toutes les filles d'Hawaï : avoir un enfant blond aux yeux bleus, c'est tout. Pour le reste, elle n'avait pas la moindre idée de ce que nous appelons l'amour. J'ai essayé une fois de lui expliquer, mais j'ai renoncé. Je lui ai dit : « Une femme amoureuse n'a envie de faire l'amour qu'avec un seul homme. » Elle m'a répondu, étonnée : « Pourquoi un seul? Le plaisir, c'est de changer. » J'ai insisté : « Si elle l'aime, lui seul existe. Elle pense à lui tout le temps, elle ne veut d'enfant que de lui. Elle veut mourir s'il meurt! » Bernice a ouvert des yeux ronds. Elle a eu l'air très triste, s'est frappé la tête avec le poing et m'a dit : « Nous aussi, on a des malheureux, des fous. Ça arrive. Souvent, ils se prennent pour des dieux. J'en ai connu un, quand j'étais petite, qui se prenait pour un oiseau. Il pensait qu'il allait flotter dans les airs. Il a fini par se tuer : il s'est jeté d'une falaise. Mais, une femme " amoureuse ", j'en ai jamais connu! »

Bishop lança un coup d'œil à François, en portant son verre à ses lèvres :

– Ils sont tendres et fidèles en amitié, ça leur suffit largement. L'amour, c'est la possession de l'autre, c'est un sentiment de propriété. Et les Hawaïens ignorent la propriété... La propriété, c'est comme Jésus-Christ, le plus fort de tous les dieux : une idée de Blanc. Quand je lui ai demandé l'autorisation de vendre des terrains, elle a éclaté de rire : « Nous ne pouvons pas vendre la terre sur laquelle nous marchons! Demain, si tu veux, je vendrai l'air que nous respirons et les vagues qui se brisent sur les rochers, et même les nuages dans le ciel! »

Il eut un mouvement de lassitude.

– Maintenant, sans Whisky Bill, le pays me paraît dérisoire. Inutile... C'est pour lui que j'ai accepté d'être ministre, que j'ai négocié avec les Américains. A présent, c'est terminé. J'arrête ici.

– Que va devenir le royaume si le traité n'est pas signé? demanda François d'une voix douce. Whisky Bill n'aurait pas souhaité que tu abandonnes...

– Whisky Bill voulait surtout sauver son peuple. C'est un combat perdu d'avance. Tout ceci ne m'intéresse plus... J'ai connu vingt ans d'amitié avec Whisky Bill et MacRoary. C'était trop beau. Il va falloir que je paie la note. Un peu chaque jour, pendant des années... Des années de solitude.

Le lendemain, dans la salle de rédaction du *Morning News*, chacun y alla de son commentaire. C'était l'animation fiévreuse que vivent les journaux pendant les grands événements. On discutait de l'endroit où serait enterré Whisky Bill, sans doute près d'Hilo, dans la palmeraie où il avait vécu si longtemps avec Bishop. On cherchait surtout à en savoir davantage sur le nouveau roi, désigné depuis plusieurs mois par l'assemblée des chefs, David Kalakaua.

Les quatre rédacteurs du journal étaient trop jeunes pour avoir entendu parler de Kalakaua. William Pitt, lui, était au courant. Il répondit aux questions avec un sourire éclatant.

– A quoi ressemble David Kalakaua? C'est un grand gaillard d'une cinquantaine d'années, avec un torse de buffle, une tête de bouledogue et deux énormes rouflaquettes sur les joues, à la manière des marins britanniques. C'est un dur à cuire. Il ne se laissera pas facilement manœuvrer...

– Pourrait-il refuser la signature d'un traité avec les Etats-Unis? interrogea François.

– Peut-être, mais il sera contraint d'accepter. Il a trop besoin du trésor des planteurs. Mais pas pour les mêmes raisons que Whisky Bill. Il en aura besoin pour son compte personnel. C'est un noceur redoutable, aimant réunir des tablées de plusieurs dizaines de convives. De plus, il a une passion...

William Pitt s'arrêta pour ménager ses effets et augmenter l'impatience qu'il sentait naître.

– David Kalakaua est un flambeur! Il a la passion du jeu, la folie du tapis vert. Par-dessus tout, d'après ce qu'on raconte, il brûle pour les cartes, c'est un enragé du poker! Il est connu pour cela jusque dans les tripots malfamés de San Francisco.

Amos Forster entra brusquement. C'était un journaliste de vingt ans, aux cheveux blonds et au visage poupin, le reporter le plus passionné et le plus malin de la rédaction. Il était hors d'haleine et la transpiration collait ses cheveux sur son front.

– Monsieur Follet! Il se passe des événements graves, cria-t-il.

Amos Forster, à bout de souffle, s'affala sur une chaise et attendit de retrouver sa respiration avant de s'expliquer :

– Il y a une émeute dans les rues... C'est la révolution!

L'assemblée resta muette de stupeur. François garda son sang-froid et demanda :

– Dis-nous plutôt ce que tu as vu, mon petit.

– Ça se passe dans Punchbowl Street, à la hauteur du *Liberty*. Des hommes armés ont renversé des chariots pour faire des barricades. Ils ont mis le feu à des cageots.

– Combien sont-ils? coupa William Pitt, nerveusement.

– Au moins deux cents. Tous des Blancs... Ils tirent en l'air et terrorisent tout le monde. Ils ont dressé une grande banderole sur laquelle ils ont écrit en lettres rouges : « A bas Kalakaua, vive la princesse Emma. »

– C'est incroyable! Allez tous aux nouvelles,

ordonna François. Posez des questions, renseignez-vous... Je veux un maximum d'informations ! Pendant ce temps, nous allons refaire la mise en page avec William. Nous vous gardons toute la première page !

Resté seul avec François dans le clair-obscur de la salle de rédaction, Pitt laissa libre cours à sa stupéfaction.

– La princesse Emma ! Elle aurait donc des partisans prêts à faire la révolution dans les rues d'Honolulu pour l'amener au pouvoir ? Sans que personne en ait vu la trace jusqu'à ce jour ? Je n'arrive pas à y croire...

– Emma n'est-elle pas réputée pour son amour immodéré de l'Angleterre ? questionna François.

– Bien sûr, comme feu le roi Lot... De là à trouver dans son entourage, des gens capables de pousser l'anglophilie jusqu'à faire un coup d'Etat !

François se leva, soudain excité par la déduction qu'il venait de faire.

– Dans son entourage ? Il n'est composé que de Canaques... Et les émeutiers sont des Blancs. Voilà la faille !

– Je ne comprends pas, fit William Pitt, impavide.

– C'est pourtant simple. Le Foreign Office envoie des mercenaires pour imposer à Hawaï un monarque qui lui soit favorable. La princesse Emma, devenue reine, fera très bien l'affaire. La voilà, la solution ! Les Anglais redoutent qu'Hawaï se rapproche trop des Américains. Ils n'ont pas dû avaler l'histoire de Pearl Harbor et craignent sans doute de perdre leur position dominante dans le Pacifique !

William Pitt affecta une moue sceptique.

214

– Toi et Bishop, vous voyez des Anglais partout! Ça ne tient pas.

– Alors, rabattons-nous sur les jeunes partisans du retour aux origines dans les îles, les...

– Les « Plumes d'oiseau »? Impossible. Ils souhaitent le départ des Blancs de l'archipel. Mais de tous les Blancs. Ils sont autant anti-anglais qu'anti-américains... Et, de plus, ils sont tous canaques!

– Et cet illuminé qui a sorti ce tract délirant contre la cession de la baie de Pearl Harbor, Walter Gibson?

– J'y ai pensé un instant, enchaîna William Pitt. Mais je n'y crois pas non plus; à chacun son délire : un coup d'Etat contre le futur roi Kalakaua ne me semble pas correspondre à l'état d'esprit d'un mormon, ennemi de la violence par conviction spirituelle.

A cet instant Amos Forster arriva en courant dans la salle de rédaction.

– On tient la vérité, monsieur Follet! s'écria-t-il. Les révolutionnaires ont remonté jusqu'au palais Iolani... Ce sont des Anglais.

Follet se leva et se frotta les mains.

– Qu'est-ce que je te disais, mon petit William! Albion est dans les îles. Allons voir ça de plus près.

Dans Punchbowl Street, trois chariots renversés bloquaient la rue, mais le calme régnait. Quelques badauds tournaient paisiblement autour de cette barricade et des torches de résine éclairaient un groupe d'hommes assis par terre, désœuvrés, comme abandonnés à leur sort. L'Union Jack s'étalait, bien en évidence, sur le flanc d'un chariot. François et William Pitt se dirigèrent vers eux. Ils se dressèrent d'un seul coup et se mirent à gesticuler en braillant : « Nous en avons assez des valets des Etats-Unis, dit l'un d'eux. Kalakaua ne viendra pas au pouvoir. On veut la princesse Emma. On ne va pas laisser ces Yankees faire la loi dans le Pacifique! » Un autre surenchérit : « Je suis un marin du *Tenedos*, un navire de guerre anglais. Nous avons été débarqués, il y a deux jours, sur une plage. Si nous ne suffisons pas, le *Tenedos* viendra nous prêter main-forte. »

François et Pitt revinrent, rassurés, au journal et titrèrent à la une : « Hawaï dans les griffes du lion anglais. » Mais ils passèrent soigneusement sous silence le peu d'émotion que suscitait « l'émeute ».

Le soir, après le bouclage, François montra la morasse de la première page à Sarah.

– Nous sommes plongés dans le tourbillon de l'actualité! déclara-t-il en riant.

– D'où peuvent bien sortir ces Anglais? demanda-t-elle après avoir lu son éditorial.

– Ce sont des mercenaires débarqués d'une frégate de la Royal Navy qui doit encore croiser dans les parages.

– Tu les as vus?

– Je les ai rencontrés dans Punchbowl Street. Ils campaient au milieu de la rue, tout à fait placides.

– La garde royale n'est pas intervenue?

– Je suis passé chez Bishop pour avoir des explications à ce sujet. Il n'a rien pu me dire. Pourtant, ils sont beaucoup moins nombreux que nous le pensions, à peine une cinquantaine. On pourrait les déloger rapidement.

Sarah se serra contre lui.

– Fais bien attention à toi... Ces hommes sont dangereux. Que deviendrais-je s'il t'arrivait quelque chose?

François sentit que le corps de sa jeune épouse s'enflammait, que sa gorge se pressait contre lui.

La perspective des dangers auxquels il aurait pu s'exposer aiguisait le désir de Sarah.

Le lendemain, la situation demeura inchangée. Les émeutiers étaient toujours installés dans Punchbowl Street. De temps en temps, ils se mettaient en marche et montaient vers le palais Iolani, qu'ils contournaient en tirant des coups de feu en l'air et en hurlant des slogans hostiles aux Américains. Ils brûlèrent une bannière étoilée puis redescendirent vers leur point de ralliement sans qu'aucun soldat hawaïen n'ait cherché à les arrêter. Tout était figé et rien n'indiquait comment les choses pouvaient évoluer... D'heure en heure, François devenait sceptique devant ce qui lui apparaissait comme une mascarade. Il décida même de ne pas envoyer à l'atelier l'éditorial qu'il avait rédigé sur « l'impérialisme britannique ».

– Quelque chose dans cette histoire n'est pas clair, dit-il à son rédacteur en chef. Mais je ne sais pas quoi.

William Pitt ne répondit pas. Lui non plus ne comprenait pas. La disparition de Bishop inquiétait davantage Follet. Non seulement le ministre des Affaires étrangères n'était pas venu au journal pendant les heures troublées que traversait Honolulu, mais il avait déserté son propre domicile. François s'était présenté le matin même chez lui : en vain. Le majordome chinois avait répondu que Mr. « Bissop » était absent depuis le matin. Nul ne savait où il était parti ni quand il serait de retour. L'ambassadeur Pierce, de son côté, avait condamné sa porte et fait savoir que sa fonction diplomatique lui imposait le devoir de réserve pendant cette période agitée. Le doute s'était définitivement installé dans l'esprit de François Follet.

Le lendemain, en fin d'après-midi, Lawrence

Tolhurst, un ancien artilleur de l'armée yankee, installé sur la pointe de Diamond Head et chargé de faire tonner le canon quand la goélette royale rentrait au port, signala un navire de guerre, qui dégageait une épaisse fumée noire au ras de l'horizon. La rumeur se répandit aussitôt dans la ville que le *Tenedos*, vaisseau britannique, venait donner un ultime coup de main aux émeutiers et porter un coup fatal au règne de Kalakaua. L'émeute prit une soudaine ampleur au fur et à mesure que le bâtiment s'approchait. Des jeunes gens, armés de fusils de chasse, fils de fermiers ruinés, avaient formé des groupes sur le front de mer pour faire face aux Anglais retranchés dans Punchbowl Street et aux agresseurs qui venaient de la mer.

François Follet et William Pitt se précipitèrent dehors, courant d'un comité à un autre pour exhorter ces hommes à ne pas se servir de leurs armes.

– Le combat est inégal, expliquèrent-ils... Vous allez opposer de vieux fusils et des sabres de cavalerie à des canons?

– Où est passée la garde royale? s'écriaient les plus déterminés. Nous ne laisserons pas les Anglais s'emparer du royaume d'Hawaï!

Soudain, quelqu'un qui observait l'approche du navire à la longue-vue poussa un cri d'exclamation. Le navire de guerre n'était pas britannique, il battait pavillon américain!

Une explosion de joie parcourut aussitôt la ville. Les hommes tiraient des coups de feu vers le ciel, s'étreignaient en riant. En quelques minutes, tout Honolulu fut dans la rue. Le bâtiment de guerre était un croiseur ventru, qui dégageait une fumée épaisse de ses deux courtes cheminées. Il s'appelait l'*U.S.S. Tuscadora*. Le commandant eut beau déclarer n'être venu que pour embarquer le ministre américain du Commerce extérieur qui achevait son séjour au domicile de Pierce, il ne put empêcher la foule de pousser les « Hourra! » d'allégresse. C'est à peine si on s'aperçut que les insurgés quittaient leurs barricades sommaires de Punchbowl Street... Ils s'évanouirent dans les rues sombres de Chinatown, en abandonnant même leur drapeau anglais.

François, toutefois, restait perplexe, et hésitait sur le titre à composer à la une du *Morning News.* Finalement, il se décida :

– Nous avons choisi une attitude et nous devons nous y tenir, expliqua-t-il à William Pitt. Nous avons titré en gros pendant le déroulement du « coup d'Etat ». Nous ne pouvons pas changer de comportement maintenant qu'arrive le soulagement.

Il annonça donc en gros caractères l'arrivée providentielle du *Tuscadora* qui mettait fin à l'insurrection britannique. « Au point où nous en sommes, se dit-il, autant aller jusqu'au bout. » Et il rédigea un éditorial intitulé : « Sauvés par hasard! » dans lequel il soulignait le danger qu'il y avait de laisser le royaume d'Hawaï à la merci des convoitises étrangères, c'est-à-dire britanniques, en refusant d'installer une base navale américaine à Pearl Harbor.

William Pitt lut le papier, puis tout en le calibrant, laissa tomber :

– Félicitations, François, tu es très convaincant. Devant une logique aussi implacable, le président Grant va sans aucun doute reconsidérer sa position.

– Je sais ce que tu penses. Je suis comme toi : des émeutiers placides comme des moines, une garde royale évanouie on ne sait où, et, pour finir, un croiseur américain qui nous tombe du ciel... La mariée est trop belle !

Après le bouclage de l'édition, François remonta chez lui dans la nuit tiède, à travers une ville en liesse. La joie des Haolès, qui s'interpellaient malgré l'heure tardive, la gaieté suffisante des hommes élégants qui descendaient fêter l'événement au bar du *Liberty* lui paraissaient dérisoires et vulgaires. Il repensait à Whisky Bill. Il était mort depuis quatre jours, et personne ne s'inquiétait de savoir s'il avait été enterré.

François resta de longues minutes dans la grande chambre, noyée dans l'obscurité, debout près du lit. Sarah dormait déjà pelotonnée sous les draps. Il regarda ses cheveux soyeux qui s'enroulaient autour du cou et retombaient dans le creux de sa poitrine. C'était la première fois que Sarah ne l'attendait pas pour s'endormir. Il remonta doucement le drap sur ses épaules puis sortit. Sur le palier, il poussa la porte d'en face. Au fond de la chambre, il aperçut Pierre dans son berceau, et Nalani qui dormait près de lui, enroulée dans une couverture, à même le plancher. Rassuré par le souffle paisible de l'enfant, il descendit sur la terrasse pour fumer un cigare. Comme par enchantement, Cheng-Hi vint, depuis sa petite maison installée au fond du parc, lui demander s'il n'avait besoin de rien. François le remercia d'un geste. Il voulait être seul. Une étrange lassitude l'avait envahi. Il respirait, plus fort que les senteurs des pamplemoussiers et du jasmin, le lourd parfum des intrigues.

Follet revit Bishop une semaine plus tard. L'ancien ministre des Affaires étrangères de Whisky Bill ne s'était pas donné la peine de venir au journal ni au ranch Mooney. François avait seulement appris par Cheng-Hi que le majordome de « Mr. '' Bissop '', avait eu la joie de revoir son vénéré patron »... Dans le grand salon de sa splendide demeure, aux murs blancs, au mobilier rare – quelques fauteuils bas et une table sur un tapis tressé de lahau-hala –, Charles Bishop se tenait debout. Il avait abandonné son élégant costume de belle étoffe claire et était vêtu d'une chemise et d'un pantalon de grosse toile bleue délavée, qui s'effilochait au bas des jambes. Aux pieds, il portait de simples sandales de tissu. Il n'était pas rasé de plusieurs jours et ses cheveux, retombant sur ses épaules, semblaient avoir perdu leur éclat.

– Je t'attendais, fit Bishop, froidement.

Il fixa François droit dans les yeux, et François se contenta de soutenir son regard las, sans répondre. Les deux hommes se firent face, à un mètre l'un de l'autre, à portée de poing.

– Je suppose que tu veux régler des comptes, reprit Bishop. J'ai tous les torts, Frenchie. Je sais... Et si on doit se battre, je me battrai.

François le regarda sans émotion.

– Deux éditoriaux pour un faux débarquement américain, ça mouille un journaliste. A quoi bon se battre, Bishop, le mal a été fait...

– Ce n'était pas un mal, répondit Bishop en souriant. Plutôt un bien, même !

François haussa les épaules.

– Le *Morning News* a été victime d'une manipulation ! J'en ai été définitivement convaincu quand Robson est venu me parler des « insurgés ». Il leur trouvait de drôles de façons, pour des Britanniques. Un drôle d'accent surtout ! Il m'a même donné quelques précisions : les « Anglais » étaient en réalité une cinquantaine de baleiniers américains qui avaient relâché à Lahaina. Ils ont été

payés deux dollars par personne et par jour pour
« faire la révolution » dans Honolulu. C'est un type
d'une quarantaine d'années, grand, les cheveux
blonds et longs, qui les a engagés. Tu vois peut-être
de qui il s'agit?

– J'ai une idée là-dessus, répondit Bishop,
amusé.

La tension entre les deux hommes avait disparu
et ils sortirent sur la terrasse. L'air était frais, le
vent faisait frissonner les feuilles violettes des flamboyants du jardin.

– Evidemment, j'ai compris ton astuce, continua
François. Toi et ton ami, Son Excellence Henry
Pierce, vouliez démontrer, preuves à l'appui, que
les Américains auraient tout intérêt à s'installer à
Pearl Harbor avant que les Anglais, toujours présents dans le coin, ne fassent main basse sur
l'archipel d'Hawaï!

– Le ministre Whitney a embarqué sur le *Tuscadora* convaincu en effet qu'il fallait à tout prix que
son pays installe une base navale à Pearl Harbor,
confirma Bishop avec malice. Il a dit qu'il sollicite-
rait dès son arrivée une entrevue avec le président
Grant. Celui-ci sera déjà au courant de l'insurrection pro-anglaise d'Honolulu. On lui aura fait lire le
Morning News... Le prix de Pearl Harbor, c'est la
levée des taxes sur le sucre. Un prix qui devient
raisonnable.

– Pourquoi ne pas m'avoir mis au courant,
Bishop?

– Par amitié, Frenchie.

– Tu m'as laissé me ridiculiser par amitié?

– Tu ne t'es pas ridiculisé. Tu as décrit des
événements tels qu'ils se déroulaient dans l'artère
principale de la capitale du royaume d'Hawaï. Si je
t'avais mis dans le secret, je t'aurais contraint au
mensonge.

222

Bishop parut fatigué, tout à coup, comme si le chagrin de nouveau venait l'assaillir.

– J'avais promis à Whisky Bill de reconstituer le trésor des planteurs pour sauver son peuple. Quand il est mort, j'ai cru que j'avais échoué... Le lendemain, Pierce m'a proposé ce stratagème. Le moment était idéal pour agir. Le roi était mort. Nous avons décidé de l'enterrer tout de suite dans la palmeraie du sud d'Hilo et de convoquer aux funérailles tous les chefs canaques des îles, y compris Kalakaua... On les éloignait ainsi d'Honolulu.

– Vous éloigniez surtout la princesse Emma, observa François.

– C'est vrai que la princesse n'a jamais su qu'un complot visant à l'installer sur le trône se déroulait au même moment.

– Tu t'éloignais aussi de moi...

– C'est vrai que j'ai préféré ne pas avoir à te mentir... J'ai aussi convaincu Chamberlain de consigner la garde dans sa caserne... Le *Tuscadora* viendrait dans trois jours, et tout rentrerait dans l'ordre. Les choses se sont passées comme prévu... Whisky Bill aurait été heureux que tu sois présent aux obsèques. Il t'aimait bien, « monsieur le Français »... Le travail que tu as fait au *Morning News* pendant le « coup d'Etat » va déclencher aux Etats-Unis un grand courant d'opinion pour la défense de la liberté à Hawaï. Henry Pierce en est convaincu. Le traité sera signé grâce à toi.

François n'en crut pas ses oreilles. Il avait été manipulé à son insu. Il avait commis sinon une faute, du moins une imprudence, et il se voyait hissé, à en croire Bishop, au rang de sauveur du royaume !

– Ce que j'ai fait, conclut Bishop, je l'ai fait pour Whisky Bill. Maintenant mon rôle est terminé. Je quitte la scène. Je ne reste même pas en coulisses. Henry Pierce part bientôt pour Washington. Je ferai le voyage avec lui... Il m'hébergera là-bas, sur la côte est.

– Tu avais des trouvailles et des idées saugrenues, Bishop, fit François, soudain attristé. Mais tu vas me manquer.

– Il ne faut pas m'en vouloir, Frenchie. Ici, entre MacRoary et Whisky Bill, je me sens un peu cerné par les pierres tombales. J'ai besoin de changer d'horizon. Mais je reviendrai! Avant de partir, je veux toutefois te faire découvrir la première curiosité des îles, bien avant les volcans, les iris bleus et l'eau turquoise au large de Diamond Head... Le monde des missionnaires! Dans une semaine, les Hackfeld donnent une réception. Nous y serons invités. Le directeur du premier journal du royaume se doit, à titre professionnel, de rencontrer les descendants des évangélistes de Boston!

François accepta la proposition avec un certain enthousiasme. Bishop plongea alors la main dans la poche de son pantalon et en sortit une flasque d'argent qu'il tendit à François.

– Avant de mourir, Whisky Bill m'a donné sa canne à tête d'aigle et m'a demandé de te remettre sa flasque. Tu la reconnais, avec ce dromadaire en plein milieu? Whisky Bill voulait que tu gardes un bon souvenir de lui. Il m'a dit : « Follet est aussi un peu anglais. Ma flasque lui rappellera son pays. »

– A cause du whisky? demanda François.

– Non. A cause du dromadaire! Ce cadeau lui ayant été offert par un négociant britannique, Whisky Bill a cru toute sa vie que le dromadaire était l'animal le plus commun d'Angleterre. Il pensait que des caravanes de dromadaires traversaient les rues de Londres et passaient, d'un pas tranquille, devant Westminster. Le roi Kiki, lui, était persuadé que George V était un Canaque aux cheveux crépus...

Le jour commençait à poindre quand François rentra au ranch Mooney. La petite lumière dans la cabane de Cheng-Hi était encore allumée. Il éprouvait un sentiment désagréable. Après avoir évité d'en venir aux mains, il s'était réconcilié avec Bishop. Il avait sauvé leur amitié... Il frappa nerveusement le sol du bout de sa canne. Etait-ce si sûr ? L'amitié est d'une nature fragile, il lui arrive de ne pas se relever d'un coup de griffe.

14

CHENG-HI avait préparé le déjeuner avec un soin particulier. Il essayait des recettes françaises et s'en tirait honorablement malgré une fâcheuse tendance à ajouter du piment dans les plats. La chaleur de l'après-midi engourdissait les hauteurs de la ville. François semblait ailleurs.

– Tu travailles trop, mon amour, observa Sarah, avec douceur.

– Je pense à la réception que les Hackfeld vont donner ce soir. Il faut que j'y assiste...

– Chez les Hackfeld? répéta-t-elle, soudain blême.

– Sarah, expliqua François, j'y vais avec Bishop, pour le journal. Les Hackfeld sont des lecteurs influents. Nous devons entretenir avec eux des rapports amicaux.

– Pour ton journal, tu es en train de sacrifier ma vie! explosa soudain Sarah.

Son regard avait pris une dureté que François ne lui avait jamais connue.

– A peine mariée, j'ai l'impression d'être veuve! Tu rentres à la nuit, tu me laisses seule toute la journée avec pour toute compagnie Nalani qui ne dit jamais un mot, et Cheng-Hi qui passe son temps à me faire des courbettes. Je m'ennuie à mourir et tu as le front d'aller faire des ronds de jambe chez ces gens! As-tu oublié qu'ils sont, eux et tous les autres missionnaires, les responsables du malheur de mon père?

Elle eut une moue dégoûtée.

– Tu me trahis, François... C'est méprisable. Par vanité, tu es en train de devenir comme eux : égoïste et sûr de toi. Ce n'est pas d'un tel homme dont j'avais rêvé!

Désarçonné, François ne savait quoi répondre. C'était la première fois que Sarah s'emportait aussi violemment.

Dressée devant lui, la respiration saccadée par la colère, elle espérait que François allait réagir pour la faire taire. Mais il dit simplement :

– Sarah, c'est une obligation pour moi. Calme-toi... Je sais que les Hackfeld n'ont pas été bons avec toi. Mais c'est du passé... Il faut oublier...

Sarah repoussa violemment sa chaise et lui tourna le dos sans un mot. Elle traversa le hall en enjambées nerveuses et alla s'enfermer dans sa chambre.

En mettant pied à terre devant l'immense portail de fer forgé de la propriété des Hackfeld, François ne pouvait chasser la scène de ses pensées. Passé le moment de stupéfaction, il était monté la retrouver dans la chambre et, devant sa porte close, avait demandé doucement :

– Sarah, mon amour, ouvre-moi...

Mais elle s'était mise à hurler entre deux sanglots :

– Va-t'en, je ne veux plus te voir... plus jamais!

Bishop remarqua le visage inquiet de Follet :

– Tu parais soucieux, Frenchie... Je ne sais pas

ce qui te chagrine, mais tâche de faire bonne figure devant les missionnaires !

Ils avancèrent à l'intérieur du parc. La propriété des Hackfeld était une des plus belles résidences qui puissent se trouver sur les rives du Pacifique, de Singapour à San Francisco. Au fond d'un jardin à la française, piqué d'exubérants massifs d'orchidées, de magnolias et de roses, semé de buffets croulants de victuailles, où se pressaient déjà les invités, veillait, majestueux, un palais tropical. C'était une bâtisse à deux étages, dont la façade blanche était précédée d'un portique, supporté par six colonnes de marbre. François demeura quelques instants à l'admirer.

– Le sucre, Frenchie, le sucre, expliqua Bishop, amusé devant l'étonnement de son ami. Tu as devant toi le résultat de la guerre de Sécession !

Sur une allée bordée de fleurs, ils attendirent leur tour pour saluer leurs hôtes.

– Tu vois, Frenchie, poursuivit Bishop, ici c'est comme au spectacle. Pour venir chez Herbert Hackfeld, tu te fais beau, tu astiques tes chaussures, et avant d'entrer tu fais la queue. C'est comme au cirque de M. Cody... mais c'est plus intéressant. Il y a des animaux bien plus curieux.

Herbert Hackfeld leur serra la main avec effusion. Grand et puissant, il portait un frac noir, sur un gilet de soie blanc avec une chemise à jabot de dentelle.

– Monsieur le Ministre, quelle joie et quel honneur !

– Je ne suis plus ministre et Kalakaua n'a pas encore constitué son cabinet. Du reste, je ne suis pas candidat.

Bishop se tourna vers François et le présenta.

– François Follet, directeur du *Morning News*.

– Vous menez une œuvre importante pour l'avenir des îles, monsieur... Sans vous, nous verrions le futur avec beaucoup plus d'inquiétude.

Mme Hackfeld, vêtue d'une robe de velours noir, piquée au décolleté d'un camée, se contenta d'appuyer les propos de son mari d'un mouvement de la tête et d'un sourire convenu.

Ils s'avancèrent vers de somptueux buffets, parmi les dames en robes à crinoline et les hommes en frac.

– Hackfeld n'a pas l'air de souffrir de la crise du sucre, observa François.

– Il est plus malin que les autres missionnaires, expliqua Bishop. Il a été le premier à vendre des fruits et des légumes en Californie pendant la ruée vers l'or, mais dès que l'argent arrivait, il l'investissait dans une autre activité. C'est son principe : jamais tous les œufs dans le même panier. Il a aussi créé une compagnie de pêche baleinière, avec un seul navire, le *Harvest*, coulé pendant la guerre de Sécession. Il vendait l'huile de baleine et l'ambre de cachalot dans les grandes villes d'Amérique du Sud. Le sucre n'est qu'une partie de sa fortune. Depuis dix ans, il a consacré les centaines d'hectares qu'il possède dans l'île de Kauai à la production d'ananas. Il n'y a pas de taxe sur les ananas aux Etats-Unis! Et même pour le sucre, reprit Bishop, il a été plus astucieux que tout le monde. Quand le bruit a couru sur la côte ouest que des fortunes s'édifiaient à Hawaï, tous les pauvres bougres de Californie ont débarqué. Les missionnaires les ont expulsés. Mais lui, Hackfeld, a repéré quelques familles et leur a dit : « Je vous vends des terrains. Vous n'avez pas assez d'argent? Je vous donne vingt ans pour me rembourser... » Parmi les miséreux qui ont signé, il y avait les Forster, la famille d'Amos... Maintenant que le sucre ne se vend plus, ils ne peuvent plus rembourser leurs dettes.

– Hackfeld ne les fait pas expulser?

– Pas si bête... Il a accordé aux « propriétaires » un délai de grâce de cinq ans. En échange, ils s'engagent à lui céder gracieusement la moitié des récoltes à venir, lorsque les taxes seront levées.

– Charité bien comprise...

– Les parents d'Herbert n'avaient pas la même vision du monde. C'étaient deux bons vieux, toujours gais, des missionnaires arrivés avec Bingham, des pionniers de la première heure. Ils avaient gardé leurs idées généreuses et vivaient dans un village, à quelques kilomètres d'ici, au milieu des indigènes. Le monde avait bougé sans qu'ils s'en aperçoivent... Il y a quelques années, ils sont venus rendre visite à Herbert, à Honolulu.

Bishop indiqua le bâtiment illuminé, dans le fond du parc.

– Ils ont découvert ce palais, les domestiques chinois et le jardin à la française. Ils n'ont pas compris et sont retournés chez eux dans leur vieille carriole en pleurant comme des enfants. Ils sont morts peu après, tous les deux, à quelques jours d'intervalle. La fortune de leur fils leur avait enlevé le goût de vivre. Ils sont morts de chagrin.

Les deux hommes firent quelques pas vers la demeure. Près du péristyle de la façade, dans un large cercle illuminé de torches, des jeunes Hawaïens exécutaient des danses traditionnelles.

– Les parents d'Herbert considéraient que le hula était une œuvre du diable... dit Bishop, ironique.

Devant eux, une jeune femme blonde se retourna. François reconnut Bethsabée Hartford. Par son extrême élégance, elle était sans conteste la plus belle femme de la soirée. Elle portait une

230

robe à crinoline composée d'une avalanche de volants de dentelle, et qui laissait ses épaules nues. Autour de son cou brillait une somptueuse rivière de diamants.

– Vous ne me reconnaissez pas, monsieur Follet? demanda-t-elle.

François bredouilla :

– Mademoiselle Hartford...

Elle salua Bishop d'un signe de tête.

– Sarah ne vous a pas accompagné? remarqua-t-elle. C'est dommage... Dites-lui que je l'embrasse et que je serais heureuse de la voir de temps en temps...

Elle ajouta, avec un délicieux sourire :

– Pardonnez-moi, François... je me dois à mes amis. Passez une bonne soirée.

– Elle est charmante, non? fit Bishop avec un œil malicieux. Mais tu as commis un impair en l'appelant mademoiselle.

– Elle est mariée?

– Veuve... Depuis dix ans. Il faudrait l'appeler Bethsabée Castle. Mais tout le monde continue de lui donner son nom de jeune fille... C'est sans doute parce qu'elle n'a été mariée qu'un an. Son mari a eu la déplorable idée d'aller se faire tuer par les confédérés. Son propre frère aussi... Elle a hérité des deux. Et c'est un des plus riches partis du Pacifique... A propos d'esclavagistes, il faut que je te présente un personnage curieux...

Bishop entraîna François vers un homme d'une quarantaine d'années, vêtu d'une pauvre redingote noire, les joues creuses et le nez pointu. Il chuchota :

– Attention, c'est un spécimen rare de l'archipel. Un des derniers défenseurs des idées des missionnaires, fils d'un ami d'Hiram Bingham, qui a refusé les terres qu'on lui offrait. Aussi illuminé que Sturphy Miles, mais beaucoup plus porté sur les mondanités. Détail qui me laisse à penser qu'il se prépare une carrière politique... Déteste les Américains à cause de l'esclavage...

« – Cher Sanford Dole, je suis heureux de vous présenter François Follet, directeur du *Morning News*. »

Sanford Dole salua François d'un geste de la tête.

– Le journal que vous dirigez, monsieur, est plaisant. Je le lis, de temps en temps, avec intérêt. Vous avez une conception très moderne de votre métier, n'est-ce pas?

– Qu'entendez-vous par là? demanda François.

– Pour vous, un journaliste est à la fois observateur et acteur, précisa Dole. Il ne vous suffit pas de décrire une misérable insurrection dans le bas de la ville, encore faut-il que vous en profitiez pour demander aux Etats-Unis de nous passer le licol!

– Monsieur, corrigea François, les Etats-Unis doivent être au contraire la sauvegarde de l'indépendance et de la liberté du royaume.

Sanford Dole se mit à ricaner :

– Vous appelez à la rescousse un pays qui a établi sa richesse sur l'esclavage?

– Cher Sanford, intervint Bishop, vous êtes un homme de grande piété et de grande charité; toujours prêt à guider son prochain sur le chemin du bien et l'amour de Dieu. Vous avez pour les Haolès, les « missionnaires », l'indulgence des justes. Ne protestez pas, Sanford. Je dois donc, au nom de l'amitié que je vous porte, vous expliquer certains faits que votre compassion pour vos frères vous a empêché de bien percevoir... A côté des Haolès, les esclavagistes de Louisiane et d'Alabama étaient de bons Samaritains.

– Monsieur Bishop, vous êtes inconvenant... Les

missionnaires ont toujours été opposés à l'esclavage; c'est indigne de l'homme! Sur les plantations il n'y a jamais eu d'esclave, jamais! Il y a des ouvriers chinois, c'est vrai, venus travailler librement en échange d'un salaire. Ils sont libres de repartir à la fin de leur contrat.

Bishop fixa Sanford Dole avec un étonnement feint.

– Vous ne pensez pas un mot de ce que vous dites, n'est-ce pas, monsieur Dole? Un homme de votre qualité ne peut pas se méprendre à ce point. Les coolies n'ont pour toute liberté que celle de travailler seize heures par jour contre un salaire de misère, de dormir dans des cabanes sordides, de se nourrir de la viande infecte que vous leur vendez à prix d'or, vous le savez bien. Ils sont également libres d'être chassés dès qu'ils tombent malades.

– Vous dites des infamies, monsieur Bishop! Vous calomniez nos frères! s'écria Sanford Dole avec mépris.

– Je ne calomnie personne, cher monsieur Dole... Sortez un peu d'Honolulu, allez faire un tour dans les plantations et vous verrez... Mais nous n'allons pas nous disputer pendant une aussi belle soirée. Du reste, le problème ne se pose plus.

Sanford Dole, désappointé, haussa les épaules.

– L'esclavage a été supprimé aux Etats-Unis, reprit Bishop. Il subsiste encore, çà et là, dans les Caraïbes, mais plus pour longtemps. L'esclavage est condamné. Et savez-vous pourquoi, monsieur Dole? Parce qu'il est beaucoup trop coûteux. Un coolie, ça se renvoie ou ça meurt. Un esclave, c'est une autre affaire; c'est un bien précieux, une partie du patrimoine. Il faut en prendre soin, éviter de le perdre, le soigner, lui et sa famille... Les planteurs d'Hawaï sont les planteurs de demain. Ils resteront dans l'Histoire comme les premiers à n'avoir pas eu d'esclaves, seulement des Chinois qui venaient de leur plein gré avec un contrat de travail de cinq ans. Des hommes libres!

Hackfeld survint et Bishop s'interrompit aussitôt quand il lui proposa de faire quelques pas avec lui. Resté seul, François comprit que Bishop entretenait avec le puissant Hackfeld des relations plus étroites qu'il ne le lui avait laissé croire. Sa dispute avec Sarah lui revint en mémoire. Il se sentait inquiet et triste. Il aurait mieux fait de ne pas venir à cette garden-party qu'il trouvait maintenant sans intérêt et décida de partir sur-le-champ. Une voix, derrière lui, l'interpella.

– Monsieur le Français sort dans le monde?

François se retourna. Devant lui, souriant, Stuart Brookster le regardait.

– Je vous croyais disparu, répondit François.

– Vous m'avez cherché au *Liberty* et de mon côté j'espérais vous rencontrer dans une de ces soirées...

François sourit. Le luxe un peu provocant de Brookster, son épingle de cravate piquée d'une émeraude sertie de diamants, son gilet de soie croisé le mirent tout à coup d'humeur légère.

– Etes-vous un habitué de ce genre de festivités? demanda-t-il.

Saisissant un verre de cherry sur un plateau tendu par un serveur chinois en veste blanche et épaulettes dorées, Brookster reprit:

– Je n'y viens que pour affaire. Cela me permet de rencontrer d'un seul coup mes clients les plus importants.

– Les planteurs sont vos clients maintenant? releva François. Quand je vous ai connu, vous étiez le fondé de pouvoir d'une communauté mormone.

– La communauté de Jésus-Christ des saints du dernier jour, confirma Brookster. Je le suis toujours, mais j'ai d'autres contacts commerciaux. Je propose aux planteurs de quoi rentabiliser leur exploitation.

– De la main-d'œuvre?

– Par le passé, j'ai rendu des services de ce genre. Le sucre demande beaucoup de bras : trois coupes par an, sur des milliers d'hectares. Les planteurs avaient besoin de beaucoup de travailleurs. Les Hawaïens ne voyant pas l'intérêt de travailler pour récolter une denrée qu'ils ne consomment pas, j'ai été amené à proposer des travailleurs étrangers.

– Des Chinois...

– De nombreux Chinois veulent en effet fuir leur pays, les montagnes de Mandchourie ou du Setchuan. Je les y ai aidés.

– Brookster, vous êtes un bienfaiteur, ironisa François.

– Disons que je fais de mon mieux. Je permets aux planteurs d'assurer leur production et j'aide des milliers d'Asiatiques à fuir les persécutions qui les frappent.

– La chute de la vente du sucre ne doit pas faire votre affaire?

– Je suis de ceux que la crise affecte le moins, cher ami. Bien sûr, la situation devient dramatique, les petits planteurs sont ruinés et les Chinois viennent s'entasser dans Chinatown. Eh bien, moi, j'ai trouvé la parade.

– Vraiment? interrogea François, intrigué.

– Je vends des crapauds.

François éclata de rire.

– C'est très sérieux, reprit Brookster. Je vends des crapauds buffles, des bêtes magnifiques... Les hommes ne travaillant plus dans les plantations, les

235

insectes ont envahi les champs de canne. Des millions de petits cafards raffolent de notre canne à sucre, l'otaiti... En une semaine, ils vous dévastent une dizaine d'hectares. Fort heureusement, les crapauds adorent ce genre d'insecte. Tirez-en les conclusions... Je suis ainsi devenu le premier éleveur de batraciens de tout le Pacifique. Si ma modestie ne devait en souffrir, je dirais même du monde entier !

— Je vous trouve très ingénieux, cher Brookster. Vous savez vous adapter aux situations les plus difficiles.

— L'ennui, avec ces petites bêtes, reprit Brookster, c'est le bruit.

— Je n'y avais pas pensé.

— Vous n'imaginez pas le vacarme que peuvent faire vingt mille crapauds buffles. C'est infernal ! Grâce au ciel, j'ai pu installer mon pensionnat dans un îlot désert, à une cinquantaine de milles au nord-est de Maui, grâce à l'aide de Gibson, le chef des mormons.

— Walter Murray Gibson ? Ne m'aviez-vous pas dit, Brookster, que le chef des mormons était un certain Aaron Javis ?

— Javis est mort devant moi, à Salt Lake City... Pour le remplacer, le grand chef des mormons américains, Bringham Young, a nommé Gibson... Vous ne sortez pas suffisamment d'Honolulu, cher Follet, reprit Brookster. L'archipel est vaste. Informez-vous mieux.

— J'aimerais savoir de quoi vous parlez, Brookster...

— Je parle de l'île de Lanaï, des mormons et de Walter Gibson ! En vous rendant à Lanaï, en vous promenant parmi les vergers, les jardins maraîchers, les petites maisons des mormons, vous comprendriez beaucoup de choses, en vrai journaliste que vous êtes. Et, en ayant une conversation avec Gibson, vous verriez un avenir que vous n'imaginez pas!

– Walter Gibson prépare aussi un coup d'Etat? ironisa François.

– Un coup d'Etat? Aucunement. Ses ambitions passent par les voies légales. Vous croyez que l'avenir d'Hawaï appartient aux Haolès dont votre journal défend les intérêts, mais vous vous trompez. Walter Gibson nourrit d'autres projets pour le royaume.

– Des projets qui vont changer la face du monde?

– Vous choisissez l'humour, Follet, et vous avez raison... Gardez-vous cependant de sous-estimer Gibson et ses fidèles. Tenez, je vais vous donner une information exclusive. D'ici quelques mois, le *Morning News* aura un concurrent, l'*Honolulu Standard*, dont le directeur sera Walter Gibson lui-même!

– Eh bien, je me réjouis de cette nouvelle, dit François, faussement indifférent. Un journal qui naît, c'est une chance de plus pour la marche des idées.

– Cher Follet, reprit Brookster, comme tous les journalistes, vous avez le sens des formules. La marche des idées, dites-vous? Je doute que Gibson ait envie de promouvoir les mêmes que vous. Surtout dans votre apologie des Etats-Unis! Je crois même que c'est pour combattre cette idée qu'il va lancer l'*Honolulu Standard*.

Un couple de planteurs, un homme et une femme rudes et solides, aux allures de campagnards rapidement enrichis, s'approcha, et Brookster s'esquiva avec eux en concluant:

– J'espère vous revoir, cher Follet. N'oubliez

pas, lorsque vous rencontrerez Walter Gibson; il ne faut pas sous-estimer l'adversaire!

Charles Bishop passait, guidé par Hackfeld parmi les invités, accordant un baisemain aux dames et un sourire aux jeunes filles. François s'excusa de ne pas finir sa soirée avec lui et partit.

Seul dans le landau qui regagnait le ranch Mooney, il pensa à ce nouveau journal dont Brookster lui avait annoncé la création. Quel public Walter Gibson viserait-il? Les Canaques? Dans leur majorité, ils ne savaient pas lire... Un seul point était évident : l'*Honolulu Standard* allait ruiner le bel élan de fraternité avec les Américains que le *Morning News* s'efforçait depuis des mois de susciter. Le landau s'approchait du ranch, et François craignit soudain le pire. Et si Sarah était partie?

En gravissant le grand escalier de la demeure silencieuse, il eut la sensation que ses pas résonnaient plus fort. La chambre, noyée dans la nuit, était faiblement éclairée par la lueur pâle de la pleine lune. François retint sa respiration et perçut enfin une forme étendue sur le lit. Comme il se glissait entre les draps il sentit le corps de Sarah se tourner vers lui.

– François, je te demande pardon, chuchota-t-elle, en se blottissant contre lui.

– Pourquoi me demander pardon, Sarah... J'ai été maladroit.

Elle ne put contenir un soupir. François enfouit son visage dans le creux de son cou et l'embrassa avec passion. Il l'entendait répéter :

– Je te demande pardon, François... Je te demande pardon.

15

AMARRÉ à un wharf, le *Pablo Garcia* embarquait ses derniers passagers. C'était un gros bateau ventru, le seul navire à vapeur qui faisait la traversée vers les Etats-Unis en un peu plus d'une semaine. La rapidité et la régularité du steamer suffisaient, semble-t-il, à rendre vaine toute concurrence. Mais ce n'était un secret pour personne que la compagnie Island Lines, à laquelle appartenait le *Pablo Garcia*, était entre les mains d'un richissime armateur de San Francisco, Klaus Spreckells, dont les méthodes commerciales peu orthodoxes étaient connues dans tous les ports du Pacifique. Personne ne s'étonnait donc que le *Pablo Garcia* n'eût pas de concurrent.

En ce dernier jour de janvier 1875, une certaine agitation s'était emparée du port : Charles Bishop et Son Excellence Henry Pierce partaient pour les Etats-Unis. Suivant l'exemple d'Herbert Hackfeld, de nombreux Haolès se pressaient sous le soleil de midi, tandis que des enfants, vêtus de bleu comme l'imposait l'uniforme du très élégant collège Punahou, se poursuivaient en criant. Les sucriers de Nuuanu Valley avaient tenu à accompagner ces deux hommes qui représentaient leurs derniers espoirs...

239

Avant de monter sur la passerelle, sous les applaudissements, Charles Bishop serra la main de François Follet.

– Je pars au bon moment, Frenchie... J'allais devenir un notable.

– Je ne l'ai jamais cru. Il ne suffit pas de porter des costumes de chez Fox et Walter, ou des chaussures de chevreau, pour se transformer en « missionnaire ». Tu as été pendant vingt ans l'ami de MacRoary, ce n'est pas par hasard...

Deux jeunes marins tirèrent la passerelle sur le pont tandis que les machines se mirent en marche dans un grondement saccadé. Le *Pablo Garcia* s'ébranla et s'écarta lentement du wharf, dans des tourbillons de fumée noire et des remous d'écume.

François jeta un coup d'œil à Sarah qui lui donnait le bras. Elle regardait le gros vapeur qui s'éloignait dans le fracas de ses chaudières, mais il eut le sentiment qu'elle ne le voyait pas. Son regard se posait au-delà des choses.

Depuis leur réconciliation, François voyait sa jeune épouse s'enfoncer dans une mélancolie dont il ne percevait pas la cause. Son sourire avait perdu de son éclat. Comme si elle était résignée... François, lui, découvrait, à plus de quarante ans, le bonheur d'être père. Lorsqu'il ne parlait pas du *Morning News*, il s'inquiétait de Pierre, de son appétit, de ses progrès. Sarah répondait avec douceur en lui reprochant silencieusement de ne pas se soucier assez d'elle. Jour après jour, elle croyait découvrir un être suffisant et indifférent, et parfois, des bouffées de violence montaient en elle. « Je ne supporte plus ses caresses, se disait-elle. Et cette tendresse dont il ne cesse de m'abreuver. Elle n'est que le contentement de lui-même. »

Gordon Moorehead s'était rendu compte du

changement qui s'opérait chez Sarah. Il connaissait la jeune femme depuis trop longtemps pour ne pas s'inquiéter de la voir perdre sa gaieté et sa joie de vivre. Par-dessus tout, Gordon Moorehead avait remarqué que Sarah accordait de moins en moins d'intérêt à son fils. Elle s'éloignait de lui et laissait à Nalani le soin de s'en occuper.

Pour amener un peu de distraction dans la demeure, il venait passer les fins d'après-midi chez elle avec ses deux filles, « ses petits berlingots », qu'il avait pris complètement en charge depuis la mort de sa femme. Pierre pouvait ainsi jouer et découvrir le monde avec Adélaïde, « sa sœur jumelle », sur le gazon du parc. Sarah ne semblait rien éprouver devant ces jeux. Elle n'accordait d'attention qu'à Agnès qui, à six ans, devenait une jolie métisse au teint doré et au regard bleu pâle.

Elle la prenait sur ses genoux, lui parlait, vérifiait si elle apprenait bien à lire et à écrire. De temps en temps, la petite fille cueillait une fleur dans un massif et venait l'apporter à Sarah. Gordon, attentif à la scène, voyait les yeux de la jeune femme se mouiller. Il comprenait que Sarah s'accrochait à Agnès comme au souvenir de sa vie passée...

Tandis que le *Pablo Garcia* s'apprêtait à doubler la pointe de Diamond Head, et que se dispersait la petite foule des planteurs, François s'interrogea sur le regard absent de Sarah. Il eut la certitude que sa femme était en train de le quitter, puis finit par se convaincre que cette idée était ridicule.

Un matin, François décida de parler de Sarah avec Gordon Moorehead. Le vieux jardinier, debout les bras croisés, contemplait un massif de fleurs roses.

– Elles sont magnifiques, n'est-ce pas, monsieur

Follet? Des orchidées Vanda. Les Hawaïens pensent qu'elles aident au retour de l'appétit charnel! Il est bientôt onze heures... Mme Sarah est toujours couchée?

– Toujours, Gordon, reconnut François, soucieux. Je commence à me demander si ma femme ne serait pas souffrante.

Gordon hocha la tête et fit un pas vers un autre massif de fleurs.

– Des lotus, enchaîna-t-il... On pourrait les confondre avec des orchidées Vanda. C'est elle qui m'a demandé de les planter. Il y en avait chez son père.

Gordon se gratta le haut du crâne, sans chercher à masquer son embarras.

– Sarah n'est pas malade, monsieur Follet... Je la connais bien. Elle s'ennuie. C'est tout.

Les deux hommes firent quelques pas sur le gazon anglais. François tombait des nues. Gordon, mal à l'aise, précisa ses propos.

– Vous êtes un homme mûr, monsieur Follet, un homme d'expérience. Ne le prenez pas mal, mais vous avez toute une vie derrière vous, la première, celle des passions, des grandes ambitions et des bagarres de taverne. Maintenant, vous êtes installé dans la deuxième vie, celle des joies plus prudentes, du plaisir du temps qui passe. Peut-être n'offrez-vous pas à Sarah les joies qu'elle attend.

– Je comprends, Gordon, acquiesça François. Les journées de ma femme doivent être assez ternes, j'en conviens. Il est temps que je m'occupe d'elle. Je vais confier le journal à William Pitt quelque temps. Nous irons, Sarah et moi, en amoureux, dans la Grande Ile, voir les cinq cents hectares que nous avons achetés. Nous pourrons monter jusqu'au sommet enneigé du Mauna Kéa, voir les chutes d'eau au milieu des hévéas et des flamboyants... Peut-être pourrions-nous aussi rendre visite à Bernice dans la palmeraie de la Puna ? Cela lui changerait les idées.

— Je ne crois pas qu'elle attende cela de vous, monsieur Follet, fit Gordon avec douceur. Sarah n'a sans doute aucune envie de se promener sur les plages... A quoi lui sert sa beauté si personne ne la voit, vous me comprenez ? Toutes les filles de missionnaires fréquentent les réceptions. Elles s'y préparent longtemps à l'avance, s'achètent des robes, se font venir des corsages en dentelle de San Francisco et me demandent même de surveiller les orchidées qu'elles porteront le soir en collier de fleurs... Sarah est la plus belle fille de tout l'archipel mais sa beauté se fane à force de vous attendre seule chaque soir. A vingt ans, on est au plus beau de sa vie, monsieur Follet. C'est l'âge où l'on se bat... Pour les femmes, les réceptions sont des tournois où l'on s'affronte. Sarah serait sûre d'y vaincre toutes ses rivales... Mais c'est une chance que vous ne lui donnez pas.

François regarda le vieux jardinier avec étonnement.

— Gordon, vous savez bien que Sarah déteste les missionnaires...

— Une femme n'est jamais plus belle que lorsqu'elle veut se venger, reprit Moorehead. Depuis la soirée des Hackfeld, vous vous rendez seul dans les garden-parties. Vous avez cru bien faire et vous avez commis une maladresse. Bien plus, vous avez commis une injustice : vous privez Sarah de sa beauté.

Jusqu'au soir, François retourna cette idée en lui-même et finit par admettre l'évidence. Avant de quitter le journal, il demanda à William Pitt :

— C'est bien la semaine prochaine que sortira le cinq centième numéro ?

Sans attendre la réponse, il annonça :

– Nous allons fêter ça! Je vais donner une grande réception. Le ranch Mooney va retrouver sa splendeur passée... Nous rivaliserons avec Herbert Hackfeld. Nous allons donner la plus belle soirée de l'année!

A peine rentré chez lui, il prit Sarah dans ses bras :

– Samedi prochain, ma chérie, nous allons donner une grande soirée, ici même!

Sarah le regarda, les yeux écarquillés.

– Mais... Personne ne viendra!

– Au contraire, personne ne prendra le risque de ne pas venir. Les missionnaires sont superstitieux : ils auraient l'impression de déplaire aux Américains. Ce sera l'événement de l'année! Je suis sûr qu'Herbert Hackfeld ne refusera pas. C'est suffisant pour s'assurer de la présence de tous les autres.

Gordon Moorehead avait vu juste. François sentit qu'un mécanisme se mettait en marche dans l'esprit de Sarah. Son regard retrouvait son éclat, le sang semblait lui monter aux joues. Elle fit mine de protester :

– Mais il y a tant de choses à préparer. Tu ne te rends pas compte, François... Une semaine, c'est très court.

– Je suis convaincu que tu sauras parfaitement t'en tirer!

Dès le lendemain, François lança ses invitations. Contacté pour savoir s'il assisterait à la garden-party, Hackfeld fit répondre qu'il se ferait un devoir d'être présent. La soirée serait donc un succès...

En quittant le journal, le nom de Brookster lui vint à l'esprit. Lui aussi, il tenait à l'inviter personnellement et il se dirigea vers le *Liberty*.

A la porte de l'hôtel un policier se tenait en faction. Vêtu d'un pantalon et d'une chemise kaki frappée d'une étoile de shérif – comté d'Honolulu –, c'était un des cinquante Américains que Kalakaua avait recrutés pour renforcer la garde royale. Il lui fit savoir peu aimablement qu'il ne pouvait laisser entrer que les clients de l'établissement ou les consommateurs attitrés à qui Daltrey avait remis une carte. François allait repartir, étonné, lorsque la grosse Josépha se présenta à la porte et le fit entrer. Le grand salon lui sembla moins désert que d'ordinaire à cette heure de la journée.

Au bar, Daltrey lui donna l'explication.

– Le policier? Vous n'en avez vu qu'un mais ils sont au moins une demi-douzaine dans la salle et dans les étages!

Il désigna d'un mouvement de la tête un groupe d'hommes attablés, au fond du salon, en train de jouer aux cartes.

– Kalakaua s'est installé au *Liberty*. Le palais Iolani n'est pas assez confortable pour lui. Faut dire que Sa Majesté est habituée aux palaces de San Francisco! Les toits de feuilles de palme ou les matelas de lahau-hala, très peu pour lui! Heureusement, il n'est pas très encombrant. Il joue aux cartes toute la journée, parfois même jusqu'à l'aube. Un vrai forcené du poker, Kalakaua.

– Je suis au courant, ponctua François.

– Il ne s'arrête que pour les repas. Trois, quatre heures à chaque fois... Sa Majesté David Kalakaua a un des plus beaux coups de fourchette du Pacifique.

Un des hommes alors se leva et se dirigea vers le bar. François reconnut le nouveau roi de Hawaï. La description de William Pitt était fidèle. Grand et corpulent, sa physionomie témoignait de son goût pour la bonne chère. Boudiné dans une redingote noire, son ventre était à l'étroit dans un gilet de soie blanc et son cou de taureau supportait mal le col cassé de celluloïd. Deux énormes rouflaquettes ornaient ses joues rebondies.

– Monsieur Follet, fit-il, d'une voix de basse, après que Daltrey lui eut présenté François, je vous lis depuis des mois avec plaisir. Même aux Etats-Unis, on se procure votre journal. C'est bon d'avoir des nouvelles de son cher pays quand on est loin.

Il grimpa sur un tabouret et posa deux larges mains sur le comptoir.

– Vous m'avez beaucoup informé, dit-il, en fixant François d'un regard injecté de sang. Je ne vais pas être en reste.

Il fit signe à Daltrey qu'il offrait à boire et le patron du *Liberty* s'empressa de poser deux verres sur le bar.

– Je vous annonce que j'ai choisi mon premier conseiller. Il s'appelle Alexander Green. C'est un Anglais. Il est à la table de jeu.

Kalakaua vit l'étonnement dans les yeux de François.

– C'est mon meilleur ami, continua-t-il, c'est plus simple. Il faudra que je pense à le naturaliser... Je vais vous donner une autre information. Demain, je pars pour Washington. Je vais négocier la levée de cette taxe sur le sucre. Le président Grant va me recevoir. J'ai décidé de lui accorder cette faveur.

Le roi Kalakaua faisait-il preuve d'humour ou était-il atteint de folie des grandeurs ?

– Evidemment, reprit Kalakaua en reposant son verre, je retirerai Pearl Harbor de la négociation.

François était stupéfait. Quel jeu jouait le roi ? Il annonçait qu'il partait négocier et faisait en sorte que la négociation soit un échec...

– Céder Pearl Harbor reviendrait à céder une partie des terres sacrées du royaume, expliqua-t-il... Sur ce point, je partage totalement l'avis de Walter Murray Gibson. Vous connaissez ce mormon, n'est-ce pas?

– Vaguement, répondit François.

– Lui vous connaît, continua Sa Majesté en éclatant de rire. Et il ne vous aime pas du tout! Il trouve que vous exprimez des idées contraires à l'indépendance d'Hawaï... Je partage ses opinions.

– C'est pour cette raison qu'il va lancer l'*Honolulu Standard*?

– Exactement, confirma Kalakaua. D'ici quelques jours, vous pourrez feuilleter le premier numéro de votre concurrent. Je lui ai accordé une interview. La première de mon règne!

Il descendit de son tabouret et salua d'un mouvement de tête.

– J'espère, monsieur Follet, que vous trouverez quelque intérêt à lire mes considérations.

François demanda à Daltrey du papier et un crayon et rédigea une invitation à remettre à Stuart Brookster. Puis il partit.

Tom Robson fut le premier à arriver chez les Follet. François descendit le perron à sa rencontre et Robson le considéra avec admiration :

– Tu n'as pas été long à te faire accepter par la bonne société d'Honolulu, Frenchie... T'es pas encore le plus riche, mais j'ai l'impression que tu es déjà le plus élégant!

François était revêtu d'un frac noir et d'un gilet de soie imprimée sur lequel ressortait une lavallière piquée d'un saphir.

– Il faut que je me montre digne de ma femme, fit-il en lissant sa moustache.

– Je suis venu te saluer, mais le *Prince Alfred* m'attend. Je ne resterai pas longtemps.

– Tu as maigri, Tom, s'inquiéta François.

– Les îles et leurs sortilèges sont toujours la perte des voyageurs, François. Je suis resté à Honolulu, sur le bord de mer, à cause des fleurs... Aujourd'hui, quand reviennent les premières chaleurs du printemps, le pollen des fleurs m'enserre la poitrine. On finit toujours par mourir de ce qu'on aime.

– Allons Tom, protesta François.

– C'est une façon de parler. Je voulais surtout saluer Sarah.

– Sarah se prépare. Même moi, je n'ai pas eu le droit de l'approcher... C'est un grand jour pour elle, un très grand jour.

– Je n'ai aucune inquiétude, fit Robson en se dirigeant vers le portail. Sarah sera la plus belle femme de la soirée. Depuis que je vis ici je n'ai jamais vu de fille plus belle. Même les Hawaïennes, les Chinoises ou les métisses ne peuvent rivaliser... Et pourtant, Dieu sait si j'en ai vu. Tu penses ! Cinquante ans de vie dans l'archipel, on a le temps de voir ce que le Bon Dieu a pu faire de mieux dans la création.

Sarah, ce soir-là, fut d'une beauté sans égale. Afin de ménager ses effets, François avait préparé une mise en scène qui sortait de l'ordonnancement habituel des garden-parties. Il voulait qu'en un instant se règlent l'enfance pauvre de sa femme, les humiliations et l'injustice dont avait souffert son père. Le résultat fut un formidable coup de tonnerre et l'arrivée de Mme Follet, née Brinsmade, tint de l'apparition.

Auparavant, Cheng-Hi avait été chargé d'accueillir les invités à l'entrée de la propriété. C'était une entorse aux règles du savoir-vivre, mais Herbert Hackfeld, un des premiers arrivés, clama qu'il s'agissait d'une tradition au ranch Mooney établie par l'ancien propriétaire, et personne n'y trouva rien à redire.

Passé le portail, les invités se répandaient dans le parc, illuminé, et autour des tables dressées sur le gazon, croulant sous les fruits, les poissons grillés, les beignets de bananes et de gingembre. Les serveurs chinois, tous membres de la « très grande famille » de Cheng-Hi, passaient dans l'assistance avec des verres de cocktail, de bourbon et de whisky. Les jeunes femmes et les jeunes filles avaient compris que la réception des Follet constituait le plus grand défi auquel elles dussent faire face depuis l'existence même des garden-parties dans le monde des missionnaires. Chacune rivalisait d'élégance. Les robes de taffetas ou de satin étaient agrémentées de volants et de rubans de soie, les corsages de dentelle s'ornaient de bijoux, les coiffures étincelaient, çà et là, de serre-tête en diamants. Bethsabée Hartford, en robe de taffetas à rayures blanches et fraise écrasée, ses cheveux blonds tombant sur les épaules, s'imposait avec d'autant plus de force qu'elle savait que Sarah serait la plus belle. Plus jeune qu'elle d'une dizaine d'années, Sarah possédait en effet ce charme indéfinissable qui fait les très grandes beautés.

Bethsabée avait toujours porté à son amie une tendre affection et se réjouissait par avance d'assister à ce qui serait sa superbe revanche.

William Pitt avait insisté pour que François ne sacrifiât pas à la mode de faire venir des danseurs hawaïens.

– Le *hula* est une danse sacrée, avait-il expliqué... Ce n'est pas le quadrille ou la polka. C'est un rite pour appeler les dieux, en commençant par Laka, le dieu de la danse, dont l'œil vérifie qu'on danse bien dans les règles de l'art. C'est fait pour entrer en communication avec les esprits, pas pour divertir les missionnaires.

François avait donc recruté un petit orchestre d'Irlandais, qui tiraient des mélodies entraînantes de leurs violons et de leurs tambourins. C'étaient des émigrants en route pour l'Australie qui payaient leur traversée en faisant de la musique aux escales. François les avait écoutés la veille au coin de Beretania Street, et les avait engagés sur-le-champ.

Lorsque les deux cents invités furent rassemblés dans le parc et que l'impatience se fut matérialisée par un murmure courant de groupe en groupe, Cheng-Hi fit un signe aux musiciens. Les accords d'une valse solennelle montèrent dans la nuit et la porte de la grande villa s'ouvrit. Au bras de son mari, un sourire éclatant aux lèvres, Sarah apparut sur la terrasse illuminée. Elle tenait à ses pieds le monde des missionnaires d'Honolulu. Quand le couple se mit à descendre avec grâce les escaliers, quelques applaudissements s'élevèrent du fond du parc. Bientôt, tous les hommes acclamèrent Sarah et des bravos jaillirent çà et là. Sarah avait choisi une robe de satin blanc, au profond décolleté qui laissait nues sa gorge et ses épaules, ses bras étaient gantés de satin blanc jusqu'au coude. Sous la robe gonflée de jupons, on pouvait apercevoir les ravissantes mules de satin qu'elle avait chaussées. Applaudir Mme Follet en cet instant, c'était montrer son bonheur devant la beauté ou, selon la formule de Robson, louer le Créateur pour une de ses plus belles réussites.

François était avec Sarah lorsque Stuart Brookster vint lui présenter ses félicitations. Il avait délaissé, pour l'occasion, les vêtements à l'élégance voyante qu'il affectionnait, et portait une redingote noire, une chemise à plastron de celluloïd avec un col cassé et un nœud papillon blanc.

– Sarah, dit François. C'est une chance d'accueillir M. Brookster. Ses voyages dans le Pacifique sont si nombreux qu'on ne le voit que rarement à Honolulu.

C'était attirer l'attention de Sarah sur ce qui faisait le charme de Brookster, mais François, en un éclair, comprit qu'il était trop tard : entre Sarah et Brookster était passé un tressaillement irréversible.

François se laissa entraîner par Hackfeld vers un homme d'une cinquantaine d'années qui se tenait seul, un verre à la main, près d'un buffet. C'était un spécialiste de l'exploitation sucrière qui avait des informations techniques de la plus haute importance à lui communiquer. François ne comprit pas un mot de ce qu'on lui disait. Les paroles se mélangeaient dans sa tête, ses jambes lui manquaient. Il se retourna plusieurs fois et vit Sarah qui, attentive aux propos de Brookster, brillant et sûr de lui, partait par instants d'un rire cristallin.

Quand Bethsabée Hartford survint et entraîna Sarah vers d'autres intivés, François éprouva un bref soulagement. Herbert Hackfeld, étonné par le comportement de son hôte, lui demanda :

– Quelque chose vous préoccupe, cher ami? Vous ne vous sentez pas bien?

Il s'entendit prononcer, d'une voix sourde :

– Tout va bien, je vous assure.

Il aperçut Sarah partir au bras de Bethsabée et se retourner furtivement pour adresser un dernier regard à Stuart Brookster.

16

Le voyage d'Honolulu à Washington de Charles Bishop et Henry Pierce dura trois mois. L'ambassadeur y avait apporté un soin particulier. Rien n'avait été laissé au hasard. Les cabines de grand luxe et le salon de première classe du *Pablo Garcia* étaient à l'image de ce que Bishop allait découvrir au long de son retour vers son Massachusetts natal. Du *Baldwin*, le plus bel hôtel de San Francisco, dominant de ses cinq étages l'élégante Market Street, aux larges portes à tourniquet du *Waldorf Astoria*, au cœur de New York, ce fut une succession de demeures luxueuses, ranchs noyés dans la verdure d'immenses propriétés ou grandes maisons de bois blanc des quartiers huppés des grandes villes.

– J'ai beaucoup d'amis aux Etats-Unis, avait prévenu Pierce. Vous verrez, monsieur le Ministre, ce sont des gens charmants.

« Beaucoup d'amis, certes. Mais à ce point ! » remarqua vite Bishop... A chaque étape, le même cérémonial se déroulait. Des « amis » attendaient les deux hommes à la gare pour leur souhaiter la bienvenue, et un sénateur les hébergeait dans sa résidence personnelle. Il arriva même, à Detroit, que le comité d'accueil déployât une banderole louant l'amitié américano-hawaïenne et qu'une petite fanfare fît retentir les accords d'une marche militaire. Le soir, une réception était organisée dans une riche propriété ou dans les salons du meilleur hôtel de la ville. L'ambassadeur Pierce et le maire y allaient de leur discours, invariablement centré sur le même thème : « Ne laissons pas Hawaï tomber dans les mains des impérialistes, quels qu'ils soient, et surtout anglais. Sachons écouter les voix qui s'adressent à nous pour sauve-garder la liberté, raison d'être du grand pays que sont les Etats-Unis... » Les derniers mots se per-daient dans un tonnerre d'applaudissements.

Bishop s'était fait trop longtemps le complice de Pierce pour être dupe de cette pompe et de ce subit enthousiasme. Mais, quelques heures avant d'arriver à New York, il lui posa quelques ques-tions indiscrètes. Pierce n'hésita pas une seconde à lui dire la vérité. Il savait que l'ancien ministre des Affaires étrangères n'était plus le « papillon des plages » dont parlait Robson, le vagabond qui restait des heures à regarder la mer napper le sable blanc de la palmeraie d'Hilo.

– Je vous parais un étrange ambassadeur, c'est ce que vous voulez dire ? Vous pensez que j'agis contre les intérêts de mon pays ? Après tout, c'est ce que pourraient laisser croire les apparences ! Le président Grant refuse de supprimer les taxes sur le sucre d'Hawaï et pendant ce temps-là, son chargé d'affaires aide les Haolès à le circonvenir, allant même jusqu'à organiser des faux coups d'Etat... Vous croyez que je l'ai fait pour mes propres affaires, pour sauver ma boutique ?

– J'ai beaucoup de mal à y croire, reconnut Bishop.

Pierce sourit.

– Je vais vous faire un aveu, Bishop... Je déteste

les affaires, et par-dessus tout le commerce. Ce n'est pas mon univers... Je déteste également les « missionnaires » de l'archipel d'Hawaï. Je les trouve méprisables... Seulement, il me fallait trouver une raison qui rende mon action crédible. Alors, j'ai monté cette affaire d'importation. On ne trahit que pour l'argent, n'est-ce pas ? C'est ce que tout le monde pense, surtout les Haolès qui seraient bien en peine d'imaginer autre chose.

– Pourquoi vous donnez-vous autant de mal, Pierce, si ce n'est pas pour l'argent ?

– Pour l'amour de mon pays, mon cher Bishop, s'enflamma Pierce, pour ce qui est ma seule passion : la grandeur de ma patrie. Puisque j'ai commencé des aveux, autant aller jusqu'au bout. Savez-vous que, si je n'ai aucun penchant pour le commerce, je n'ai pas de goût non plus pour la diplomatie ?

– C'est plus étonnant.

– Dans ma jeunesse, poursuivit Pierce, je voulais partir sur la mer. Les voyages, les terres lointaines me fascinaient, j'aimais les bateaux, les grands voiliers. J'étais un enfant pauvre de New York. Je restais des heures assis au bord d'un quai, les jambes battant au-dessus de l'eau, à regarder les clippers qui rentraient et les baleiniers qui tiraient sur leurs amarres, entre deux campagnes. Je n'étais pas dans les meilleures conditions pour apprendre, on était nombreux à la maison et je n'ai pas eu droit aux meilleures écoles, mais j'avais l'essentiel : la passion. Je suis entré à l'Ecole navale à dix-huit ans et j'ai été l'un des plus jeunes lieutenants de vaisseau de la marine de guerre américaine...

Pierce eut un sourire nostalgique.

– Rassurez-vous, je ne vais pas vous raconter ma vie... Pendant près de trente ans, j'ai navigué sur les navires de guerre, j'ai sillonné tous les océans. A vingt-cinq ans, j'avais mon premier commandement à la mer. J'ai admiré le monde, du Groenland à la terre de Feu, et peu à peu j'ai pris conscience d'un fait très grave. J'ai compris que mon pays était en danger. Il y a cinq ans, alors que j'allais être nommé amiral, on m'a confié un poste important au ministère de la Marine. C'est là que j'ai rencontré un capitaine de corvette tout à fait extraordinaire. C'était un homme jeune, guère plus de quarante ans, mais il portait sur la marche de l'Histoire un regard infaillible. Cet officier était doté d'un esprit d'analyse hors du commun. Il s'appelait Alfred Thayer Mahan. Je lui ai fait part de mes constatations et de mes inquiétudes. Je lui ai dit que, partout dans le monde, les puissances européennes installaient des bases navales, que, bientôt, les Etats-Unis n'auraient le contrôle d'aucune grande voie maritime et que nos bâtiments devraient demander une autorisation pour s'engager dans certains détroits et passes... Non seulement le capitaine Mahan a approuvé mes propos, mais il est allé plus loin. « Nous avons une conception dépassée de la défense maritime du territoire, m'a-t-il expliqué. C'est par des bases navales situées à des milliers de kilomètres des Etats-Unis que nous défendrons New York ou San Francisco. »

— D'où l'offre de Pearl Harbor contre la levée des taxes sur le sucre, conclut Bishop.

Pierce fit non de la tête.

— Pas tout à fait... La base de Pearl Harbor ne constitue qu'un premier point. Le projet est bien plus vaste... Le capitaine Mahan a su me convaincre de l'importance stratégique d'Hawaï pour la sécurité des Etats-Unis, et que nous ne pouvions par conséquent laisser « les îles » et notre future

base navale entre les mains de rois à l'esprit...
fantasque.

Bishop sursauta.

– Vous voulez dire que vous œuvrez pour l'annexion d'Hawaï par les Etats-Unis ? Le ministre
Withney avait opposé pourtant un refus catégori-
que à cette perspective.

– Je sais... Withney est contre l'annexion. Il
n'est d'ailleurs pas le seul. L'immense majorité des
hommes politiques des Etats-Unis l'est aussi. Il y a
le « lobby » des planteurs de Louisiane, bien sûr,
mais également les partisans de la pureté raciale de
notre pays. « Nous avons assez de Noirs, de
Chinois, de chicanos, de métèques de toutes sortes
chez nous. Il n'est pas utile de récupérer d'un seul
coup les milliers de Canaques et de Jaunes qui
peuplent les îles ! » Ce genre de raisonnement est
très en vogue, n'en doutez pas... Et puis il y a les
autres, les sincères défenseurs des principes qui ont
fondé notre pays. Ils répètent : « Ne touchons pas à
la liberté d'autrui... Pas d'ingérence dans les affaires des autres pays. Respectons la volonté des
autres peuples. » Depuis notre arrivée sur le continent, tous les hommes politiques que je vous ai fait
rencontrer sont pénétrés de cette idée, et c'est sur
eux que nous allons agir. Le fait qu'il y ait à Hawaï
un courant d'amitié pour les Etats-Unis, exprimé
par le *Morning News*, les touche beaucoup. Le
« coup d'Etat » des Britanniques, comme vous
l'avez remarqué, a porté ses fruits. L'annexion est
en marche, Bishop. Tenez : je prends les paris.
D'ici deux ans, la bannière étoilée flottera sur le
palais Iolani.

– Aux Etats-Unis, la peur de l'Angleterre est
toujours efficace ! observa Bishop.

– Efficace et absurde ! Les spécialistes ont dû
éclater de rire en lisant le compte rendu du coup

d'Etat anglais et les éditoriaux de M. Follet. Ce n'est pourtant pas l'Empire britannique qu'il faut craindre, dans le Pacifique Nord...

– Je ne comprends plus, laissa échapper Bishop, désappointé.

– Le danger vient d'ailleurs. Si certains, dont je suis, militent, complotent même pour l'annexion d'Hawaï, c'est pour prévenir le péril qui nous guette... La puissance de l'Empire du Soleil Levant!

– Vous pensez sérieusement que le Japon est un péril pour les Etats-Unis?

– C'est, sans aucun doute, le pays qui menace le plus sérieusement la sécurité de l'Amérique. De plus en plus, les navires de guerre japonais sillonnent le Pacifique. Ce sont des bâtiments à vapeur, des croiseurs et des destroyers. On sait, par exemple, que l'année dernière, en 1874, le Mikado a passé d'importantes commandes de bateaux de gros tonnage aux chantiers anglais. On sait aussi que de nombreux officiers de la Navy sont chargés de l'instruction des lieutenants japonais, et que des Allemands ont été appelés pour entraîner les fantassins et l'artillerie. Nos craintes sont fondées. Et le temps presse... Hawaï doit devenir américain!

Il arrive que les bruits se mélangent. Au fracas du train, au martèlement de ses roues contre les rails s'ajoutait un autre vacarme que les deux hommes ne pouvaient percevoir. A des milliers de kilomètres de là, à Hawaï, dans le roulement continu et cadencé des rotatives de presse, l'*Honolulu Standard* sortait son premier numéro aux premières lueurs de l'aube.

– Rien ne pourra nous arrêter!... » répétait au même instant Henry Pierce.

Le *Standard* était destiné à répandre dans les îles la parole d'un personnage hors du commun, à l'ambition démesurée, Walter Murray Gibson.

William Pitt remarqua très vite que François portait plus qu'un intérêt professionnel au journal des mormons et à la personnalité de Gibson. La veille, il lui avait posé des questions, soucieux.

– On dit qu'ils vont tirer à trois mille exemplaires. Trois mille exemplaires ! C'est insensé ! Où trouve-t-il l'argent ?

– Les mormons ont amassé une richesse considérable. Plus de vingt-cinq ans de labeur et de privations... De plus, ils ont l'aide de leur banque, l'Oriental Bank. Et il n'est pas impossible qu'ils soient appuyés par des seigneurs de l'opium, les maîtres de Chinatown.

– Qu'est-ce que les Chinois viennent faire dans cette histoire ?

– Je l'ignore. Je sais simplement que tous les jours l'*Honolulu Standard* répétera : « Pas de traité avec les Américains, ne bradons pas le royaume d'Hawaï, ne vendons pas Pearl Harbor... » Nous en saurons plus d'ici quelques mois. Sais-tu d'où vient cette information ? Des rédacteurs qui ont été engagés par Gibson. Ce sont tous des « Plumes d'oiseau ». Dois-je te faire un dessin ?

François n'avait pas besoin d'explications. Les « Plumes d'oiseau » étaient un groupe de jeunes Hawaïens issus des écoles de missionnaires, qui militaient pour le retour au passé et à la tradition, afin que l'archipel redevienne ce qu'il était avant l'arrivée des Blancs et de leurs ravages. Ils avaient choisi leur nom par référence à la coiffure de cérémonie, majestueuse et guerrière, des grands chefs canaques. Ils ne voulaient obtenir qu'une chose : le départ de tous les Blancs d'Hawaï. Les Haolès étaient tous, à leurs yeux, des marchands de poison; qu'ils fussent pasteurs et vendissent les poisons de l'esprit, qu'ils fussent cabaretiers et vendissent ceux du corps, qu'ils fussent planteurs et vendissent l'asservissement des hommes. Les « Plumes d'oiseau » refusaient la violence, mais n'étaient pas pour autant considérés comme des interlocuteurs sérieux. William Pitt les connaissait pour les avoir fréquentés au séminaire d'Honolulu. Il entretenait avec eux des rapports d'amitié, des liens fraternels que rien n'affectait, pas même les violentes discussions qui les opposaient. « Il est trop tard, leur disait-il. Nous ne pouvons faire machine arrière. Chasser les Blancs ne servirait à rien. » Il savait que seul le trésor des planteurs pourrait sauver la population polynésienne en pleine dérive. Un jour, dans le feu d'une conversation, comme un des « Plumes d'oiseau » lui reprochait d'être « vendu aux Américains », William Pitt avait répondu : « Peu importe le drapeau qui flottera sur le palais Iolani. Je suis pour le pays qui assurera la survie de mon peuple... Pourquoi pas les Américains ? Le problème n'est pas là... » Les « Plumes d'oiseau » avaient tranché, catégoriques : « Tu te trompes. Le malheur est arrivé avec les Blancs. C'est avec les Blancs qu'il repartira. »

Si François s'intéressait autant à l'*Honolulu Standard*, c'était surtout à cause de Stuart Brookster. Depuis la réception qu'il avait donnée, son univers avait basculé. Rien n'existait plus, sauf Sarah qui s'en allait, qui était déjà loin de lui, alternant les moments de gaieté et d'inquiétude, les éclats de rire et les regards mélancoliques. Sarah était tombée amoureuse de Stuart Brookster, il en était certain. Elle s'était refusée à lui plusieurs fois, sans explications, et ses soupçons étaient alors devenus certitude. La parution du journal de Gibson ne le préoccupait que par rapport au drame qu'il vivait lui-même. Stuart Brookster n'était-il pas le fondé de pouvoir de la communauté mormone ? Et Gibson n'était-il pas un ami de Brookster ?

Les premiers lecteurs du *Standard* eurent un choc en le lisant. Réalisé avec soin, sa mise en page était élégante et claire, sur six colonnes. Le nom du journal était imprimé en caractères gothiques et en dessous, en minuscules, à côté de l'adresse de la publication, 20, King Street, figurait celui du directeur : Walter Murray Gibson... C'est là que tout basculait. Gibson s'était en effet attribué la moitié gauche de la première page pour son premier éditorial.

— Ce type est sonné ! Complètement sonné ! répétait François après l'avoir parcouru.

— Un peu cinglé, admit William Pitt, mais tout de même : quel style, quel rythme ! Tout le monde n'est pas capable d'écrire un éditorial en vers !

Il se mit à relire le texte à haute voix :

Hawaï et Chanaan

La vigne, le ciel azur et les vergers en fleurs
Ont fait des îles Hawaï un havre de douceur,
Que nul, sinon Dieu, ne pourra leur enlever :
Hawaï et Chanaan ont la même beauté.

Des négociants sans foi, avec leur goût du lucre,
Veulent de cette beauté faire de la canne à
[*sucre.*
Qu'ils soient chassés du temple, sans aucun
[*ménagement,*
Et que le peuple entier les voue au châtiment !

Alors, les îles Hawaï et leur roi vénéré,
D'un Dieu reconnaissant goûteront les bienfaits;
Et, d'une terre nourricière protégeant les vertus,
Attendront le Messie dans la voie du salut.

Sous le vent frais du soir, près des flots soupi-
                                          [rants,
Lorsque la main de Dieu rougit le firmament,
Agneaux du Pacifique, écoutez le berger :
« Hawaï et Chanaan ont la même beauté! »

> Walter Murray Gibson,
>   le saint berger de Lanaï.

– Saint berger! Rien que ça! s'exclama François. Cet illuminé est très adroit. Il ne parle pas des Blancs.

– Il est lui-même de race blanche.

– Il se contente de parler des planteurs. Plus de canne à sucre à Hawaï : les planteurs s'embarquent pour l'Australie et, avec eux, tous ceux qu'ils font vivre : les commerçants de Punchbowl Street, les taverniers, et jusqu'aux accordeurs de pianos!

– Il y a aussi une interview du roi Kalakaua, enchaîna William Pitt, amusé... Tu n'es pas au bout de tes surprises, regarde.

– Je n'ai pas le courage de lire ces sornettes.

– Tu as tort. Il parle de mettre en application la Constitution du roi Lot.

– Le suffrage universel à Hawaï?

Le visage de Pitt, tout à coup, s'assombrit.

– Tu estimes que seuls les Blancs propriétaires terriens ont le droit d'élire des représentants? demanda-t-il d'un ton abrupt.

– Ne te fâche pas! Je pense simplement qu'il ne

sera pas facile d'expliquer aux Hawaïens ce qu'est un bulletin de vote !

– Kalakaua a prévu d'organiser des élections dans cinq ans, en 1880. D'ici là, mes frères canaques auront peut-être compris, coupa William Pitt.

– Et les Chinois ? reprit François, sans relever le ton acerbe de son rédacteur en chef... Ils auront le droit de vote ?

– Kalakaua n'en parle pas... Ce projet de suffrage universel et cet éditorial rédigé en vers vont beaucoup amuser les Blancs. Je les connais. Et ils auront tort !

François constata le soir même que le monde des missionnaires s'amusa beaucoup, en effet, à la lecture du premier numéro de l'*Honolulu Standard*. Les Ladd, vieille famille de missionnaires enrichis, donnaient une réception dans leur propriété de Nuuanu Valley, et les Follet avaient répondu à l'invitation. Sarah avait même fait preuve d'empressement pour accepter.

Ils arrivèrent parmi les derniers. Ce n'était pas prémédité. François n'avait fait qu'attendre plus d'une heure sur la terrasse que Sarah eût fini de se préparer. Elle était descendue, vêtue d'une robe de velours noir rehaussée de dentelle et fermée au col par une broche en jais cerclée d'or. Jamais elle ne lui avait paru aussi belle et jamais elle n'avait pris autant de soin à l'être. François devinait que ce n'était pas pour lui.

Etre parmi les derniers à entrer dans le parc noyé de lumières des Ladd présentait aux yeux de Sarah l'avantage de retenir, d'un seul coup, l'attention de tous les invités. En un instant, elle sentit que chacun se retournait vers elle, que les conversations s'interrompaient, qu'un frisson d'admiration et de jalousie parcourait l'assistance. D'un seul coup d'œil, François constata que Brookster n'était pas là et poussa un soupir de soulagement.

Pendant qu'Emily Ladd entraînait Sarah pour la présenter à ses amies, Herbert Hackfeld, contrarié, s'approcha de François et le prit discrètement à part.

– Vous avez vu tous ces crétins, François? Le nouveau journal d'Honolulu les fait rigoler! Regardez-les, les Ladd, les Brown, les Castle, incapables de voir plus loin que le bout de leur nez. Le *Standard* marque peut-être leur arrêt de mort et ils rigolent.

Il prit un cigare dans un coffret acajou que lui offrait un laquais chinois et en déchira le bout d'une morsure nerveuse.

– La situation n'est pas dramatique, répondit François.

– Allons, fit Hackfeld en baissant la voix. Vous savez bien que cette histoire peut ruiner nos projets d'annexion.

– Qu'est-ce que vous dites?

– Enfin, Follet, vous comprenez très bien le sens de mes paroles! s'emporta Hackfeld, visiblement hors de lui. Vous êtes mieux placé que quiconque pour deviner que Gibson va ruiner tous nos plans!

François feignit d'être au courant.

– Rien n'est remis en cause, monsieur Hackfeld, fit-il. Il est des projets qui ne s'effondrent pas pour si peu. Gibson n'est qu'un illuminé!

– Un illuminé? Peut-être, mais il est très organisé. La Constitution de Lot, c'est lui, jadis, qui l'a mise au point et qui a convaincu Kalakaua de la mettre en application. Je connais bien les Américains. Ils respectent le droit... Ils n'annexeront jamais un pays qui instaure le suffrage universel.

Un maigre vieillard aux cheveux longs, un verre

de bourbon dans une main et un exemplaire de l'*Honolulu Standard* dans l'autre, interpella soudain Hackfeld.

– Tu vois, Herbert, fit-il, d'une voix râpeuse... On croyait avoir tout connu dans les îles, les éruptions du Kilauea, la vérole et les dragons chinois dans Punchbowl Street pour la fête du lion. On se trompait.

Il prit un air emphatique et déclara :

– « Agneaux du Pacifique, écoutez le berger :
    Hawaï et Chanaan ont la même beauté. »

Voilà le dernier fléau qui nous arrive : le romantisme !

Hackfeld passa un bras sous le coude de l'homme pour éviter qu'il s'effondre. Celui-ci leva de nouveau son verre pour conclure, solennel et vacillant :

– Mon vieux Herbert, Hawaï n'est pas un Etat comme les autres. C'est un pays unique, exceptionnel, qui va plus vite que tous les autres. On n'est pas encore devenu une vraie nation que nous voilà déjà décadents.

François, détendu, se laissait aller à rire aux plaisanteries que les missionnaires, autour des buffets, faisaient sur Gibson le poète. Sarah, elle, au bras d'Emily Ladd, avait l'impression d'errer dans cette brillante réception où il lui semblait ne reconnaître personne. Elle ne cessait de regarder vers l'entrée. Bethsabée Hartford, venue à sa rencontre, l'embrassa et lui fit des compliments sur sa beauté. Elle vit que Sarah n'écoutait pas, occupée par une pensée qu'elle ne devinait pas. Elle tenta de la tirer de sa torpeur :

– Venir en noir à une réception ! Seules les très grandes beautés peuvent se le permettre.

Sarah sourit, mais Bethsabée comprit que ce sourire n'était qu'une façade. Le regard vert de son amie trahissait une attente éperdue, la flamme affolée des grandes inquiétudes amoureuses.

Quelques mètres plus loin, François discutait avec des missionnaires de l'opportunité de l'annexion d'Hawaï par les Etats-Unis, s'amusant à sonder les esprits, à déceler les intérêts et les hypocrisies.

Tout à coup, il n'entendit plus rien. Alors que certains invités commençaient à prendre congé et à prendre place dans les landaus rangés devant l'entrée, un homme, en tenue blanche et panama, remonta l'allée. C'était Stuart Brookster qui se dirigeait vers Sarah.

Elle sentit son cœur battre plus vite lorsque Brookster, ayant retiré son panama, lui posa un baiser sur le bout des doigts.

– Chère Sarah, j'ai bien cru arriver trop tard, dit-il. Je suis parti de Lanaï il y a deux jours... Ma goélette s'est trouvée privée de vent. Et moi, j'ai failli être privé de vous... Je m'en serais voulu de vous manquer, Sarah... Vous êtes très belle.

– Ce n'eût été, sans doute, que partie remise, murmura-t-elle.

Brookster tressaillit un instant devant ce qui était une invite à peine masquée.

– Je ne peux laisser le hasard décider de notre prochain rendez-vous. Aujourd'hui, j'ai failli être victime d'un vent capricieux. Demain, ce sera autre chose...

Alors qu'ils approchaient de l'entrée où François saluait leurs hôtes, il se lança :

– Je dispose de l'appartement d'un ami, César Moreno. C'est au 10, Punchbowl Street. J'y serai demain, en fin de journée...

17

L'APPARTEMENT de Moreno se composait de deux petites pièces tendues de velours et de satin, au premier étage d'une maison de bois semblable à toutes celles du bas de la ville. La mode des garçonnières s'était répandue dans l'archipel. Avec l'argent, les descendants des sévères missionnaires de la première heure avaient en effet pris le goût de l'adultère.

Cela consistait à installer une belle Hawaïenne, ou mieux une splendide sang-mêlé, dans une bonbonnière, sur le front de mer ou un bungalow au bout de la plage de Waikiki. Entretenir une de ces femmes était une marque indiscutable d'aisance matérielle. Non que la location d'un tel pied-à-terre fût exorbitante ou que ces demoiselles fissent payer des tarifs inconsidérés. Le plus onéreux était la fidélité de ces jolies vahinés aux yeux noirs et à la peau cuivrée. Ce n'était pas une susceptibilité d'amant bafoué, mais une simple question de propagation microbienne. En versant de belles sommes à leur maîtresse, les riches Haolès pensaient leur enlever le besoin de coucher avec des marins de passage pour un dollar ou une livre sterling avec les risques syphilitiques que cela comportait. Ainsi avaient cheminé les consciences : les premiers missionnaires craignaient Dieu et les flammes de l'enfer. Leurs petits-enfants redoutaient la vérole.

Stuart Brookster était le seul Blanc d'Hawaï à connaître intimement Celso César Moreno. L'homme était discret et ne venait que rarement à Honolulu. Brookster l'avait rencontré à Canton, chez un riche commerçant de la ville. Il parlait couramment chinois, mais avec un terrible accent dont il s'excusait volontiers.

– J'ai l'accent italien, que voulez-vous... Je peux parler chinois, anglais ou français, mais avec de l'italien autour. Je ne peux renier mes origines. Je suis né dans la plus belle ville du monde... Florence !

Ami depuis plus de dix ans avec lui, Brookster ne savait pas exactement quelles étaient les activités de Moreno. Il savait seulement qu'il était, comme lui, chargé de défendre les intérêts des Chinois dans le monde des Blancs, dans le trafic de l'opium, probablement. Hawaï n'était pour lui qu'une halte entre les deux rives du Pacifique.

Il était six heures du soir et Stuart Brookster commençait à s'inquiéter. Il se leva nerveusement et marcha jusqu'à la fenêtre. En bas, dans Punchbowl Street, le crépuscule apportait un regain d'activité, comme si chacun voulût régler ses affaires ou se mettre en règle avec sa conscience avant qu'Honolulu ne s'abandonnât à l'empire de la nuit. Sarah n'était pas au rendez-vous. Une fois de plus, il retourna dans sa tête les hypothèses qui avaient pu l'empêcher de venir. Il fit quelques pas vers un guéridon et alluma une lampe à huile au large ventre de porcelaine. Peut-être Follet s'était-il rendu compte du danger et la surveillait-il de près ? Peut-être même la séquestrait-il ? A la réflexion, c'était peu probable et une femme sait toujours déployer des trésors d'ingéniosité pour arriver à ses fins. Il se servit un verre de cherry pour tromper son attente. La nuit envahissait lentement la ville. Sarah ne viendrait pas.

La jeune femme au même instant, était penchée sur le berceau de Pierre. Il pleurait. Elle posa sa main sur son front, laissa échapper un soupir inquiet... La fièvre avait encore gagné. Pierre était brûlant et son visage se gonflait, rouge. Cheng-Hi, qui était allé chercher le docteur Chamberlain, tardait à revenir. Devant son fils qui luttait contre la maladie, Sarah se sentait désarmée. Mais, étrangement, aucune émotion, aucun sentiment de culpabilité ne venaient l'assaillir. L'image de Brookster occupait entièrement son esprit : comment allait-il interpréter son absence ? Quand François rentra, elle réussit à lui masquer son désarroi. Le docteur Chamberlain était enfin passé et avait diagnostiqué une rougeole sans importance. François monta voir son fils qui dormait paisiblement, veillé par Nalani.

Plus tard, au cours du dîner, il fut sur le point de parler de Brookster pour observer les réactions de Sarah, mais renonça devant son air abattu. Ce n'était pas le moment de provoquer une querelle. D'autant plus qu'il avait décidé, le matin même au cours d'une conversation avec Pitt, de se rendre jusqu'à Lanaï pour rencontrer Gibson.

– Il est temps que j'aille voir à quoi ressemble ce mormon, expliqua-t-il. Tu n'y vois pas d'inconvénient ? C'est l'affaire de trois jours, tout au plus.

– Pars tranquille, répondit Sarah, je veillerai sur le petit pendant ton absence.

Ils allèrent se coucher sans plus échanger aucune parole.

Le jour se levait lorsque le *Fortuna* doubla la pointe de Diamond Head et prit le large. Venant au vent d'Oahu, accrochées par le souffle des alizés, les voiles du navire se gonflèrent avec un claquement sec et la goélette prit de la gîte sur tribord. Le *Fortuna* était le seul navire qui faisait le voyage de Lanaï. Appartenant à la communauté mormone de l'île, c'était un ancien baleinier désarmé qui transportait les mormons venus vendre leurs mangues, leurs bananes, leurs ananas et leurs tomates aux épiciers chinois d'Honolulu.

Sur le pont arrière, François regardait les montagnes d'Oahu et la tache blanche d'Honolulu se noyer dans la brume. Il était parti du ranch Mooney alors qu'il faisait encore nuit et n'avait pas voulu réveiller Sarah, lui laissant juste quelques mots griffonnés à la hâte : « Je t'aime, Sarah. Ne l'oublie jamais. »

Cheng-Hi avait tenu à l'accompagner jusqu'au port. Lanaï l'inquiétait.

– Je ne comprends pas, avait-il dit... C'est la seule île où aucun Chinois n'est installé. Pas un seul épicier ! Même pas une fumerie ! Faites attention, monsieur Foyette. Lanaï, île très dangereuse !

L'équipage et les passagers de la goélette, tous mormons, étaient des Polynésiens qui s'interpellaient avec de grands éclats de rire et se disaient bonjour, *aloha*, en se serrant la main, puis se saluaient d'une respectueuse inclination du buste, la main posée sur le cœur. Ils étaient vêtus comme des Blancs, chemise claire à manches courtes et pantalon clair pour les hommes, robe de cotonnade légère pour les femmes, tels des petits planteurs qui retourneraient dans les îles après avoir réglé leurs affaires à Honolulu. Cela ne cadrait pas avec l'image des mormons que François s'était forgée, la veille, au journal avec son rédacteur en chef.

— Voilà tout ce que j'ai pu savoir sur les mormons, avait dit William Pitt, en posant une simple feuille de papier devant lui... L'Eglise mormone, appelée également Eglise des saints du dernier jour, a été fondée en 1827 par un certain Joseph Smith qui prétendait avoir eu des révélations divines d'un prophète juif nommé Mormon. Sa doctrine spirituelle est un mélange de principes bouddhiques, gnostiques, musulmans et chrétiens. Les mormons reconnaissent surtout deux grands devoirs : le patriotisme et le paiement des dîmes. Pour le reste, leur ambition se borne à s'enrichir et à posséder de nombreuses femmes. Smith, assassiné en 1844, a eu pour successeur Brigham Young qui fonda la grande colonie mormone autour du Lac Salé. Par la suite, cette colonie est devenue un territoire, sous le nom d'Utah. Quelques années plus tard, les mormons ont commencé à avoir des ennuis avec les autorités fédérales américaines. Voilà, c'est tout ce que j'ai pu apprendre sur eux.

— Et Walter Gibson?

— Mystère! On sait que Walter Gibson a remplacé le fondateur de la communauté mormone de Lanaï, un dénommé...

— Aaron Javis, coupa François. Si tu veux, je t'expliquerai comment Aaron Javis est devenu propriétaire de l'île... Il l'a échangée contre des bouteilles de whisky! Revenons à Gibson.

— Rien sur Gibson, reconnut William Pitt. Le roi Lot appréciait les mormons parce qu'ils étaient les seuls à payer leurs impôts à l'Etat, ce que personne ne faisait, même pas les missionnaires. Gibson est venu un jour en personne lui remettre sa dîme...

C'est ainsi qu'il est devenu son ami et qu'il lui a suggéré une nouvelle Constitution, basée sur le suffrage universel.

François se demandait pourquoi il n'y avait aucun Blanc parmi ces mormons-là. L'île de Lanaï n'avait-elle pas été achetée par Javis pour recevoir ses coreligionnaires chassés des bords du Lac Salé?... Sans doute avaient-ils fait preuve de prosélytisme et avaient-ils réussi à convertir les Canaques de l'île.

Lorsqu'ils arrivèrent à Lanaï après avoir doublé la grande île de Molokai, le soleil était au zénith. Dans la baie d'Okumalapau, où le *Fortuna* était venu relâcher, un ponton avait été jeté dans les eaux turquoise. A peine François avait-il fait quelques pas à terre qu'il fut saisi par une impression de propreté, de clarté, par une atmosphère idyllique. Des indigènes venaient entreposer, sur le bord de mer, des fruits et des légumes, pour le prochain départ. L'habillement des femmes, robe de coton et bonnet blanc sur la tête, lui donnait la curieuse sensation d'être tombé dans une image naïve du Paradis où se mêlaient le travail joyeux et la saine amitié. Peut-être était-il vraiment ici, le Paradis terrestre dont avait rêvé Hiram Bingham.

« Les anges du Paradis seraient-ils suspicieux? » François, en marchant le long de la plage, près des petites maisons de bois, ne tarda pas à se le demander. Entre les rires, il percevait des regards inquiets et des signes interrogateurs. Deux hommes se présentèrent à lui. C'étaient des policiers que rien ne distinguait des autres habitants. Eux aussi étaient vêtus de chemisettes et de pantalons de toile. Connus de tous, ils n'avaient pas besoin d'insigne. Ils étaient simplement plus grands et plus costauds que les autres. Ils considérèrent François avec méfiance, comme s'il représentait un danger considérable, mais acceptèrent de l'emmener dans une carriole pour rencontrer Walter Gibson.

– Vous avez un passeport hawaïen et vous ne parlez pas canaque? demanda l'un d'eux, le visage dur.

– Je n'ai pas appris, fit François... Je suis venu rencontrer Walter Gibson. Je sais qu'il parle anglais.

– Quand vous parlez de Walter Gibson, fit l'autre, cassant, dites : « Monseigneur », et quand vous vous adressez à lui, dites : « Saint Berger ».

François ne releva pas. Tandis que la carriole tirée par un cheval lourd gravissait un chemin caillouteux, entre deux haies de peupliers, François retrouva cette impression de fraîcheur et de gaieté un peu puérile qu'il avait ressentie dès son arrivée. Au milieu des bananiers, dans des jardins bien taillés, près des champs d'ananas, les mormons avaient bâti des petites maisons, blanches sous le soleil. François n'en croyait pas ses yeux. A quelques milles seulement d'Honolulu, il se sentait dans un autre univers.

Ils parvinrent au sommet d'une colline, sur une grande clairière plantée de pins vertigineux. Au milieu se dressait une longue maison blanche, en partie recouverte de vigne vierge... C'était là que vivait Walter Gibson. Tout était suspendu dans le silence, au milieu des cris d'oiseaux et du vent qui faisait frissonner les hautes branches des pins. Les mormons veillaient sur le repos de leur maître.

Le Saint Berger venait de se réveiller et faisait quelques pas, seul, devant sa maison. La carriole s'arrêta à quelques mètres de lui, comme si le respect imposait de garder un minimum de distance. François fut ébahi en découvrant le personnage. Walter Murray Gibson était un homme d'une soixantaine d'années et sa maigreur était soulignée par la bure de moine blanche qu'il avait revêtue. Des sandales de cuir, de longs cheveux blancs, des joues creuses que soulignait une barbe et des yeux fiévreux accentuaient cette image de pureté. Tout était calculé pour que le Saint Berger donnât l'impression d'être tombé, par hasard, des pâturages célestes.

Walter Gibson comprit en un regard ce que pensait son visiteur. C'est une faculté particulière aux charlatans de détecter instantanément ceux qui risquent de les confondre, ou de semer le doute chez leurs fidèles. François descendit de la carriole et lui tendit la main. Mais le Saint Berger ouvrit largement ses bras, paumes tournées vers le ciel, yeux mi-clos, plongé dans une soudaine prière :

– Seigneur Dieu, roi des rois, accueille dans ta communauté notre visiteur... déclama-t-il. Excusez-moi, je n'ai pas bien entendu votre nom...

– François Follet.

– ... notre visiteur François Follet. Faites venir en son cœur la grâce de votre fils Jésus-Christ et celle de Lono, prince des vagues, et que par votre œuvre divine il ne reste pas sourd aux paroles de paix de votre saint berger.

Il prononça ensuite une phrase en canaque et les deux policiers, qui avaient gardé la tête baissée et les mains pieusement jointes, répondirent « Amen » d'une voix grave.

– Je suis heureux de vous accueillir dans notre communauté, reprit Gibson.

– Je suis venu pour des raisons professionnelles, précisa François. Je suis journaliste... Rien de ce qui se passe dans l'archipel d'Hawaï ne m'est indifférent et je souhaite vous poser quelques questions pour éclairer mes lecteurs sur la façon dont vous envisagez l'avenir du royaume.

Gibson considérait son visiteur d'un regard froid, sans esquisser le moindre sourire.

– Mais je ne vous ennuierai pas très longtemps... Le *Fortuna* reprend la mer demain. Je partirai avec lui.

Cette fois, le Saint Berger se força à sourire.

– Vous n'y pensez pas! s'exclama-t-il.

Il fit signe aux deux policiers de repartir.

– Nous allons vous préparer la maison d'hôte, réservée à ceux qui nous font l'honneur de rendre visite à notre communauté. Elle est à côté de la mienne.

Sans en avoir l'air, Gibson était en train de le faire prisonnier. C'était habile et François, amusé, se prêta au jeu. La curiosité était la plus forte.

– Le *Fortuna* reviendra dans une semaine, cela vous donnera le temps de rencontrer nos frères, de les écouter, de comprendre leur rêve d'un monde idéal, non seulement à Lanaï, où l'harmonie s'est faite entre l'homme et la nature, mais dans tout le royaume d'Hawaï... La veille de votre départ aura lieu la grande fête de notre communauté, « la fête de Jésus, roi de l'océan ». Après avoir béni nos frères, je vous accorderai une interview. Je répondrai à toutes vos questions, soyez-en sûr.

Pendant une semaine, François partagea la vie du Saint Berger des mormons.

Le matin on vivait dans le silence, on chuchotait de peur de réveiller Gibson qui dormait ses douze heures. Seuls les cris des coqs troublaient cette quiétude irréelle, écrasée de chaleur.

Vers midi, sœur Rita Rigbourg, la cinquantaine, une natte lourde et blonde comme des blés fanés, en aube blanche et les pieds nus, pénétrait d'un petit pas cérémonieux dans l'ombre fraîche de la maison de Gibson, un bol de thé entre ses mains qu'elle déposait, avec précaution, sur la table de chevet, près du *Livre des rêves et des présages*. Elle claquait alors sèchement dans ses mains trois fois, puis s'installait sur le lit de cotonnade blanche pour lui masser le front.

— Sœur Rita, pour l'amour de Dieu, je réfléchis. Laissez-moi me souvenir de mes rêves. Les rêves sont les clefs de l'avenir, protestait immanquablement Gibson.

La journée pouvait commencer. Pendant des heures, on laverait les longs cheveux argentés du Berger, on lisserait sa barbe, on adoucirait ses mains dans du lait de coco, on l'aiderait à endosser sa bure immaculée avant qu'il parte visiter les villages du bord de mer, serrant la main des hommes, signant le front des femmes, ébouriffant les cheveux des enfants. Il bénirait l'horizon d'un geste large mais aussi les jardins, les plantations et les poulaillers. Alors, plissant les yeux et pressant son bâton de pèlerin sur son cœur, il soupirerait :

— Cinq mille âmes, sœur Rita, cinq mille âmes innocentes qui ont fini par admettre que j'étais Dieu... Que demander de plus ?

Sœur Rita pensait : « Que ça dure, Saint Berger, que ça dure ! » mais elle gardait le silence. Et tous les soirs, dans les pastels du crépuscule, le soleil avait, pour le mormon Gibson, un léger goût d'éternité.

La fièvre de Pierre commençait à baisser. Nalani, dans la chambre où un rai de lumière se glissait entre les rideaux, continuait de masser les pieds de l'enfant.

– Il va mieux, constata Sarah rassurée. Mais son âme, comment est son âme?

– L'âme de Pierre revient peu à peu dans son corps, madame Sarah.

– Est-il tiré d'affaire?

– Il faut attendre, fit la nurse. Tant que son âme n'a pas définitivement rejoint son corps, tant qu'elle flotte encore un peu autour de lui, tout est possible.

Sarah posa un mouchoir humide sur le front de son fils et contempla un instant son enfant que la fraîcheur de l'eau apaisait. Puis elle sortit de la pièce, anxieuse : aujourd'hui encore, elle ne pourrait pas retrouver Stuart Brookster. Elle fit quelques pas dans le jardin en retournant, pour la centième fois, la question dans sa tête. Elle ne pouvait pas abandonner son fils... Elle devait faire parvenir une lettre à Brookster. Mais qui serait le messager? Cheng-Hi? Elle s'en méfiait... Restait Gordon Moorehead. Le vieux jardinier était indulgent. Il comprendrait.

Gordon Moorehead vint au ranch Mooney en milieu d'après-midi, mais, devant son air soucieux, Sarah n'eut pas le cœur de lui demander de jouer les commissionnaires.

– Adélaïde est tombée malade... Elle a attrapé la maladie de Pierre. Après tout ils sont jumeaux, c'est normal.

– Et Agnès? demanda Sarah.

– Je l'ai confiée pour quelques jours à Tom Robson. Le *Prince Alfred* n'est pas vraiment un endroit pour une petite fille, mais elle a moins de chance d'y attraper la rougeole.

– Gordon... L'âme d'Adélaïde est-elle toujours près d'elle?

– C'est ce qui m'inquiète, admit Gordon... Son âme tarde à revenir dans son corps. Je le savais depuis longtemps : les âmes hawaïennes n'aiment pas les maladies des Blancs. Il se peut qu'elle soit fâchée et qu'elle ne veuille plus jamais revenir.

Sarah acquiesça : les âmes hawaïennes détestaient par-dessus tout être enfermées dans un corps atteint par un mal d'Haolè. Sarah et Gordon Moorehead, élevés tous deux dans la foi chrétienne, avaient adopté les croyances polynésiennes, sans que le moindre doute ne les effleurât. Elevés par des nurses hawaïennes et vivant au milieu des Canaques, bien des Haolès étaient dans leur cas. Ils estimaient non seulement que l'âme pouvait quitter le corps et y revenir, mais aussi que les dieux vivaient au fond des volcans, ou qu'ils batifolaient parfois sur la crête des déferlantes. Un demi-siècle après leurs grands-parents venus porter l'Evangile dans l'archipel, les petits-enfants des missionnaires avaient fait leurs les croyances des païens. Le ciel sait offrir aux vaincus de bien curieuses revanches.

Sarah finit par prendre la décision que lui dictait sa passion. Elle monta dans sa chambre et demanda à Cheng-Hi de prévenir le cocher qu'elle descendait en ville.

Stuart Brookster, pour la deuxième journée consécutive, attendait dans la garçonnière de César Moreno. Le soir commençait à tomber et son espoir de retrouver Sarah déclinait de minute en minute. Il alluma la lampe à huile sur le guéridon près de la fenêtre et se servit un verre de cherry. Il était décidé à ne pas attendre la nuit. Sans Sarah, cette bonbonnière était ridicule... Il allait se diriger une fois de plus vers la fenêtre lorsque trois coups furent frappés, à peine perceptibles, contre la porte : Sarah se tenait droite, souriante et grave, sur le palier.

Brookster la fit entrer et la détailla. Elle était superbe dans sa robe à crinoline verte, sa poitrine haute mise en valeur par un corsage de soie blanche, volanté de dentelle. Il dit simplement :

– Sarah, vous êtes la plus belle femme que j'aie jamais connue. Et il posa sa bouche sur ses lèvres entrouvertes.

Stuart Brookster fut tel que Sarah l'avait rêvé et la nuit était tombée depuis longtemps lorsqu'elle regagna son cabriolet. En remontant Punchbowl Street, dans l'animation de la nuit, parmi les marins qui déambulaient autour des cracheurs de feu et des montreurs d'ours, dans l'odeur des oignons frits et du cochon grillé, elle eut la sensation qu'elle allait vers un lieu qui lui était soudain étranger. Sa maison n'était plus au ranch Mooney. Elle était n'importe où, avec l'homme qu'elle aimait désormais comme son maître, Stuart Brookster.

Chaque jour, elle retourna dans la garçonnière de César Moreno, impatiente de rejoindre son amant. François ne rentrait pas, Pierre se remettait peu à peu : Sarah se sentait brusquement libre et vivait sa passion totalement. Un soir, Brookster lui dit que le *Fortuna* était annoncé pour le surlendemain. François serait sans doute à bord. Sarah, sous les draps finement brodés, se serra contre lui :

– Qu'allons-nous devenir ? murmura-t-elle.

– Ecoute, Sarah. Nous ne pouvons continuer ainsi. Chaque instant passé sans toi me désespère. Tout peut nous séparer. Nous sommes voués l'un à l'autre... Mais je ne veux pas vivre avec toi la vie médiocre des amants clandestins. L'adultère, c'est de l'amour au rabais. Je commence à te connaître,

278

Sarah. Tu finiras par avoir du mépris pour ce que tu fais, les rendez-vous secrets dans cette chambre, les mensonges permanents. Tout cela nous éloignera l'un de l'autre. Je ne le veux pas. Le *Pablo Garcia* part demain pour les Etats-Unis. Viens avec moi... Partons ensemble loin d'ici.

Pendant toute la nuit, elle erra, tourmentée, de pièce en pièce, dans la maison silencieuse. Elle refusait encore une décision qu'elle savait inéluctable. Devant le petit lit où Pierre dormait paisiblement, elle pleura doucement.

— Mon enfant, murmura-t-elle, pourquoi faut-il que je te quitte?

18

– Recueillez-vous, frères et sœurs, proclama Walter Gibson les yeux levés au ciel, les bras largement ouverts. La fête de Jésus et de l'océan va commencer quand le soleil sera à son zénith. Apprêtez-vous à implorer le Très-Haut pour qu'Il accorde la félicité à la communauté de Jésus-Christ des saints du dernier jour. Vous Le louerez de ses bienfaits, vous Le remercierez de vous avoir fait naître au milieu d'une nature généreuse et de vous avoir envoyé son deuxième enfant, son fils cadet, Walter Murray Gibson, le Saint Berger qui vous mènera jusqu'aux verts pâturages.

François ne fut pas surpris d'apprendre que le Saint Berger se prenait pour le fils de Dieu. En une semaine, il avait pu constater que la population de Lanaï, depuis les enfants jusqu'aux vieillards, voyait dans le Saint Berger un être de condition divine. Gibson était-il de bonne foi ou jouait-il un rôle? Etait-il un escroc ou un illuminé? N'ayant jamais pu discuter avec lui, Follet était incapable de le savoir. Il attendait avec d'autant plus d'impatience l'entretien que le mormon avait promis de lui accorder après la cérémonie.

François se moquait bien, d'ailleurs, de savoir qui était véritablement le Saint Berger. Ce qu'il voulait, c'était repartir au plus tôt à Honolulu et retrouver Sarah. A ses craintes sur sa fidélité s'ajoutaient les reproches qu'il se faisait sur la légèreté de son initiative, qui lui avait coûté une semaine à se morfondre au milieu de ces fous.

Pendant trois heures, dans la chaleur de mars, sous un ciel parcouru de nuages sombres, il assista à la fête de Jésus et de l'océan. Une grande procession commença par faire le tour de l'île, allant de plage en falaise, de crique en promontoire. A chaque endroit où vivaient des pêcheurs, près de chaque barrière rocheuse que devaient franchir les pirogues, sur chaque grève de sable fin où l'on jetait les filets, Walter Gibson, deuxième fils de Dieu, descendait du grand fauteuil de bois sombre que six hommes portaient sur leurs épaules et bénissait les flots. La foule, qui chantait des cantiques en langue hawaïenne, tombait alors à genoux tandis que Gibson, les yeux mi-clos et les cheveux au vent, tendait vers le ciel les deux bibles sacrées, le *Livre de Mormon* et le *Livre des rêves et des présages*.

François remarqua que le Saint Berger, s'il rédigeait en vers ses éditoriaux du *Standard*, ne s'exprimait dans l'île qu'en langue hawaïenne. C'est sur ce point qu'il choisit de commencer son interview. Dans l'immense pièce qui constituait la maison du Saint Berger, assis sur un fauteuil posé sur un piédestal, Gibson le considérait avec une moue méprisante.

– Monsieur Gibson, commença François...

Walter Gibson leva un sourcil réprobateur. François comprit. Au point où il en était, autant mettre les formes...

– Excusez-moi... Saint Berger, vous qui maniez aussi bien la langue anglaise et qui l'écrivez avec autant de bonheur, pourquoi ne l'enseignez-vous pas à vos fidèles?

Gibson glissa ses mains dans les manches de sa bure.

– Pourquoi apprendre à nos frères une langue qui dans cinquante ans ne sera plus utilisée dans le royaume d'Hawaï?

– Pensez-vous, Saint Berger, que les Blancs parleront canaque?

– Etes-vous sûr, monsieur le journaliste...

A la gauche de Gibson, assise sur une petite chaise, Rita Rigbourg, indifférente à la conversation, s'était mise à tricoter un pull-over. Gibson protesta :

– Sœur Rita, quand on est en présence du Saint Berger on ne se livre pas à des activités de ménagère! Sortez et faites pénitence. Etes-vous sûr qu'il y aura encore des Blancs à Hawaï dans cinquante ans, monsieur Follet? reprit Gibson.

– Vous voulez jeter les Blancs à la mer?

– Le Saint Berger ne nourrit aucune idée de violence. Son hospitalité sera accordée à tous ceux, même Blancs, qui veulent vivre à Hawaï. Mais les Blancs n'aiment pas Hawaï. Ils ne cherchent pas à y vivre en communauté avec la nature. Ils ne cherchent qu'à s'enrichir. Le créateur a donné aux hommes d'Hawaï les fruits et les poissons, le soleil et la pluie. Le bonheur est à portée de la main. Mais les Blancs ont dénaturé la vérité de ce pays en cultivant la canne à sucre. Pour l'argent. Lorsque les plantations auront disparu, les Blancs seront repartis.

– Auriez-vous l'intention de mener des opérations contre les plantations? risqua François, résistant mal au plaisir de perturber Walter Gibson... Des incendies, des révoltes de travailleurs?

– Vous êtes déplaisant, Follet, fit Gibson avec

mépris. Le Saint Berger n'acceptera jamais la violence, je vous l'ai dit. Les plantations de canne à sucre auront disparu parce que le sucre ne se vendra plus. C'est tout le sens de mes propos.

Il fit signe que l'entrevue était terminée. François allait repartir, déçu de ne pas en avoir appris plus, quand Gibson se ravisa.

– Je vais tout de même vous faire une révélation, fit-il le regard soudain halluciné. Un jour, peut-être proche, les Hawaïens voteront grâce au suffrage universel. Le roi sera alors investi de la plus grande des puissances : l'appui de son peuple. Ce sera le renouveau de la monarchie hawaïenne... Si le Très-Haut demande au fils qu'Il a envoyé sur terre de guider son nouveau peuple élu, le peuple canaque, sur les hauts pâturages, j'obéirai aux ordres de mon Père. Alors le Saint Berger de Lanaï, tel Moïse sortant les Hébreux d'Egypte, sera la première pierre d'une nouvelle dynastie...

Dans la nuit, le ranch Mooney était silencieux. François marchait d'un pas rapide sur le gravier de l'allée. Sur la terrasse, une petite lumière avait été allumée. François ressentit une désagréable impression. Il était trois heures du matin, le *Fortuna* ayant été retardé par une chute soudaine des alizés dans le détroit de Kaiwi, entre Molokai et Honolulu, et à cette heure il était étonnant que Sarah ne fût pas couchée. L'attendait-elle? François, tout à coup, se mit à espérer. Sarah avait sans doute ressenti difficilement son absence et compris qu'elle l'aimait plus que Brookster.

Ce n'était pas Sarah qui attendait sur la terrasse. C'était Cheng-Hi.

– Qu'est-ce que tu fais là, Cheng-Hi ? demanda François, fou d'inquiétude.

– Je vous ai préparé à manger, monsieur Foyette.

François avait l'impression de comprendre à toute vitesse.

– Et Sarah ?

Cheng-Hi lui tendit une lettre.

« *François. Je pars. Je quitte cette maison et je te quitte. Je sais que je vais te causer un chagrin que tu n'as pas mérité et je le regrette. Tu as toujours été bon et généreux, soucieux de moi et de mon bonheur. Mais ma vie n'est plus près de toi. Elle est avec un autre homme. Honolulu n'est qu'un gros village où les rumeurs se répandent comme le parfum des fleurs. Je ne veux pas que tu sois le dernier à apprendre que je suis partie avec Stuart Brookster. Mon départ me coûte la déchirure de me séparer de Pierre. Je pleurerai souvent en pensant à lui. Je te le confie. Je sais que tu veilleras sur lui et que tu en feras un homme digne, qui te ressemblera. Je veux que tu saches qu'en me donnant cet enfant tu m'as apporté le bonheur dont je n'avais jamais rêvé. Le jour de sa naissance restera gravé dans mon cœur jusqu'au moindre détail. Puisse ce jour, malgré notre séparation, rester pour toi un très beau souvenir. Sarah.* »

Adélaïde fut enterrée trois jours plus tard, dans le sable fin d'une cocoteraie, en lisière de la plage de Pearl Harbor. C'était l'endroit où Gordon Moorehead avait passé vingt ans de sa vie. Plus aucune communauté hawaïenne n'y vivait, désormais. François et Tom Robson, seuls présents à cette simple cérémonie, restèrent silencieux. Lorsque la tombe fut comblée, Agnès y déposa un bouquet rouge et blanc d'orchidées et d'hibiscus, puis elle prit la main de son père et ils partirent vers une petite paillote au bout de la plage, tout seuls, sans un mot.

19

AVRIL 1876. Le ciel avait un goût de cendre et jamais la nuit n'avait été aussi lourde sur Honolulu. Depuis le matin une fumée opaque, portée par les alizés du nord-est, s'était répandue dans le ciel. Chacun s'était interrogé sur cet immense nuage sombre qui masquait le soleil. Sur le front de mer, au carrefour de Punchbowl et de Beretania, des prédicateurs sortis des entrailles de la ville s'étaient mis à haranguer la foule : « Repentez-vous, pécheurs, la fin du monde est proche. »

Un homme secouait violemment le portail du ranch Mooney, furieux qu'on ne vienne pas lui ouvrir.

– François, Sarah... ouvrez!

Au bout de quelques minutes, Cheng-Hi finit par venir.

– Monsieur Bissop! s'exclama-t-il en ouvrant les portes... On ne vous attendait pas.

– J'ai failli ne jamais arriver, avec ce maudit volcan, fit-il en s'engageant dans l'allée. Follet est devenu sourd?

– Monsieur Foyette travaille très tard. Il s'est peut-être endormi.

Bishop haussa les épaules, franchit rapidement

les marches du perron et se mit à tambouriner à la porte.

François mit de longues minutes avant de venir ouvrir. Dans le grand hall plongé dans l'obscurité, il eut un mouvement de surprise en découvrant Bishop.

– Tu dormais, Frenchie?

– Je m'étais assoupi, avoua François en se passant une main sur le visage.

Les deux hommes arrivèrent dans le salon où Cheng-Hi alluma quelques lampes. François ne put cacher son étonnement en voyant Bishop. Il était transformé. Il portait un costume classique dont la couleur verte sortait de l'ordinaire, mais, plus que le chapeau melon vert bouteille ou les bottines en cuir noir, inhabituels sous ces latitudes, c'étaient ses cheveux courts et plaqués par de la gomina qui intriguaient François. Le papillon des plages, ami de Whisky Bill et de MacRoary, était devenu un personnage civilisé.

Bishop posa son chapeau sur un guéridon et à son tour dévisagea François.

– Dis donc, Frenchie...

Il indiqua d'un geste une couverture et un oreiller sur le canapé de cuir.

– ... tu dors dans ton salon, maintenant?

François lui fit signe de s'asseoir dans un fauteuil et servit du whisky dans de hauts verres de cristal ciselé.

– T'as l'air fatigué, reprit Bishop. C'est de dormir dans un canapé qui te met dans cet état?

Il porta lentement son verre à ses lèvres.

– Et Sarah, elle supporte de dormir seule?

– Sarah est partie, répondit simplement François en s'asseyant à son tour. Il y a maintenant un peu plus d'un an. Avec Stuart Brookster. Elle voulait vivre sa vie, paraît-il, et sa vie était avec le marchand de Chinois...

Bishop le regarda, interloqué.

– Elle m'a laissé Pierre. Je ne suis pas le plus malheureux, dans l'histoire... Mais je ne m'attendais pas à ça. Pendant quelques jours, j'ai cru que tout s'était effondré, que ma vie était fichue. Tu sais, les enfants nous sauvent. Pierre avait besoin de moi, et le *Morning News* devait tourner...

Il eut un léger sourire pour conclure :

– Heureux ou malheureux... ce n'est qu'une question de méthode.

Bishop ne crut pas un mot de la version anodine que François donnait du départ de Sarah, mais il n'insista pas.

– Tu as continué à t'occuper du journal ? demanda-t-il simplement.

– Ai-je continué à fréquenter les missionnaires, à aller dans les réceptions. C'est ce que tu veux dire ? Évidemment. C'était la meilleure façon pour qu'on ne parle pas de moi. Enfin, pas trop...

– Et si on ne parlait pas de toi, de quoi parlait-on ?

– Des soirées comme nous en avons connu, il n'y en a plus beaucoup à Nuuanu Valley. C'est la période des restrictions et de l'inquiétude. La déroute, mon vieux, le désastre ! Les pains de sucre pourrissent sur les plages. Dans les plantations, on débauche par centaines les ouvriers chinois qui viennent surpeupler Chinatown. Un qui est content, c'est Sturphy Miles. Son église est comble tous les dimanches... Je me demande si cet élan religieux des missionnaires est vraiment désintéressé.

– On parle de l'avenir des îles ? coupa Bishop. On évoque le problème politique ?

– Je vais t'étonner, Charles... Il y a une idée qui

fait son chemin. C'est l'annexion. C'est curieux, on ne trouve plus que des qualités à l'Amérique, le pays de la liberté, des abolitionnistes et des missionnaires. Puisque tu reviens de New York, tu vas pouvoir rassurer tout le monde. L'annexion est-elle pour bientôt?

– Je ne rassurerai personne, coupa Bishop. Je ne suis pas à Honolulu. Tu ne m'as pas vu.

François resta imperturbable.

– Soit. J'ai une hallucination... Tu peux m'expliquer les raisons du phénomène?

– L'annexion était en marche, reprit Bishop en sortant un cigare d'un large étui en cuir. En trois mois de présence à Washington, Pierce était parvenu à convaincre des membres du Congrès et l'entourage du président qu'il était capital pour les Etats-Unis de contrôler Hawaï. La menace anglaise, malgré les protestations officielles du Foreign Office, marchait à fond... L'influence des stratèges du ministère de la Marine et de Mahan devenait sensible. Moi-même j'ai aidé de mon mieux en donnant l'avis d'un ancien ministre hawaïen. Bref, tout allait pour le mieux, le président Grant s'apprêtait à donner son accord pour l'annexion quand Kalakaua a débarqué à Washington. Tout s'est écroulé.

François regarda Bishop droit dans les yeux.

– Tu veux dire, Charles, que tu es vraiment devenu un partisan de l'annexion? Je te croyais un citoyen d'Hawaï, fier de sa nationalité, soucieux de respecter l'indépendance de son pays, ne serait-ce que par amitié pour Whisky Bill...

– Je pense à Whisky Bill, coupa Bishop. Les Américains veulent annexer Hawaï pour combattre les appétits de puissance des Japonais. Dans vingt ans, il sera trop tard, disent-ils... Profitons-en. Seuls les Etats-Unis peuvent faire du royaume d'Hawaï un véritable pays, avec des écoles, des hôpitaux, des routes, une véritable justice, une administration. Voilà pourquoi je suis annexionniste !

François n'était pas convaincu. Depuis le départ de Sarah, il se méfiait des affirmations et des certitudes. La trahison rend sceptique. Il était persuadé que Bishop ne disait pas la vérité.

Un an auparavant, en arrivant à New York, Charles Bishop était déjà acquis aux idées annexionnistes. Il avait été séduit par la personnalité de Pierce, ses manières élégantes, le luxe dont il s'entourait. Henry Pierce, de son côté, avait observé le plaisir que Bishop éprouvait à découvrir les charmes de la vie facile. Il prenait goût aux palaces, aux restaurants fins et aux femmes qui, vous sachant riche, vous adressent des regards émus. Une année à New York et à Washington lui avait ouvert un monde qu'il ne soupçonnait pas. Il avait rencontré les officiers du ministère de la Marine et le plus brillant de tous, Alfred Mahan, génial théoricien de la stratégie navale. Il avait passé des soirées à la table d'hommes d'affaires et des nuits dans le lit d'actrices de théâtre, de danseuses de ballet. Mais, surtout, il avait fréquenté les hauts lieux de la politique, les sanctuaires de l'Etat. Pierce l'avait entraîné dans les couloirs de la Maison-Blanche pour le présenter aux conseillers du président, il lui avait fait connaître les marbres et les ors du Capitole. Devant le regard émerveillé de Bishop, il avait compris que la partie était gagnée :

– La Constitution des Etats-Unis prévoit l'élection de deux sénateurs par Etat. Hawaï, du fait de sa superficie, ne pourra sans doute se prévaloir que d'un seul... avait-il laissé tomber un jour.

C'était à la fin d'un déjeuner au restaurant du *Waldorf Astoria*.

– Charles, avait poursuivi Pierce, mes amis et moi-même pensons que vous seriez le sénateur idéal. Vous avez été ministre et le premier partisan du rapprochement américano-hawaïen. Tout vous désigne.

Quelques semaines plus tard, Pierce était revenu à la charge.

– La peur de l'Angleterre est un argument qui risque de perdre bientôt son efficacité. Le Foreign Office a d'ailleurs officiellement protesté auprès du Département d'Etat et a traité notre coup d'Etat de machination. Pour maintenir l'intérêt de nos amis, il faut autre chose...

– Vous voulez... corrompre des personnalités politiques? avait demandé Bishop.

– Diable non. Quel procédé abominable! Outre que je le réprouve pour des principes moraux, je le rejette pour des raisons pratiques. On ne peut corrompre que des personnages douteux, des salauds, et les salauds par définition n'ont guère le souci de la parole donnée. Non, vraiment, l'opération serait désastreuse... La solution consisterait à intéresser à l'avenir d'Hawaï, d'une manière légale, bien sûr, nos amis conseillers et sénateurs. Supposez qu'ils soient planteurs dans l'archipel. Ne croyez-vous pas que leur conviction annexionniste serait plus assurée?

Bishop avait tout de suite compris. Il s'était même demandé, dans une sorte d'intuition, si depuis le début Henry Pierce ne voulait pas en arriver là, aux immenses territoires qu'il possédait encore. Il accepta la suggestion de Pierce et offrit de vendre des milliers d'hectares, soit le tiers de la Grande Ile, à leur valeur actuelle, c'est-à-dire à un cours ridicule. Un siège de sénateur valait bien ce sacrifice. Pierce précisa qu'il se chargeait de choisir judicieusement les acheteurs et conclut :

– Pour certains, à Washington, l'annexion d'Hawaï par les Etats-Unis, et par conséquent la levée des taxes sur le sucre, signifiera des terres dont la valeur sera multipliée par mille. Tout cela dans la plus parfaite légalité. Vous verrez : l'annexion d'Hawaï par les Etats-Unis ne va pas manquer de défenseurs acharnés.

Devant François perplexe, Bishop continua son récit :

– L'annexion était en marche, tout était en place. Le président Grant voulait activer les choses. Mais Kalakaua est arrivé! Il s'est installé dans une suite du *Waldorf* et s'est empressé de convoquer les journalistes. Tu penses s'ils sont accourus, ils pensaient trouver un cannibale vêtu d'un pagne. Ils en ont été pour leurs frais. Ils sont tombés sur un hercule de foire à rouflaquettes, vêtu d'un frac noir et d'un chapeau haut de forme, plastron blanc et col cassé, qui leur a dit : « Je ne comprends rien à vos histoires de menaces anglaises contre Hawaï. Mon royaume se porte bien et moi-même je me sens en pleine forme. Y a-t-il des volontaires pour une partie de poker? » Il s'est trouvé trois intrépides pour tenter l'aventure. Ensemble, ils y ont laissé plus d'un an de salaire... Jusque-là, ce n'était pas trop grave. C'est quand il a eu son entrevue avec le président Grant qu'est arrivée la catastrophe. « Cher ami, lui a-t-il dit, les grands pays ont des rois! Et c'est ma règle de ne discuter du gouvernement de la planète qu'avec les monarques, mes pairs. Pour vous, je suis disposé à faire une exception, mais vous comprendrez que l'entretien soit bref. En deux mots : j'entends parler ici et là de l'annexion d'Hawaï par une puissance étrangère. Je vous rappelle que le royaume d'Hawaï est un royaume indépendant et qu'il le restera. Des accords diplomatiques, passés avec les Etats-Unis, la France et l'Angleterre, garantissent notre liberté. Si un pays quelconque nous attaquait, nous ferions appel à la France et à l'Angleterre... Mon prédécesseur, William Lunalilo, qu'on appelait Whisky Bill, avait offert la baie de Pearl Harbor en échange de la levée des taxes sur le sucre. Je considère pour ma part que la cession de Pearl Harbor serait une atteinte à l'intégrité sacrée de mon royaume. La suppression des droits de douane vous regarde. Quel que soit votre choix en la matière, il est exclu que je vous accorde notre plus belle baie. Mon cher monsieur Grant, a-t-il conclu, j'ai encore beaucoup à faire aujourd'hui et il est bientôt midi. Je ne vous retiens pas... Bien à vous, cher ami ! »

– C'est un désastre... soupira François.

Bishop resta un moment silencieux, puis laissa tomber :

– Ça aurait pu l'être... Sais-tu pourquoi je suis venu ? Pour t'annoncer une nouvelle... Le traité va être signé quand même.

– Sans Pearl Harbor ?

– Sans Pearl Harbor, confirma Bishop. Le président Grant a décidé de sauver les planteurs pour s'assurer du courant pro-américain dans les îles. C'est pour lui la meilleure façon de contrôler Kalakaua. Depuis leur entrevue, il le croit capable de faire n'importe quoi...

– On va annoncer ça dans l'édition de demain !

– Surtout pas ! Pourquoi penses-tu que je suis venu chez toi, en pleine nuit ? Pour que personne ne me voie dans Honolulu... A San Francisco, je n'ai pas embarqué sur le *Pablo Garcia* de peur d'y rencontrer des missionnaires, j'ai payé un clipper qui se rendait à Sydney pour qu'il m'emmène à Honolulu. J'ai bien failli ne jamais arriver. Au large de Molokai, hier matin, un volcan est sorti de la mer. On a vu une formidable colonne de feu monter vers le ciel pendant des heures. On a dû se dérouter. L'obscurité est devenue totale et le capitaine a navigué au jugé. A minuit, on a aperçu le phare de Diamond Head, mais je n'étais pas encore tiré d'affaire... Sur le front de mer, il y avait une foule incroyable. Tout le monde venait aux nouvelles. On demandait aux marins qui arrivaient si oui ou non c'était la fin du monde... J'ai eu de la chance : personne ne m'a reconnu!

– Pourquoi tiens-tu absolument à passer incognito? demanda François.

– Il n'y a pas cinq personnes à Washington à savoir que les taxes vont être levées. La nouvelle ne parviendra pas ici avant plusieurs mois... C'est le moment d'acheter tout ce qu'on peut, François, les terrains, les contrats de fermage et même le matériel. Je ne peux intervenir moi-même. Tout le monde comprendrait... Avec un peu de discrétion, tu pourras le faire à ma place. Mais aussi, si tu le veux, pour ton propre compte. Ta fortune est assurée.

François était déçu de découvrir en Bishop un spéculateur forcené, et pourtant il accepta sa proposition. Il ne le fit pas pour lui : l'argent ne l'intéressait pas. Ses ressources étaient suffisantes pour l'éducation de son fils, l'entretien de sa propriété et le salaire de ses domestiques. Il le fit pour Sarah. Elle aimait Brookster, mais elle aimait aussi l'argent, le luxe. Faire fortune, c'était une façon non de récupérer Sarah, mais de garder toutes ses chances, d'être prêt pour son retour...

Depuis son départ, il n'avait cessé de penser à elle. Un jour, Gordon Moorehead lui avait dit :

« J'ai des nouvelles de Sarah. Elle se porte bien. Elle vit à San Francisco. On l'a vue dans une réception... »

Stuart Brookster et Sarah vivaient en effet à San Francisco, dans une grande maison blanche du quartier résidentiel de Nob Hill. Sarah aimait sa nouvelle vie. Stuart Brookster lui apportait ce parfum d'aventure dont elle avait rêvé. Souvent il s'absentait des nuits entières. Elle imaginait alors qu'il rôdait dans les rues basses de la ville, qu'il fréquentait le monde obscur de Chinatown, les fumeries secrètes autour du théâtre chinois. Il revenait au petit matin, le teint blême, un peu absent, et sans un mot montait se coucher. Elle ne se rebellait pas contre ces fugues... Parfois, il l'abandonnait une semaine entière, se contentant de lui dire qu'il avait des affaires à régler, sans autres explications. A son retour, elle se jetait dans ses bras, savourant le plaisir de l'avoir docilement attendu.

Honolulu lui paraissait loin, séparée par trois semaines de voyage et des siècles de culture, un gros village peuplé de missionnaires et de boutiquiers étriqués. San Francisco était une ville à sa mesure, une vraie métropole digne de sa beauté.

Au début, elle se voua exclusivement à son amant et ne sortit guère de leur maison de Nob Hill. Elle s'y sentait bien, fière de l'argent que Brookster avait investi dans cette magnifique demeure, émerveillée par le luxe du mobilier et le raffinement du service de table. Jusqu'au serveur noir, à veste blanche, qu'elle considérait comme la marque suprême d'une maison distinguée... Le soir, elle restait longtemps dans le jardin à regarder la ville en contrebas, avec ses milliers de lumières, les grandes avenues qui descendaient pleines d'animation vers le port. Peu à peu, elle eut envie de se mêler à cette vie qui battait autour d'elle. Elle voulait découvrir la grande ville. Elle voulait surtout que San Francisco la vît.

Stuart Brookster se révélait un merveilleux amant et, malgré ses disparitions épisodiques, un compagnon attentionné. Il lui faisait découvrir les meilleurs restaurants de Market Street, les promenades en calèche dans le Golden Gate Park, les plages sur le Pacifique, bourdonnantes de vent et de chaleur, les représentations théâtrales et les ténors italiens qui s'emparaient du Tivoli, le plus grand de tous les music-halls. D'elle-même, guidée par un instinct infaillible, Sarah découvrit les meilleurs couturiers de Market Street et de Well's Fargo, et observa, ravie, que, si à Honolulu il était de bon ton d'être à la mode de San Francisco, à San Francisco la mode imposait de s'habiller « au chic de Paris ». Un soir de juin, dans un restaurant italien de Colombus Avenue, Brookster lui annonça qu'ils étaient invités à la plus grande réception de l'année, celle que Klaus Spreckells donnait à l'occasion du 4 juillet, fête nationale des Etats-Unis. Dès lors, elle connut le plaisir qu'elle espérait. Celui de séduire, de briller par sa beauté. Les hommes s'empressèrent autour d'elle ce soir-là et les femmes la complimentèrent sur son décolleté ou le choix de ses toilettes. Brookster l'avait présentée comme son épouse, mais personne ne l'avait cru. Des échos étaient d'ailleurs arrivés d'Honolulu selon lesquels, si Sarah avait bel et bien été mariée, ce n'était nullement avec Brookster... Les dames avaient persiflé et les messieurs avaient trouvé que ce point ajoutait encore au charme de la jeune femme.

En septembre, une foule inhabituelle se pressait sur le port d'Honolulu. L'information selon laquelle le président américain allait autoriser la levée des taxes était devenue une certitude. Quelques jours auparavant, faisant croire à sa récente arrivée à Honolulu, Charles Bishop avait accordé une interview au *Morning News* et avait annoncé la signature d'un accord de libre-échange entre les Etats-Unis et Hawaï, un « traité de réciprocité ». De nombreux planteurs avaient alors quitté les îles de l'archipel pour venir attendre, sur l'allée du front de mer, le bateau qui apporterait la nouvelle. Dans la journée, ils erraient dans les rues, trop pauvres pour entrer dans les tavernes. La nuit, ils dormaient sur le sable de Waikiki, près des marais.

Le 9 septembre 1876, enfin, un clipper vint s'amarrer au wharf d'Honolulu. C'était le *City of San Francisco*. A bord se trouvait le plénipotentiaire qui confirma que, à compter du 15 septembre, le sucre hawaïen serait vendu, libre de taxes, sur le marché américain... Sur l'allée du bord de mer, le commandant du navire fut porté en triomphe par une foule en liesse et des vieux planteurs ruinés se mirent à pleurer de bonheur. Le cauchemar était terminé.

A la rédaction du *Morning News*, on fêta la nouvelle avec enthousiasme, conscient du rôle joué par le journal dans la décision américaine.

– Du vieux rhum de chez mon père, s'écria Amos Forster, en brandissant une bouteille. Il était temps, la famille Forster s'apprêtait à reprendre la route de San Francisco. Je crois que le président Grant a préféré signer plutôt que de les voir arriver sur les pontons de San Francisco!

– Une pluie d'or va de nouveau tomber sur les

missionnaires, fit William Pitt, d'un ton résigné... Les années de rigueur auront eu le mérite de clarifier la situation. Pour subsister, les petits planteurs ont vendu aux gros leur récolte à venir. Désormais, cinq noms détiendront à eux seuls la richesse hawaïenne : Hackfeld, Ladd, Castle et Hartford... Sans oublier le plus puissant de tous : Charles Bishop.

William Pitt avait-il des informations sur les manœuvres spéculatives menées par François, et sur les bénéfices substantiels qu'il en avait retirés ?

— Le trésor des planteurs va bientôt être reconstitué, reprit Pitt. Reste à savoir ce que va en faire le roi Kalakaua... En attendant, levons notre verre à la santé du captain George Waddell.

François sursauta.

— Le capitaine Waddell ?

— C'est la gloire de la ville, le messager de la bonne nouvelle, le patron du *City of San Francisco*. Au captain George Waddell !

François se mit à rire tout seul. George Waddell était celui qui, pendant la guerre de Sécession, avait coulé le seul navire battant pavillon hawaïen, un baleinier inoffensif commandé par le capitaine Gresham, le légendaire Théo le Fêlé. François se rappela les récits de son enfance et personne dans l'assistance ne comprit pourquoi, à ce moment-là, en levant lui aussi son verre, il murmura :

— ... Et à la mémoire de l'amiral de Villeneuve.

En l'espace de quelques mois, Honolulu redevint une ville gaie et luxueuse. Les réceptions rivalisaient de splendeur et, dans toutes les plantations de l'archipel, l'activité était frénétique. Les Chinois étaient envoyés dans les champs, dès les premières heures de l'aube et jusqu'à la nuit. Bientôt, on vit apparaître dans les plantations de grosses machines en fonte qui broyaient les cannes à sucre et remplaçaient l'énorme meule du moulin. Utilisées déjà dans les plantations de Louisiane, elles y avaient reçu le nom de « nègres à vapeur ».

Le « traité » avait été signé pour sept ans, mais, grâce aux fortunes qu'il apportait, les planteurs, et tous les Haolès en général, avaient fini par croire qu'il durerait l'éternité. Dans le monde de Nuuanu Valley, les idées annexionnistes avaient donc sensiblement régressé... Puisque le pire avait été évité, la perspective de voir Hawaï devenir un Etat américain était moins attrayante. Etait-il bien utile de voir étendre à l'archipel les lois de l'Union? Fallait-il se mettre à payer des impôts, se voir infliger des contraintes qui réglementeraient le travail des Chinois? Pour faire bonne mesure, on rappelait la mémoire d'Hiram Bingham. « Les premiers missionnaires, nos pères, ont voulu pardessus tout préserver l'indépendance du royaume, restons fidèles à leur volonté. » La baisse d'intérêt pour les idées annexionnistes ne faisait pas les affaires de Bishop. Il lui fallait désormais attendre sept ans pour que, l'annexion revenant à l'ordre du jour, il puisse espérer un siège de sénateur.

Il se consola en constatant que le traité, malgré toutes ses imperfections, lui avait permis de réaliser une énorme fortune. Pour tromper sa déception, il décida de la faire fructifier.

Avec méthode, il installa sur ses terres non des fermiers, mais des petits propriétaires. La soudaine richesse d'Hawaï avait fini par être connue dans tous les ports du Pacifique, et des pauvres se mirent à nouveau à débarquer dans l'archipel. Parmi eux, Bishop sélectionna les familles les plus vaillantes et leur vendit à des prix exorbitants des titres de propriété. Mais, reprenant la technique d'Hackfeld, il choisit de se faire rembourser en parts sur les récoltes futures. Pour faciliter les opérations, il ouvrit une banque dans Punchbowl Street. Parfois, Bernice remarquait que des nouvelles familles d'Haolès s'installaient dans les immenses plaines de la Grande Ile ou au flanc des montagnes. Charles lui disait : « Ce sont des propriétaires. J'ai vendu de la terre... » Bernice avait un sourire navré : « Un jour, si tu continues, nous vendrons les nuages dans le ciel et les vagues qui se brisent sur les récifs de corail. »

Déjà lié aux affaires de Bishop, François avait aussi pris des parts dans sa banque. Il l'avait fait pour son fils, pour assurer son avenir. Il aimait désormais passer de longues heures avec lui. Pierre allait à l'école du « séminaire d'Honolulu » et François vérifiait en rentrant qu'il apprenait bien à lire et à écrire. Le soir, avant de se coucher, l'enfant demandait à son père de rester auprès de son lit, assis sur une chaise. C'était le moment des histoires, mais généralement c'était Pierre qui les racontait. Endormi pendant des années, chaque soir, par les légendes hawaïennes que lui racontait Nalani, Pierre vivait en parfaite harmonie avec les dieux et les esprits qui rôdaient dans les îles. L'histoire de la création était sa favorite.

– Sais-tu où a été créé le monde ? demandait-il à son père qui faisait semblant de l'ignorer. Le monde a été créé de l'autre côté de l'île d'Oahu, près de Kaneohe Bay. C'est là que Kane et Lono ont fait la première plage de sable blanc, avec les vagues, les rochers et les cocotiers. Avant il n'y avait rien, sauf les esprits, très haut, dans les nuages. Kane et Lono se sont dit : il manque quelque chose dans le paysage. Et c'est ainsi qu'ils ont créé le premier homme. Dans la journée, le premier homme a vu son ombre qui le suivait partout. Un matin, près de lui, au réveil, il a trouvé une femme, très belle, avec de longs cheveux noirs, et il l'a appelée « l'ombre tombée du ciel »...

Parfois, avant de s'endormir, Pierre demandait :

– Elle est partie loin, maman ? Tu crois qu'elle reviendra ?

Et François, avant d'éteindre la petite lampe à huile posée sur la table de nuit, répondait :

– Elle n'est pas très loin, puisqu'elle pense à toi...

Comme Pierre fermait les yeux, il ajoutait :

– Elle reviendra, j'en suis sûr. Un matin elle sera près de toi. Comme l'ombre tombée du ciel.

20

DE mois en mois, la production sucrière augmentait. Dans chaque plantation, les Chinois travaillaient en longues colonnes silencieuses, et partout on entendait le souffle lourd et saccadé des « nègres à vapeur ».

La fortune de Bishop, premier propriétaire foncier de l'archipel, prenait les dimensions d'un continent. Mais au fur et à mesure que sa richesse croissait, Bishop s'enfonçait dans le secret. François ne le rencontrait plus guère. Il ne venait plus au journal et ne se rendait à aucune réception. On ne le voyait plus hors de chez lui. Cheng-Hi, grâce aux confidences de son cousin employé chez Bishop, confirmait qu'il vivait dans la solitude. De temps en temps, il recevait des visiteurs, hommes d'affaires ou personnalités politiques américaines. Il les logeait chez lui, dans les luxueux appartements qu'il avait fait aménager dans sa superbe résidence. Lui-même passait ses journées et ses nuits dans une grande pièce du rez-de-chaussée, austère et dépouillée, avec une table et un lit de bois pour tout mobilier.

Le roi Kalakaua, lui, à la différence de Bishop, versa dans le spectaculaire et le somptueux. Au début de l'année 1878, son nouveau palais Iolani fut achevé, la résidence traditionnelle des monarques hawaïens lui paraissant désormais indigne de sa royale personne. Avec l'argent, l'Italie était devenue à la mode dans les îles. Kalakaua n'avait pas voulu être en reste et avait fait édifier un véritable palais florentin. Il avait meublé l'intérieur avec raffinement, meubles d'acajou et plafonds lambrissés, et s'était fait installer une monumentale salle de bain en marbre qu'il avait baptisée « lavatorium ».

C'est pendant cette même année que se produisit un événement auquel les missionnaires n'accordèrent aucune importance, mais qui surprit beaucoup François Follet. C'est Gordon Moorehead qui lui annonça la nouvelle.

– Vous n'allez plus dans les bistrots de la ville, monsieur Follet, alors vous n'êtes pas au courant... Robson l'a beaucoup regretté. « Plus personne ne vient rendre visite au vieux Tommy, m'a-t-il dit. Bishop compte ses sous, évidemment, mais François, tout de même, il pourrait venir se faire tirer une brune. Je lui annoncerais moi-même la nouvelle. »

– Quelle nouvelle?

– Le *Prince Alfred*, son pub, a changé du tout au tout. C'est plus élégant et plus moderne. C'est devenu un « débit de boissons », avec des tentures de velours pourpre et des fauteuils profonds. Des hôtesses françaises ou américaines y sont arrivées la semaine dernière... Du premier choix!

– Un claque? demanda François.

Moorehead approuva d'un air triste.

– Il l'a fait à contrecœur, mais c'est ainsi. Il veut donner de la valeur à son pub, sans d'ailleurs me dire pourquoi. Pour lui, le traité a mis fin pour toujours à l'Honolulu des Beach-Combers, des clochards des plages... Les gens bien, les familles des missionnaires deviennent richissimes. Ils vont pouvoir s'offrir des shérifs, de la flicaille blanche et une armée... Finis les vagabonds. Avec des dollars, on décide de tout et on achète des chiens de garde.

— Il sert toujours de la bière brune, au moins?

— Pardi, heureusement! Le *Prince Alfred* sans stout aurait perdu sa raison d'être. La grosse Linda, celle qui chaperonne ces dames, lui a bien demandé de rayer la bière des consommations : « Avec ton sang de bœuf, tu vas attirer les poivrots des bas-fonds, lui a-t-elle dit. Tu vas à la ruine. Les mauvais clients chassent les bons. Tu verras : les gentlemen iront claquer leur blé ailleurs. Sans compter le *Brewer-Droop*[1]. La pire des calamités dans notre métier... Moi je m'occupe de courtisanes, Robson. Pas de filles à matelots... Pour les hétaïres, faut du champagne. » Robson l'a regardée froidement et a rétorqué : « C'est pas demain que j'arrêterai de tirer de la brune... Si t'es pas contente, Linda, si tu trouves que ma bière n'est pas digne de tes filles, tu peux partir avec! En Chine, si ça te dit! » Bref, Robson veut vous voir, monsieur Follet. Il m'a dit que c'était très important... Sa santé n'est pas très brillante et ça m'inquiète...

Dès le lendemain, François descendit au *Prince Alfred*. L'ancien pub de Tom était bel et bien devenu un endroit luxueux, et la clientèle y venait désormais moins pour la bière que pour les dames de compagnie. Robson lui expliqua les raisons de ce changement :

— Je pourrais te dire : Pourquoi le vieux Robson

---

1. *Brewer-Droop*. Littéralement : l'affaissement du brasseur. L'expression fait allusion aux conséquences physiologiques, exclusivement chez l'homme, de la consommation de bière.

serait-il le seul à ne pas faire fortune? Bishop, que j'ai connu vagabond de luxe et guerrier de taverne, est en train de devenir un des hommes les plus riches du monde. Toi-même, Frenchie, tu te constitues un joli magot, à ce qu'on raconte... Chacun a ses raisons, Frenchie... Je ne juge personne. Moi, je n'en ai plus pour longtemps. Dans deux ans, trois ans au plus, ce sera fini. Si je veux que le *Prince Alfred* rapporte de l'argent, ce n'est pas pour moi. C'est pour faire un cadeau, avant de mourir, à un chic type que j'ai connu en arrivant ici, il y a plus de cinquante ans. Je ne dis pas que c'est mon compatriote, il n'aime pas ça...

– Gordon Moorehead? demanda François.

Robson confirma d'un geste.

– Il y a deux ans, dès l'annonce du traité, des milliers de gens ont débarqué ici. Il y avait des familles en loques, qui rêvaient de devenir planteurs, mais il y avait aussi des aventuriers, des voyous et des hommes d'affaires. Certains avaient une expérience du négoce, de la limonade et du plaisir. Linda est venue me trouver. Elle voulait m'acheter le *Prince Alfred* dix mille dollars. C'étaient toutes ses économies. Je me suis dit qu'à ma mort ce serait un bel héritage pour Gordon. Et puis je me suis ravisé : Gordon se sentirait offensé. Il refuserait d'hériter. Alors, j'ai proposé à Linda l'arrangement suivant : « Tu gardes tes dix mille dollars et pourtant tu deviens propriétaire du *Prince Alfred*... Mais pour vingt ans seulement. Pendant vingt ans, tu feras ce que tu voudras. Tu effectueras les changements que tu décideras et tu mettras tous les bénéfices dans ta poche. Passé les vingt ans, tu devras le restituer à celle dont j'ai fait mon héritière : Agnès Moorehead. » Linda a été surprise, puis elle a accepté. Si j'ai voulu te voir, c'est pour que tu sois mon exécuteur testamentaire. Dans vingt ans tu veilleras à ce que mes dispositions soient appliquées. Tu informeras Agnès Moorehead et tu la présenteras à Linda. Je sais que je peux avoir confiance. Il n'y aura pas de problème... Et quand Agnès sera devenue propriétaire, tu pourras avoir une pensée pour Tom Robson. Il sera en train de pourrir au cimetière depuis bien des années, mais ce jour-là il aura réussi sa vie.

La santé de Tom Robson ne cessa de décliner, il ne quittait pas la petite cuisine qu'il avait conservée derrière le bar et où il avait passé cinquante ans de sa vie. Linda ne fit aucune objection à ce qu'il reste sur son lit, près de ses foudres de bière brune, à s'endormir peu à peu, en écoutant le bruit des conversations, les cris et les rires de l'autre côté du mur, dans le grand salon. Il mourut un matin d'août 1880, et fut enterré dans le cimetière de Nuuanu Valley, à quelques mètres de la tombe de Ted MacVigan. Une dizaine de personnes à peine assistèrent à la cérémonie. Gordon Moorehead semblait voûté sous le poids du chagrin. Daltrey et Laetitia donnaient l'impression d'être venus en voisins. Charles Bishop ne s'était pas déplacé.

En jetant une rose sur le cercueil aux poignées de cuivre, au fond de la fosse, Linda ne put retenir ses larmes. Elle avait partagé la vie de Robson pendant quelques années seulement, mais s'était prise d'une affection sincère pour lui. Quand la maladie l'avait contraint à ne plus quitter son lit, elle l'avait soigné, veillé sans relâche, comme s'il avait été son compagnon de toute une vie. Elle s'approcha ensuite de François.

— Tom m'a parlé de vous, fit-elle en passant un

mouchoir sur ses yeux rougis. Soyez assuré que je me plierai à ses volontés. Le moment venu, je me rappellerai votre visage. Vous viendrez accompagné d'une jeune femme qui aura vingt-cinq ans, peut-être plus, ce sera une métisse à la peau dorée et aux yeux bleus. Je la reconnaîtrai.

C'est au même moment, en août 1880, qu'éclata le premier scandale du règne de David Kalakaua, roi d'Hawaï.

21

COMMENT Celso César Moreno était-il entré en relation avec Kalakaua? L'homme était un inconnu à Honolulu et personne n'avait réussi à percer cette énigme. En conférence de rédaction, William Pitt reconnaissait que lui non plus n'avait pas trouvé la solution. La clef du mystère n'était autre que Walter Gibson.

Plus d'un an auparavant, un dîner secret avait réuni le chef des mormons et César Moreno chez Stuart Brookster, à San Francisco. Gibson avait spécialement fait le voyage, dans l'anonymat, pour rencontrer l'Italien. Après le repas, Sarah, resplendissante, avait servi les liqueurs et s'était discrètement éclipsée.

— Est-ce de quitter pour quelque temps ta divine condition qui te rend si enjoué, Walter? demanda Brookster.

— Le monde des mortels a son charme, reconnut Gibson avec un large sourire, en dégustant son verre de cherry. Si tu crois que c'est facile d'être un dieu vivant!

— Nos amis s'impatientent, coupa Moreno d'une voix calme.

— Je croyais la patience des Chinois sans limite? répondit Gibson.

– Ne jouons pas sur les mots... Vous leur avez demandé un engagement financier important, et en contrepartie ils ne voient rien venir.

– Il est encore trop tôt...

– Nos amis estiment que votre affaire est mal engagée.

– Je ne vois pas en quoi. Le suffrage universel aura lieu en 1882. Kalakaua en a accepté le principe, sur mon conseil, il y a quelques semaines. Je serai en mesure alors de faire élire une majorité de députés mormons ou « Plumes d'oiseau », dévoués à ma personne. Destituer Kalakaua et occuper le trône d'Hawaï ne sera plus qu'un jeu d'enfant. Mais il me faut encore de l'argent...

– Vous ne trouvez pas que nous vous en avons déjà assez donné? trancha Moreno.

– C'est à cause de ce journal, le *Morning News*! plaida Gibson. Il laissait croire aux Américains que le peuple d'Hawaï tout entier était en adoration devant les Etats-Unis. On allait purement et simplement vers l'annexion. J'ai donc dû créer un concurrent pour prouver aux Yankees qu'il n'y avait pas que des annexionnistes à Hawaï. L'*Honolulu Standard* a évité le pire... En 1883, je serai au pouvoir et, croyez-moi, le traité ne sera pas prolongé. Vous vous souvenez de nos accords, monsieur Moreno? Quand je serai roi, je ferai d'Honolulu un port franc pour vos amis et la vente de l'opium sera libre dans tout l'archipel. Ce sont des faveurs qui méritent tout de même un peu de patience et de compréhension... Les bénéfices seront considérables et les rembourseront largement du financement de l'*Honolulu Standard*.

Moreno fit non de la tête.

– Nos amis réclament un geste de bonne volonté, monsieur Gibson... Ils savent que vous voyez régulièrement Kalakaua. Ils souhaitent que vous lui fassiez accepter certains projets, certains accords...

– Je crois que j'ai une meilleure idée, monsieur Moreno.

Le stratagème de Gibson était simple. Le roi Kalakaua vouant une admiration passionnée, chaque jour grandissante, à l'Italie, il lui présenta Celso César Moreno dès leur retour à Hawaï. Sa Majesté tomba sous le charme de cet authentique Florentin et bientôt ne jura plus que par lui. Il le faisait longuement parler de son pays, de son histoire, de sa littérature et alla même jusqu'à demander à Moreno, interloqué, de lui chanter des airs de bel canto. Bientôt, le distingué Moreno se fit attribuer un appartement au premier étage du palais Iolani, contigu à celui de Sa Majesté.

Fort de son influence, il ne tarda pas à proposer au roi de créer une compagnie de navigation, Canton-San Francisco, basée à Honolulu. Kalakaua accepta avec enthousiasme et versa à Moreno une grosse somme en dollars, nécessaire au démarrage de l'entreprise.

– Pourrais-je trouver meilleur spécialiste des problèmes mondiaux que mon cher Celso Moreno? clamait à qui voulait l'entendre Kalakaua. Existe-t-il personnage au monde mieux informé de l'Asie, de l'Amérique et de l'opéra que cet homme cultivé?

Peu de temps après, il en faisait son ministre des Affaires étrangères, à la surprise générale.

Follet s'inquiéta, dans un éditorial du *Morning News*, que le nouveau ministre n'eût pas la nationalité hawaïenne. Le jour même, il recevait une lettre du roi:

« *Cher Monsieur. A mes yeux la nationalité italienne est la meilleure des recommandations. Vous me faites observer, avec hargne, que mon*

ministre des Affaires étrangères n'est pas ha-
waïen. Qu'à cela ne tienne, je le naturalise sur-
le-champ. Bien à vous, David Kalakaua. »

Cette situation n'aurait provoqué que de bons
sujets de divertissement si Celso César Moreno
n'avait fait accepter par Kalakaua le projet pour
lequel, en réalité, il était venu : la vente libre de
l'opium dans le royaume d'Hawaï.

Le décret, signé de Sa Majesté, fut publié par
le *Polynesian*, qui servait de journal officiel du
royaume, fin août 1880. Mis à part quelques
personnalités austères comme Sanford Dole ou
Sturphy Miles, qui représentaient la mémoire des
pionniers, personne dans l'univers des missionnaires n'y trouva à redire. Accorder la vente libre de
l'opium, c'était pour le royaume percevoir des
taxes sur un produit de consommation courante à
Chinatown. Puisqu'il existait un impôt sur le sucre
et sur l'alcool, pourquoi ne pas en instituer un sur
l'opium ?

C'est Charles Bishop qui, le premier, décida de
tirer parti de l'affaire.

– Cela fait dix jours que l'opium est en vente
libre dans Honolulu, expliqua-t-il à François. C'est
le moment d'attaquer. Moi, ça me fait autant
d'effet que l'eau sur les ailes d'un canard, l'univers
entier peut tirer sur le bambou si ça lui chante...
Seulement, les Américains, eux, ne verront pas ça
d'un bon œil. Ils sont puritains, et seront prêts à
tout pour empêcher le roi d'agir avec autant de
légèreté. Ils seront prêts à le chasser...

– ... et à annexer Hawaï ? demanda François
avec un sourire.

– Pourquoi pas ? Si on les aide...

Dès ce jour, le *Morning News* tira sans relâche
sur le scandale de l'opium : « Honte », « déprava-
tion », « infamie ». Au bout d'une semaine, Kala-

kaua finit par convoquer François pour un entretien au palais. Il le reçut dans son immense bureau, derrière une longue table Louis XV, revêtu de sa tenue d'apparat, un uniforme rouge à boutons et galons d'or de l'armée des Indes, sabre au côté. L'image était saisissante.

– Votre journal m'a diffamé, monsieur le Français! s'exclama-t-il.

– Je suis de nationalité hawaïenne et je vous fais observer, Majesté, que mon journal n'a fait que donner des informations sur la vente libre de l'opium. L'opium est un narcotique...

– Vos informations sont dépassées, monsieur le Français... J'ai averti ce matin monsieur le chargé d'affaires des Etats-Unis que nous retirions l'opium de la vente libre. Je n'allais tout de même pas me fâcher avec nos voisins américains.

– C'est une bonne nouvelle.

– Pas du tout, rétorqua Kalakaua. Cela signifie des recettes en moins pour la couronne... Et savez-vous l'autre conséquence de votre misérable campagne de presse? Mon cher ami Celso Moreno, dégoûté par la médiocrité des habitants d'Hawaï, a décidé de quitter l'archipel. Vous pouvez être fier de vous... M. Moreno repart vers son pays, en Italie, où les habitants sont assurément plus intelligents... Par amitié, il a accepté d'emmener mon neveu Robert Wilcox. C'est un métis de père américain, un garçon de grande qualité. Il vivra à Naples où il achèvera sa culture et son éducation dans le plus beau pays du monde.

François resta sans voix.

– J'ai une autre nouvelle à vous apprendre, poursuivit le roi. J'ai décidé de faire un voyage dans les deux hémisphères pour rendre visite à mes pairs, les grands de ce monde, au Japon, en Egypte, en Italie et en Angleterre. Le voyage

312

durera un an... Il me paraît important que le *Morning News* fasse, au jour le jour, la chronique de ce périple royal.

Kalakaua plissa les yeux et jeta à son interlocuteur un regard méprisant.

– Je n'ai pas envie de faire halte en France... La France est un petit pays, vous ne l'ignorez pas, monsieur.

– Je l'ignorais, Majesté.

– Je vous imaginais plus au fait des réalités du monde, monsieur le journaliste. Apprenez ceci : les petits pays ont à leur tête des présidents. Les grands ont des rois !

François hésita avant de prendre sa décision. Un long voyage en Europe lui changerait les idées, c'est-à-dire lui ôterait la seule pensée qui l'habitait : Sarah. Elle était partie depuis quatre ans mais il vivait toujours avec elle, dans la plus intime des fréquentations, le silence de ses souvenirs...

Bethsabée Hartford s'était peu à peu rapprochée de François, avec délicatesse et douceur. De soirées en cocktails, François s'était laissé apprivoiser, trouvant un certain réconfort dans la présence discrète de la jeune femme. Quand le vieil Hartford mourut, il raccompagna Bethsabée dans son immense maison, une superbe bâtisse de pierre blanche aux colonnes de marbre.

Pendant le repas qu'il accepta de partager avec elle, la conversation vint pour la première fois sur Sarah. La mort de son père ramenait Bethsabée à ses souvenirs, au destin amer de Peter Brinsmade.

– Mon père a toujours été hostile aux missionnaires qui persécutaient les Brinsmade. Sarah était une petite fille rieuse et gaie. Je la considérais comme ma propre sœur. Les missionnaires lui ont fait une enfance cruelle.

– Vous suggérez qu'ils sont responsables de la vie qu'elle a choisie ? demanda François.

– Je ne suggère rien. Je dis que j'ai vu une enfant jolie et généreuse, devenir une petite chatte écorchée vive.

François et Bethsabée se virent fréquemment, jusqu'au soir d'août 1880 où François lui annonça qu'il partait pour l'Europe avec Kalakaua.

– Un an sans vous voir, François, ce sera bien long. Vous allez m'obliger à prier chaque jour pour que l'océan soit clément et qu'il ne vous arrive rien...

C'est Gordon Moorehead qui avait su convaincre François de partir. « Changer de paysage, c'est déjà changer de vie », lui avait-il dit.

– Et Pierre, que va-t-il devenir ?

– La princesse Bernice Pauahi a créé un pensionnat, près d'Hilo. Elle veut y éduquer des enfants hawaïens, et aussi des sang-mêlé... Agnès y vit depuis deux mois. Bernice acceptera d'y prendre Pierre.

– Pierre, dans un pensionnat ?

– Pierre est un enfant unique, comme Agnès. Les enfants uniques vivent seuls, monsieur Follet, beaucoup trop seuls. Dans un interminable pensionnat peuplé d'adultes. Là-bas, il ne sera pas malheureux, au contraire. Il se fera des amis de son âge. Je m'occuperai de lui, le dimanche. Partez tranquille.

22

Au matin du 5 décembre 1880, François Follet embarqua en compagnie de Sa Majesté Kalakaua et d'Amos Forster à qui il avait décidé de confier la chronique du voyage. Il ne le regretta pas.

C'est en effet avec bonheur que, quelques semaines plus tard, alors que la goélette royale s'éloignait des rives du Japon, il eut le compte rendu que le jeune journaliste avait fait de la première étape du voyage...

« *" Le baron von Œlhoffen a-t-il oublié l'heure ou n'en eut-il jamais le souci ? " se demandait Sa Majesté sur le pont du clipper royal ce matin du 5 décembre, jour de notre départ. Lui, qui n'aime pas attendre, fit une exception pour son majordome qui arriva à onze heures un quart. " Robert, dit-il, vous me devez trois cigares et une liasse de dix dollars ! Sachez-le une bonne fois pour toutes :* Time is money ! *" Et le roi Kalakaua se mit à rire, en tirant sur l'oreille du pauvre Robert von Œlhoffen. La traversée s'annonçait belle. On hissa le drapeau ensoleillé du royaume d'Hawaï et le canonnier de Diamond Head, Lol Tolhurst, fit de son mieux pour être à hauteur de*

315

sa charge et de ses anciennes compétences qui remontent, si on veut bien le croire, à la triste bataille de Fair Oaks.

Le roi n'apparut à la coupée qu'en baie de San Francisco, vêtu d'une tunique bleu nuit et d'un pantalon de lin blanc, marchant d'un pas mal assuré dans des bottines à forts talons. M. le gouverneur de Californie, M. le consul d'Hawaï, Mr. Spreckells et sa femme, Mrs. Samantha Spreckells, l'attendaient sur un wharf spécialement réservé, suivis par une fanfare de dix hommes et un détachement de l'infanterie générale qui rendit les honneurs. On se dirigea en calèche vers les hauteurs de Nob Hill, dans la somptueuse villa de Mr. Spreckells, où la fête dura huit jours. Que retenir de cette semaine de faste et de réjouissances? On parla, bien sûr, de commerce et plus précisément du prix du sucre au moment de servir le café. Cependant, une question ne laissa pas d'inquiéter, durant les trois derniers jours, l'entourage immédiat de Son Altesse : qu'était devenu le baron-majordome Robert von Œlhoffen? Avait-il été shanghaïé? Etait-il tombé dans le port au cours d'une de ces excursions nocturnes dont il avait pris l'habitude? On le retrouva, après de multiples recherches, dans une chambre d'hôtel du quartier de Barbary Coast, où il est plus connu sous le nom de Robert Smith.

Le 8 janvier 1881, le clipper royal entrait dans la magnifique baie de Yokohama, sous un ciel glacé. L'empereur était-il au rendez-vous? Qu'importait! Il y eut vingt et un coups de canon que Sa Majesté dénombra à l'aide de ses dix doigts.

On attendit pendant deux jours (le temps de nous délasser du voyage, nous précisa-t-on) dans un château de trente-deux pièces donnant sur des jardins aux arbres aussi minuscules que rabou-

316

gris. Les fiches de Mlle Dulles, bibliothécaire à l'Institut royal d'Honolulu, précisaient que l'Empire du Soleil levant était un archipel composé de trois îles principales au relief volcanique et sujettes à des tremblements de terre. Les aristocrates avaient " les yeux ouverts ", et les autres, la majorité, des yeux bridés. Depuis quinze ans, l'empereur avait repris le pouvoir en main et semblait favorable à l'ouverture de son pays vers le monde extérieur. Dans ces conditions, la visite du roi d'Hawaï ne pouvait pas mieux tomber. Celui-ci, au cours d'un somptueux dîner de gala, improvisa, devant l'empereur Mutsuhito et sa famille, un discours sur le thème : " Nos pays se ressemblent, nos yeux sont également ouverts. Vous aimez le thé, nous avons le sucre. Unissons-nous ! " Il proposa alors le plan d'une fédération des nations et royaumes d'Asie, qu'il avait eu le temps de mettre au point lors des trois semaines de traversée. Pour montrer sa volonté d'aboutir, il alla jusqu'à proposer le mariage de sa fille, âgée de cinq ans, avec le prince héritier nippon qui courait allégrement, quand même, sur sa dix-septième année. D'ici là, le peuple japonais était invité à venir goûter aux joies roboratives du coupage de la canne à sucre hawaïenne. Le Mikado se prêta poliment au jeu mais se contenta, en retour, d'offrir à Sa Majesté Kalakaua un brûle-parfum en forme de canard, un arbre nain âgé de cent vingt ans et une boîte à médecine laquée, représentant un cerf. Le temps de mettre tous ces présents dans les malles royales et de retrouver le baron von Œlhoffen, plus connu, dans le quartier trouble de Toshibo, sous le nom de Roberto Rodriguez, et le clipper royal cinglait déjà vers d'autres cieux. – AMOS FORSTER. »

François allait s'asseoir souvent au soleil, à la proue du navire... Au cours de la traversée, le souvenir de Sarah était venu plusieurs fois le hanter et, à San Francisco, il avait prétexté une forte fièvre pour rester dans sa cabine. Il voulait éviter le risque de la rencontrer. Il ne s'était pas trompé. Sarah avait assisté en effet à la grande réception donnée par les Spreckells, au bras de Stuart Brookster. Elle avait un instant hésité à s'y rendre, craignant de rencontrer les quelques Haolès qui accompagnaient sans doute le roi dans son voyage. Mais le désir de se montrer à eux dans l'éclat de sa beauté fut le plus fort. Comblée par Brookster, elle se sentait épanouie et fière de sa nouvelle vie. Parfois, pourtant, elle s'inquiétait pour son amant dont les yeux fiévreux trahissaient la fatigue.

– Tu mets ta santé en péril, mon amour, lui disait-elle, tu sacrifies trop à l'opium.

Il haussait les épaules.

– Que connais-tu de l'opium et de ce qu'il m'apporte ? L'opium nécessite une initiation et des usages qui me sont nécessaires. C'est un peu comme dans la religion de Gibson, ce sont les rites qui me plaisent.

Sarah ne répondait pas. Plus son amant s'allongeait sur les nattes des fumeries de Chinatown, dans les « gargotes célestes », plus il s'éloignait d'elle, sans qu'elle puisse s'y opposer.

« L'Egypte est un royaume quatre fois millénaire, mais nous n'attendîmes qu'un jour avant de nous engager dans le canal de Suez, creusé, il y a dix ans, par un Français, M. de Lesseps. Le Khédive, encapuchonné comme un roi mage,

nous attendait dans son palais du Caire, entouré de sa nouba : une kyrielle de grosses caisses tendues de peaux de mouton et de flûtes à serpents qui épointent les oreilles et agacent vite les dents. Chaque repas rappela au roi Kalakaua qu'il était au cœur de la civilisation aride de la semoule, des dattes et du lait. Sans Œlhoffen, le régime draconien eût tourné au supplice et gâché, en partie, le panorama majestueux des pyramides. Un éminent égyptologue anglais, le professeur Stephen Gerard, dont le chapeau de toile rose à visière intrigua longtemps le roi, nous assena d'un ton oxfordien passablement imbibé un cours d'histoire qui dépassa amplement les bornes d'une succincte et courtoise pédagogie. La soif d'apprendre de Sa Majesté et de son entourage avait pourtant de visibles limites.

Avant de partir, nous héritâmes d'une chèvre barbichue ainsi que d'un bouc à sabots cirés qu'il fallut bien caser quelque part. Œlhoffen, dont on n'eut à déplorer aucune escapade, choisit l'endroit le moins fréquenté du navire en consignant les deux animaux déboussolés dans la bibliothèque en bois d'acajou. Au fur et à mesure que nous voguions vers l'Italie, nous nous aperçûmes que le bouc n'avait d'aucune façon les cornes marines, et que la chèvre montrait un goût immodéré pour l'œuvre complète de Walter Murray Gibson (celui-ci ayant offert au roi avant son départ l'édition imprimée de l'ensemble de ses poèmes, soit trois gros volumes), prouvant à tous, s'il en était besoin, que les livres de cet homme ne se lisent pas mais se dévorent. – Amos FORSTER. »

Sarah dut patienter deux semaines avant d'annoncer la nouvelle à Stuart Brookster. Elle attendait un enfant de lui. Revenu d'un voyage à Hawaï, Brookster resta muet pendant de longues minutes. C'était un événement qu'il n'avait pas prévu.

– C'est une preuve d'amour que je voulais te donner, dit-elle en se blottissant dans ses bras. J'avais besoin d'un enfant de toi.

Sarah pensait souvent à Pierre, son petit garçon aux yeux noirs. On était au mois de janvier 1881 et il allait avoir six ans. Le prix qu'elle payait sa passion pour Brookster lui paraissait parfois exorbitant, tant était lourde l'absence de cet enfant qu'elle chérissait.

« *L'Italie s'annonça bruyante et colorée. Sur les quais du port de Naples, nous attendîmes en vain pendant deux jours la visite de l'illustre Celso César Moreno. Sa réputation l'ayant largement précédé, on peut, sans exagérer, la qualifier de détestable et passer rapidement sur cette mauvaise impression. Mieux valait s'en remettre aux soins diligents de notre consul à Brême qui, lui, était présent, accompagné de Robert Wilcox, neveu du roi, dont les études dans cette ville s'achèvent.*

Une semaine plus tard, nous arpentions les immenses couloirs du Vatican, le fastueux siège de la chrétienté. Le pape Léon XIII, vieillard chenu au sourire fatigué, nous bénit d'un geste tremblant, avant de nous distribuer des médailles à son effigie. Le roi Kalakaua, vêtu d'un pagne de cérémonie sous un ample manteau d'opossum (on eût dit un gros chat aux moustaches ébarbées), joua quelques minutes à la main chaude en compagnie de Sa Sainteté. Mais le cardinal Paolo Altobelli, chargé de l'Institut des œuvres pour la propagation de la foi, interrompit la partie et nous dirigea fermement vers les triples portes capitonnées de la sortie des appartements pontificaux. Le roi, s'estimant sans doute plus près du ciel mais nerveusement choqué, ne nous adressa pas la parole de la journée, à deux doigts de la conversion ou de l'attaque cérébrale. Le lendemain, au palais du Quirinal, le jeune roi Umberto fut battu froid et traité en parent pauvre, malgré ses magnifiques gardes à crinière et les piquantes beautés blondes qui composaient son entourage. Le royaume de Sa Majesté Kalakaua n'était-il plus de ce monde? Avant de jeter l'ancre, nous récupérâmes Il barone *von Œlhoffen sur un quai de radoub napolitain, essayant de négocier sa médaille pontificale contre trois bouteilles de vin empaillées et un gros saucisson de mortadella.*

Amos *FORSTER.* »

A une dizaine de milles des côtes françaises, François frôla son pays natal, avec l'impression d'effleurer le corps d'une femme qu'il avait aimée. « Enfantillages », se dit-il. Désormais, un monde les séparait. Il eut un dernier remords : « Mère patrie, pensa-t-il en regardant l'horizon, je suis l'ingratitude même. Toutes ces années t'ont chassée de ma mémoire. A quoi bon, aujourd'hui, fouler ton sol. Pour toi je suis un souvenir qui flotte, un sillon tracé sur la mer. Rien de plus. Oublie-moi comme je t'ai oubliée. » Il eut une pensée fugace pour ses parents et se demanda s'ils vivaient encore. Mais il leur était trop étranger pour s'en attrister. Il était depuis longtemps libre, sans famille, de l'autre côté de l'univers. Il était homme d'un nouveau monde...

« *L'Angleterre fut une apothéose. Sa Majesté n'eut pas assez de ses dix doigts pour compter les cent vingt coups de canon qui saluèrent notre arrivée dans la capitale de l'Empire britannique. Invités à la somptueuse revue du* Trooping The Color, *nous comprîmes rapidement que le cirque de M. Theophilus Barnum et le* Wild West Show *de M. William Cody pouvaient replier leurs chapiteaux : jamais ils n'égaleraient la mirifique chorégraphie des régiments de Sa Majesté, la massive reine Victoria. Cette femme admirable a dû affronter deux terribles malheurs, au cours de son existence : la disparition précoce de son cher époux, le prince Albert, et la promiscuité d'un Premier ministre particulièrement retors, le dénommé Billy Gladstone. A Sa Majesté d'Hawaï qui s'étonnait des pouvoirs extravagants de ce petit bonhomme, la reine répondit : " Mon petit Kalakaua, c'est là tout le piquant des monarchies parlementaires! Je lis même ses discours : il connaît mon style, et je commence à m'habituer à ses idées. – C'est égal, répondit Kalakaua, je vois bien que vous ne vous en sortez pas. Tous ces gens vous ligotent les poignets pour mieux vous pendre. Venez donc à Hawaï, chère cousine, et vous verrez la façon dont je me sers encore de mes deux bras. "*

Au cours de son séjour, le roi se passionna pour l'Ecosse, joyau septentrional de la triple couronne, et plus particulièrement pour son troisième régiment de montagne. Chaque matin, le major Timothy MacBride, accompagné d'une douzaine de bûcherons en jupettes plissées, vint donner l'aubade sous les fenêtres du palais de Grosvenor Terrace, résidence londonienne du roi Kalakaua et de sa suite. Les chants de cornemuse

– évoquant les couinements d'un phoque mélancolique qui se serait pris la queue dans la banquise – firent le bonheur quotidien du monarque. " Est-ce difficile d'apprendre à jouer de cet instrument ? " demanda Kalakaua. " Certainement, Majesté ! répondit cérémonieusement le major MacBride, raide comme un bambou d'Ecosse. C'est très dur... surtout pour l'entourage ! – Les Anglais ont-ils tous des cuisses aussi grosses que mes biceps ? " interrogea Sa Majesté, étonnée qu'on ne trouvât pas de pantalons à sa taille, pour la dernière soirée donnée en son honneur à Covent Garden. Il se rabattit sur un costume de général piémontais qu'il s'était fait tailler sur mesure lors de son séjour romain et apprécia autant que les autres invités les musiques majestueuses, quoique non italiennes, de MM. Byrd, Purcell et Haydn.

" Si l'homme, c'est le style, le style assurément a quelque chose à voir avec l'Angleterre. Je vous laisserai le soin, mes chers amis et lointains parents, de conclure par vous-mêmes. " C'est, à peu près, en ces termes que le roi prit congé de la famille de Hanovre-Saxe-Cobourg, dans les salons d'honneur du palais de Buckingham. On nous gratifia d'une nouvelle salve de canon, et nous repensâmes, non sans émotion, à l'éclatante victoire de Richmond et à son glorieux porte-boulet, notre fidèle ami Lolly Tolhurst ! Le temps de récupérer le baron von Œlhoffen au pub Queen Jane – à l'angle de Bayswater Road et de Keetchen Alley –, où il est apprécié sous le nom de Bobby Brown, et nous retrouvions, à bord du clipper royal, notre couple caprin en compagnie d'un magnifique poney des îles Shetland, ultime cadeau de la reine Victoria à Sa Majesté Kalakaua.

Quelle fut notre surprise d'apprendre, en arrivant à Honolulu, après un voyage harassant de quarante et un jours, que l'écouvillonneur de deuxième classe Lawrence Tolhurst, ainsi que son canon paragrêle avaient déserté notre île pour l'hypothétique trône d'un îlot polynésien! Désemparés, tel Ulysse de retour à Ithaque, une bonne nouvelle a, cependant, mis un peu de baume sur nos cœurs vagabonds : dans le cadre d'un prochain " redéploiement des fonctions et compétences ", le baron von Œlhoffen se verrait confier un rôle de conseiller auprès du " bureau central des passeports et de la nationalité ". D'avance, et très sincèrement, nous l'en félicitons. – AMOS FORSTER. »

– C'est très difficile de faire des prévisions, remarqua William Pitt... surtout lorsqu'elles concernent l'avenir!

De retour dans son bureau du *Morning News*, en cette fin d'avril 1882, François Follet sourit à l'humour de son rédacteur en chef.

Mais assis sur une chaise en face de lui, Charles Bishop demeura de glace.

– Cette fois, pourtant, reprit Pitt... il y a presque une certitude. Dans une semaine, les mormons auront gagné les premières élections au suffrage universel d'Hawaï.

– Aucun doute là-dessus? coupa Bishop.

– Aucun. Nos rédacteurs sont allés dans la plupart des villages. Partout, ils ont trouvé des mormons, débarqués de Lanaï, qui menaient campagne auprès des Hawaïens; et partout leur propagande pour Gibson et pour le roi a été bien reçue... Encore que, bien souvent, les Canaques n'aient pas compris ce qui se passait. Les chefs traditionnels font déjà partie de la Chambre des lords et ne s'intéressent donc pas aux élections... Seuls les mormons royalistes, et surtout gibsoniens, briguent les sièges, en tant que Canaques. Ils vont remporter un triomphe... Sur cinq cents députés à Honolulu, il faudra compter au moins trois cents mormons.

Bishop se leva brusquement.

– Il faut titrer sur la mainmise de l'archipel par les mormons et des risques qu'ils font courir à la liberté, trancha-t-il.

– Je connais mon boulot, réagit William Pitt. Je crois savoir que vous êtes banquier, monsieur Bishop. Je me passe de votre avis sur le contenu du *Morning News*, comme vous vous passez du mien dans vos comptes!

– Faites ce que je vous dis... laissa tomber Bishop en sortant de la salle de rédaction déserte.

François se leva à son tour et le rejoignit.

– Pitt a raison, Bishop, fit François. Tu n'as rien à dire sur les titres du journal.

– Je suis le propriétaire.

– Tu n'es qu'actionnaire. Pour un tiers.

– Je suis majoritaire. Pierce m'a vendu ses parts.

– Très bien. Dans ces conditions, prends donc la direction du journal. Seulement, tu devras recruter une autre équipe!

– C'est pas le moment de nous chamailler, Frenchie. La situation devient préoccupante. Dans un an, le traité du sucre viendra à expiration. Et que se passera-t-il? Quelle sera la réaction du président Hayes devant un parlement hawaïen composé de mormons, alors qu'au même moment les mormons sont déconsidérés aux Etats-Unis?

– Sans doute voudra-t-il préserver un courant pro-américain dans les îles...

– Trop cher. Beaucoup trop cher. L'administration américaine n'en finit pas de dédommager les planteurs de Louisiane. Et si c'est pour constater que, sept ans après le traité, la population hawaïenne est en majorité mormone, l'enthousiasme du président risque de tomber.

– Tu ne veux toujours pas te présenter aux élections? demanda François. Gibson, candidat à Honolulu, c'est un joli défi!...

– Je ne tiens pas à me commettre dans un scrutin ridicule. Sanford Dole recueillera les suffrages des missionnaires, ce sera suffisant. N'accordons pas à Gibson plus d'importance qu'il n'en mérite.

– Tu ferais pourtant bien de te méfier de lui. Il pourrait être, un jour prochain, le nouveau roi d'Hawaï.

Le soir même, Bethsabée vint au ranch Mooney. Depuis son retour d'Europe, François avait pris l'habitude de l'inviter à dîner une fois par semaine. Avec la vente du sucre hawaïen sur le marché américain, elle était devenue la troisième fortune de l'archipel, derrière Hackfeld et surtout Bishop. Elle n'en éprouvait aucun orgueil et laissait un homme d'affaires gérer ses biens. A trente-cinq ans, Bethsabée était encore belle, mais le temps passait et, de mois en mois, elle voyait s'effacer son rêve : épouser François Follet et avoir un enfant de lui. Elle avait compris qu'il éprouvait pour elle ce qu'elle redoutait le plus : une amitié affectueuse et de l'estime... Alors qu'elle passait par hasard lui rendre visite au moment de la sieste, elle avait vu un jour une jeune Chinoise refermer derrière elle le portail du ranch. Elle avait deviné... François aimait encore Sarah et, à sa façon, lui restait fidèle. Souvent, elle lui demandait des nouvelles de Pierre.

– Dans le fond, Gordon Moorehead avait raison, lui expliqua François... Pierre est heureux au collège. Il n'a que sept ans, mais il se passionne déjà pour la botanique, les fleurs et les arbres. La fille de Gordon, Agnès, qui a douze ans, l'a pris sous sa protection...

Bethsabée sourit. Elle aimait Pierre comme l'enfant qu'elle aurait voulu avoir. François perçut l'ambiguïté et s'empressa de changer de sujet.

– Pour ce qui est des affaires, ma chère Bethsabée, Bishop ne croit pas à la menace que représente Gibson... C'est de la pure inconscience !

– Gibson est-il si dangereux ? Après tout, Kalakaua continue à être roi. Il aura toujours besoin du trésor des planteurs... et il lui faudra signer le traité.

– Je sais, reconnut François... D'ailleurs les missionnaires ne s'inquiètent pas non plus... Et, à vrai dire, je n'ai pas d'argument à leur opposer. Pourtant, quelque chose ne colle pas dans cette affaire... Gibson a écrit hier dans le *Standard* qu'il faudra un jour ou l'autre arrêter la culture sucrière qui ruine l'âme hawaïenne : « Le veau d'or vous éloigne de Jésus et de Lono... » Ce sont ses termes. Si la culture sucrière était abandonnée, Kalakaua serait ruiné et le royaume tout entier avec lui... Et pourtant, Kalakaua et Gibson se connaissent... et s'entendent bien.

– François, reprit Bethsabée, après quelques instants d'hésitation, je dois vous dire quelque chose. Je ne sais pas si c'est en rapport avec les élections et avec Gibson... Sarah et Brookster sont revenus dans l'archipel. Ils ont acheté une maison, à quelques kilomètres à l'ouest de la ville, en bordure de Pearl Harbor.

Elle eut l'impression que François s'arrêtait de respirer, lorsqu'elle ajouta :

– Ils viennent de s'installer avec Elisabeth, leur fille, qui a presque deux ans.

23

Le retour de Sarah et Brookster n'était en rien lié aux ambitions politiques de Gibson. C'est Sarah qui avait décidé de quitter San Francisco. La santé de Brookster s'était mise à décliner et, par un curieux retournement, elle avait ressenti le besoin de protéger celui auquel elle avait éprouvé tant de trouble à se soumettre. Les effets de l'opium minaient Brookster chaque jour davantage et Sarah voulait briser ce cercle infernal. Pour Elisabeth, elle voulait édifier une vie heureuse. A Hawaï, dans le pays de son enfance, elle savait qu'elle pourrait créer l'atmosphère familiale dont elle ressentait le besoin. Elle comptait aussi revoir Pierre. La naissance de sa fille lui avait fait ressentir plus durement son absence. Peut-être même obtiendrait-elle de François qu'il vive avec elle ?

Les résultats des élections furent conformes aux prévisions de William Pitt. Les mormons de Lanaï, également baptisés « royalistes-gibsoniens », obtinrent une écrasante majorité. Le triomphe du Saint Berger était total.

La victoire des mormons surprit par son ampleur. A Honolulu, fief des missionnaires, Gibson obtint 1 120 voix sur 1 420 votants. Pour les candidats du parti du renouveau, emmenés par

Sanford Dole, la déroute fut sans appel. Mais personne n'y accorda beaucoup d'importance : les revenus tirés du sucre continuaient à s'entasser dans les coffres-forts et c'était incomparablement plus important qu'une victoire aux élections.

Amos Forster, rentrant trois jours plus tard de l'île de Maui où il avait suivi le déroulement du scrutin, fit part devant les collaborateurs du *Morning News* d'un détail qui, lui, n'avait pas été prévu.

– En apparence, les élections se sont déroulées d'une façon honnête... Et pourtant, elles ont été truquées !

– Quoi ? Les mormons ont bourré les urnes ? demanda François. C'est impossible, le parti du renouveau avait des représentants dans tous les bureaux de vote.

– Ce n'est pas cela. L'immense majorité des Hawaïens ne sachant pas lire, on avait prévu des bulletins blancs pour les royalistes mormons et des bleus pour le parti du renouveau. Mais, non loin des cabanes où l'on votait, des envoyés de Kalakaua avaient entreposé des centaines de bouteilles de whisky. Chaque Canaque se voyait offrir deux bouteilles de whisky en échange de son bulletin bleu !

– Ingénieux...

– Le plus extraordinaire, c'est que les députés élus dans ces conditions sont des mormons farouchement opposés à l'alcool !

Quelques jours plus tard, Kalakaua nomma Walter Murray Gibson Premier ministre. François resta presque indifférent pourtant au triomphe du Saint Berger. Il attendait une visite.

Le soir même, l'instant qu'il espérait et redoutait à la fois, survint enfin. Sarah lui rendit visite au ranch Mooney... François sentit sa gorge se nouer.

– Les années t'ont encore embellie, Sarah...

– Sept ans, répondit-elle... Dois-je aussi te faire des compliments?

Les malentendus naissent de peu de chose. François, devant le sourire lumineux de Sarah, se mit à croire un instant au miracle :

– C'est vrai, j'ai souvent pensé à toi... continua-t-elle.

Il s'approcha. Il avait eu raison de l'attendre.

Sarah devina ce que son mari imaginait. Elle fut stupéfaite. Comment pouvait-il être encore amoureux d'elle après tant d'années et tout le mal qu'elle lui avait fait? Elle tourna la tête et regarda un massif d'orchidées Vanda, superbes fleurs charnues, à chair orangée.

– Je vois que Gordon Moorehead a gardé tout son talent. Ton jardin est l'œuvre d'un artiste... Cher Gordon! Comment se porte-t-il, et ses filles, ses « petits berlingots », comment vont-elles?

– Adélaïde est morte. Une rougeole l'a emportée, il y a quelques années. Mais rassure-toi, j'ai présenté les condoléances à ta place.

Sarah se sentit blêmir sous l'attaque.

– Je suppose que tu es venue voir Pierre, reprit François... Malheureusement, il n'est pas ici. Il vit en pension à la Kamehameha School, au sud d'Hilo. Il m'a écrit récemment. Il y est très heureux.

Sarah était désemparée.

– M'empêcheras-tu de le revoir?

– Pourquoi? Pierre sera content de te retrouver. Il commençait pourtant à se faire à l'idée que tu l'avais abandonné...

Sarah regretta aussitôt d'être venue et partit sur-le-champ, furieuse contre François.

Au bout de trois mois, nul ne savait encore si le traité avec les Etats-Unis serait renouvelé. L'avenir des îles restait incertain. Chez les missionnaires de Nuuanu Valley, on ne se montrait pas inquiet pour autant. Hackfeld tenait à ses invités des propos rassurants : « Kalakaua a trop besoin d'argent pour négliger le trésor des planteurs. Son goût du poker, ses frasques diverses lui coûtent très cher. Mais il a des dettes plus criantes : les centaines de chefs traditionnels, dont il doit s'assurer la loyauté à coups de whisky, lui réclament des sommes considérables. Le traité sera reconduit ou, mieux, l'annexion s'imposera comme la meilleure solution. Croyez-moi, il vaut mieux, pour l'avenir de nos enfants et de nos petits-enfants, payer des impôts et devenir américains. »

François et William Pitt subodoraient que l'affaire n'était pas aussi simple. Le lendemain des élections, le *Standard* avait publié un éditorial de Gibson qui, une fois de plus, avait beaucoup diverti le monde des missionnaires :

La volonté de Dieu, par un vote éclairé,
A redonné espoir aux vertus bafouées.
Il n'est pas de village qui n'ait dit son courroux
Face à la meute sauvage des chacals et des loups.
Refusant d'altérer leur pureté en commerce
Nos îles ont choisi Dieu pour suprême richesse.

Au *Morning News*, on avait pris très au sérieux cette déclaration du Premier ministre. Un programme de gouvernement, fût-il rédigé en vers, ne peut être pris à la légère.

Courant avril, William Pitt apprit à François qu'il était sur une piste intéressante, non sur l'avenir du traité mais sur la personnalité du Saint Berger.

– Mes informateurs ? fit-il... Toujours mes amis, les « Plumes d'oiseaux » ! Pas plus tard qu'il y a une semaine, ils m'ont parlé d'un type, un vieillard à moitié fou qui, chaque jour, depuis la nomination de Gibson au poste de Premier ministre, passe à midi devant le *Standard* pour l'insulter. Ils l'ont surnommé « Abraham la purification ». Je suis allé attendre le bonhomme. J'ai vu un type maigre avec des habits noirs, propres, mais usés jusqu'à la corde, un grand chapeau noir sur la tête, une barbe de trois jours, et des grosses galoches sans lacets. C'est un mormon, un vrai ! Il est passé en levant les bras au ciel et en criant : « Honte à toi, Gibson, félon, escroc ! Mormon, le prophète, te voit. Il te punira... » Il a craché par terre et il a ajouté : « Les flammes de l'enfer ravageront ton journal du diable. Ce sera la purification. » Il s'appelle Abraham Rigbourg.

François sursauta en faisant aussitôt le rapprochement avec « sœur Rita Rigbourg »...

– Il faut aller interroger ce bonhomme. Où habite-t-il ? demanda-t-il.

– Dans une cabane, à l'ouest de la ville...

Le soir même, ils se rendirent sur place. Abraham Rigbourg vivait dans une cabane de planches et d'herbe séchée, avec des poules qui couraient dans les buissons et un cochon attaché à un piquet. Au loin, le crépuscule empourprait les collines de Pearl Harbor.

– Monsieur Rigbourg, fit François, nous venons vous parler entre amis.

Le mormon ramassa vivement une pierre.

– Partez ! Abraham Rigbourg ne parle pas. Il n'a rien à dire, il n'a pas d'ami ! Abraham Rigbourg vomit toute l'humanité !

Et, jetant vers François un regard halluciné, il demanda :

– Et puis comment sais-tu mon nom?

François eut le bon réflexe.

– Je suis un ami d'Aaron Javis. Le fondateur de l'île de Lanaï...

Abraham se calma brusquement. Peu à peu, les deux hommes le mirent en confiance et Abraham commença à leur expliquer sa haine pour Gibson.

Aaron Javis, commença-t-il, était un brave et saint homme. Le prophète mormon, en personne, lui était apparu et lui avait parlé : « Prends l'île de Lanaï, Aaron. Je te la donne. Il ne t'en coûtera rien... » Il faisait partie des élus, Aaron Javis! Avec lui, l'île des Saints du dernier jour était un paradis. J'avais une femme américaine, Rita, que j'avais épousée à Colorado River, et deux femmes hawaïennes. Nous avions quatorze enfants, dont dix métis. Et maintenant, je suis seul et ruiné!

– Mais ensuite, monsieur Rigbourg... Que s'est-il passé?

– Il s'est passé la guerre, monsieur, aux Etats-Unis. La communauté a été partagée. La majorité d'entre nous étaient nordistes, mais certains voulaient en découdre avec le gouvernement yankee qui nous avait tant persécutés. D'autres étaient sudistes, mais parmi eux certains étaient opposés à l'esclavage... Fallait-il se battre? En tant que mormon, nous avons des obligations : ne pas boire d'alcool, bien sûr, mais aussi payer nos impôts et défendre notre pays. Mais où était notre pays? Certains disaient que c'était le royaume d'Hawaï et que le royaume d'Hawaï n'était pas en guerre. Dans la communauté, les discussions sur ce point ont vite tourné au pugilat. Aaron Javis a donc décidé d'aller demander des ordres formels à Brigham Young, notre père spirituel qui vivait à Salt Lake City et il est parti avec Stuart Brookster...

Brookster est un scélérat. C'est un type qui doit avoir votre âge, aujourd'hui, dit-il à François; une cinquantaine d'années, un peu comme vous, brun aux yeux noirs avec une moustache. A l'époque, il y a vingt ans, il nous servait de négociant... Je n'ai jamais revu Aaron Javis. Stuart Brookster est revenu trois mois plus tard en compagnie d'un inconnu : Walter Gibson.

Les yeux de Rigbourg étaient exorbités.

– Gibson le serpent! J'ai vu le nuage du malheur!... Gibson était un oiseleur et toutes les petites tourterelles de Lanaï sont tombées dans ses filets, dans la séduction de Satan. « Je suis envoyé par le grand maître Brigham Young, a-t-il prétendu. Aaron Javis est mort d'une crise cardiaque à Salt Lake City et notre chef vénéré m'a dit : '' Gibson, toi qui es le meilleur des mormons, le plus ancien de mes amis, toi qui es comme mon frère, prends la suite de ce saint homme et va conduire nos frères de Lanaï vers les verts pâturages mormons... '' » Tu parles!... Cette vipère connaissait son affaire. Seulement, j'ai bien vu qu'il ignorait tout de nos préceptes. Il était toujours onctueux, toujours fuyant, mais ne respectait pas vraiment notre règle essentielle : « Pieux le soir, joyeux le matin. » C'est simple : on ne le voyait pas le soir, et le matin il faisait la tête. Ce n'est pas tout : alors que tous les vrais mormons se vouaient à la polygamie, Gibson, lui, délaissait les femmes. Et puis Gibson est devenu le « roi de Lanaï ».

– Qu'est-ce que vous voulez dire?

– Il s'est fait d'abord nommer « chef-président » des mormons et s'est fait bâtir un bungalow princier sur la colline, au-dessus de Palawai. Puis il a fait venir des centaines de Canaques à qui il a expliqué qu'entrer dans la communauté entraînait l'obligation de le reconnaître comme roi.

– Mais les autres mormons, les Américains, ne s'y sont pas opposés? demanda François.

– Nous avons bien essayé, mais cette engeance a usé de toute la ruse du Malin! Nous avons été noyés sous le flot des Hawaïens. Une fois roi, Gibson est devenu le conseiller privé de Lot : Lanaï rapportait autant au royaume en impôts que la taxe sur l'alcool. Lot, à son tour, est tombé sous le charme de la vipère Gibson. Il a autorisé le roi de Lanaï à avoir sa propre police, uniquement des Hawaïens, et à rendre la justice... C'est à ce moment-là que Gibson réussit à faire croire aux Canaques qu'il était Dieu, fils de Dieu, frère de Jésus-Christ et de Lono... Il est apparu, un jour, avec une bure blanche, en montrant un deuxième livre sacré, après le *Livre de Mormon* : le *Livre des rêves et des présages*. Il a fait regrouper par sa police tous les Blancs et nous a dit : « Vous n'acceptez pas mon autorité? Il ne vous reste qu'à partir. » Quand j'ai proposé à ma femme d'embarquer avec moi sur le *Fortuna*, elle m'a répondu : « Le maître me veut près de lui! » J'en suis pas revenu : Rita, une fermière que j'avais épousée quarante ans plus tôt à Colorado River! Elle m'a dit : « Je veux être la servante du Saint Berger! » L'ombre du Diable, je vous le dis! Le Malin a désormais un royaume sur terre!

Le 12 février 1883, le roi Kalakaua fêta le huitième anniversaire de son règne et offrit une réception mémorable. Depuis son retour d'Europe, le palais Iolani était devenu l'endroit à la mode, où se donnaient des bals somptueux que ne dédaignaient pas les missionnaires. Ceux-ci, depuis la signature du traité, n'étaient-ils pas redevenus royalistes, ce que d'ailleurs ils prétendaient n'avoir jamais cessé d'être ?

François faisait partie des invités et une fois de plus avait décliné l'invitation.

– J'ai autre chose à faire, disait-il à William Pitt, que de fréquenter les sauteries de Sa Majesté. Cheng-Hi me fait une excellente cuisine et je peux me payer du bourbon, des punchs aux fruits de la passion et même du champagne Peter Findevile si j'en ai envie. Me faire écraser les pieds par la cohue autour des buffets, sans façon !... Pour y entendre parler de sucre, et des Chinois qui s'entassent dans Chinatown... Sans compter que je ne souhaite pas croiser Gibson même s'il a troqué la bure pour le frac et le nœud papillon blanc, je reste chez moi et je lis les œuvres de Jean-Jacques Rousseau. Un auteur aux idées pertinentes sur la monarchie...

Aurait-il pu dire la vérité à William Pitt ? « Je ne tiens pas à rencontrer Sarah au bras de Brookster... »

Charles Bishop, lui, avait fait une exception à sa règle de ne jamais assister aux soirées données au palais : il se doutait que quelque chose d'important allait se passer. François, deux jours avant, lui avait donné une indication.

– Hier, lui avait-il dit, je suis allé boire un verre au *Liberty*. J'avais appris avec retard la mort de Daltrey et je voulais saluer Laetitia. Dans le salon, il y avait quatre types, des costauds qui avaient l'air de singes déguisés en gentlemen. Laetitia m'a dit que c'étaient les gardes du corps d'une personnalité de San Francisco, Klaus Spreckells, descendu au *Liberty* depuis deux jours.

Charles Bishop avait compris. Si Spreckells, le richissime raffineur de la côte ouest, était venu à

Honolulu, ce n'était pas pour contempler la beauté du coucher de soleil. Ni pour montrer ses talents de danseur au bal du roi Kalakaua... Il décida de se rendre au palais.

Un scandale, ce soir-là, dans les merveilles florentines du palais Iolani eût été du dernier mauvais goût. Sarah eut donc droit à des salutations souriantes, des hommages appuyés et des baisemains compassés. Après tout, elle faisait bel et bien partie de la grande famille des missionnaires d'Hawaï. Il n'était guère utile de revenir sur ses frasques... D'autant que nul n'ignorait que Stuart Brookster, son nouveau « mari », était lié au Premier ministre Gibson, donc au roi.

Seul Charles Bishop ne témoigna à Sarah qu'indifférence et mépris. Il fit de même, d'ailleurs, avec les autres invités, répondant avec froideur à leurs salutations. Hackfeld parvint toutefois à lui arracher quelques mots :

– Vous avez des nouvelles de notre ami Pierce ? lui demanda-t-il.

– Il est à Washington. Il essaie de faire renouveler l'accord. S'il n'est pas trop tard...

Un frisson parcourut l'assistance et les musiciens arrêtèrent de jouer : Sa Majesté Kalakaua, revêtue de sa tenue de général piémontais, le buste ceint d'un large cordon de soie rouge et sabre au côté, venait d'apparaître dans la salle de bal. Il gravit le petit escalier qui donnait accès à un podium, suivi du Premier ministre Gibson, cheveux argentés et habit noir, et d'un petit homme d'une soixantaine d'années, au visage sanguin, enserré dans un frac et un plastron...

Bishop le reconnut aussitôt. C'était Klaus Spreckells !

François fumait un cigare, sur la terrasse du ranch Mooney, en se balançant doucement sur un rocking-chair, quand Bishop, en tenue de soirée, le tira de ses rêveries.

– J'arrive du palais! Kalakaua et Gibson ont sorti ce soir leur botte secrète. Un coup de maître, imprévisible... Klaus Spreckells. Désormais Kalakaua n'a plus besoin du trésor des planteurs, ni du traité : Spreckells prend en charge les dépenses de l'Etat.

– Rien que ça! s'exclama Follet.

– En échange le roi lui cède pour un dollar symbolique des terres appartenant à la couronne... c'est-à-dire les deux tiers de l'île de Maui! Spreckells est une fripouille, soit, mais il a le sens du progrès : il a sans doute calculé que, même avec les taxes américaines, son sucre hawaïen lui reviendra moins cher que celui de Louisiane. Comme c'est le premier raffineur de Californie, il mettra en place un cartel... et contrôlera dans cinq ans tout le marché sucrier. C'est la fin de nos espoirs. Toute idée d'annexion est désormais irréalisable.

Les deux hommes restèrent silencieux quelques instants, cherchant comment contrecarrer le projet de Gibson.

– Il y aurait bien un moyen... murmura François. Renouveler l'opération que nous avions menée contre Moreno. Soulever un scandale qui pousserait les Américains à intervenir...

– Un scandale contre Spreckells?

– Non. Contre Gibson... J'hésitais encore à fouiller sérieusement son passé. Maintenant, il est temps. J'ai quelques pistes qui pourraient s'avérer fort utiles.

Follet éprouva un réel sentiment de bonheur en embarquant sur le *Pablo Garcia* pour San Francisco. La journée était magnifique. Sur le pont du navire, les battements lointains de la chaudière se mêlaient au choc de l'étrave contre la houle de nord-est. Pour la première fois depuis dix ans, il avait l'impression qu'il reprenait sa vie en main, qu'il décidait de son destin. Attaquer Gibson, abattre le Saint Berger, n'était-ce pas aussi atteindre Brookster? Et au bout du chemin il y aurait Sarah.

Le premier point de son enquête sur Gibson consistait à rencontrer le grand maître de l'Eglise mormone, Brigham Young, et à l'interroger sur Gibson. Etait-il un mormon dévoyé qui avait acheté la complicité de Brookster? Etait-il un escroc que Brookster avait recruté après avoir assassiné Aaron Javis?

De San Francisco, dont il découvrit avec étonnement l'ampleur et la beauté, à Salt Lake City, le voyage dura trois semaines à travers la Californie, les montagnes du Nevada et de l'Utah, éclatantes de fraîcheur aux premiers jours du printemps. François eut le temps d'examiner toutes les hypothèses. Il retombait toujours au point de départ : comment Aaron Javis était-il mort vingt ans plus tôt? Avec la lassitude du voyage, le doute le saisissait. Parviendrait-il à retrouver ses traces?

Quand il descendit de la diligence à Salt Lake City, François eut l'impression de débarquer sur une autre planète. Dans les rues alignées au cordeau, bordées de maisons éclatantes de propreté, se croisaient des carrioles conduites par des hommes sévères, barbus, de solides fermiers aux manches retroussées accompagnés, parfois, de dames en robes strictes, un petit bonnet blanc sur la tête.

A l'hôtel où il descendit, l'accueil fut distant. Le patron, un grand type maigre dont l'originalité était de n'être pas barbu, lui désigna d'un doigt une pancarte clouée sur le mur en disant d'un ton sec :

– Voici la règle de la maison !

François lut : « Pieux le soir, joyeux le matin », en dessous : « Prie le prophète Mormon et ta fortune sera faite. » Et en dessous encore, en gros caractères : « La consommation d'alcool est interdite dans cet établissement. »

François acquiesça d'un geste de la tête, en signant le registre.

– Vous serait-il possible de me faire rencontrer Brigham Young ? demanda-t-il à tout hasard.

– Notre chef vénéré est mort il y a plus de deux ans...

– Son successeur, alors ?

– Le frère Young n'a toujours pas de successeur. Le conseil de la communauté délibère. Salomon Rooster est chargé des affaires courantes. C'est à quel sujet ?

François se dirigeait vers l'escalier.

– Dites au frère Salomon Rooster qu'un citoyen de nationalité hawaïenne voudrait le rencontrer.

– Je le lui dirai, répondit le patron, mais je ne sais pas quand il pourra vous recevoir. Il est très occupé.

– Dites-lui alors que c'est de la part d'un ami d'Aaron Javis.

François n'eut guère à attendre. Il n'était pas depuis une heure dans sa chambre, dépouillée à l'extrême, qu'on le prévenait à travers la porte, que le frère Rooster l'attendait au salon.

Le chef provisoire des mormons était un homme

vigoureux, à la barbe bien taillée et aux yeux inquisiteurs.

– Ainsi, vous nous apportez des nouvelles de notre cher Aaron Javis? demanda-t-il en invitant son visiteur à s'asseoir en face de lui.

– Je suis plutôt venu en chercher..., répondit François, surpris. J'ai connu Aaron Javis il y a vingt ans... A l'époque, il vivait dans l'île de Lanaï.

– L'île de Lanaï! répéta Rooster, émerveillé... Le frère Javis l'avait reçue des mains mêmes du prophète Mormon.

– Quand j'y suis retourné, il n'y était plus et...

– Vous avez trouvé Gibson à sa place, coupa Rooster, dégoûté.

– On prétend là-bas qu'il était très proche de Brigham Young.

– Pas du tout... Brigham Young n'a jamais rencontré ce Gibson, cet escroc, cet assassin. Sachez bien ceci, monsieur Follet : Gibson n'est jamais venu à Salt Lake City. Il n'est pas et n'a jamais été mormon. Ce n'est qu'un escroc, doublé probablement d'un assassin...

– Expliquez-vous.

– Lanaï a toujours été une communauté très prospère. Aaron nous envoyait régulièrement de l'argent et des nouvelles jusqu'à ce que la guerre de Sécession éclate. Depuis, plus rien. C'est en 1872 que notre frère Young a décidé de m'envoyer là-bas pour savoir ce qu'était devenu Javis. Une fois arrivé, j'ai vite compris : il n'y avait plus trace d'Aaron Javis, ni d'aucun frère américain. A la place, j'ai découvert Gibson. Les Canaques, qui se disaient mormons, le considéraient comme un dieu... C'était extravagant.

– Il vous a donné des explications?

– Il m'a dit évasivement qu'il s'était vu confier

342

la communauté par Aaron Javis, lequel s'était installé avec les frères américains dans une autre île, très loin, un endroit perdu dont il ne connaissait même pas le nom, du côté de la Chine ou de la Nouvelle-Guinée... Les policiers de Gibson m'ont remis dans le bateau et déposé à Hawaï. Pour tout vous dire, je n'étais pas fâché d'être encore vivant.

– Vous n'avez jamais retrouvé Javis? insista François.

Rooster fit non de la tête.

– A Honolulu j'ai fait une enquête discrète : rien. Mais sur le bateau du retour, j'ai pu parler avec le capitaine, un dénommé Anderson... Il m'a dit : « Bien sûr que je m'en souviens, de votre homme... Je vois toutes sortes d'olibrius sur mon rafiot : des riches, des pauvres, des aventuriers, des prédicateurs et des prostituées. Ils ne restent pas longtemps dans ma mémoire... Mais un mormon avec un grand chapeau noir et en galoches, croyez-moi, ça marque! Quand je l'ai embarqué, pour San Francisco, on était en... 1861, ils étaient une cinquantaine de mormons à l'accompagner jusqu'à la passerelle. Il a fait le voyage en deuxième classe en compagnie d'un homme jeune, brun avec une moustache, habillé élégamment... » Je sais donc, reprit Rooster, qu'Aaron Javis est parti pour les Etats-Unis. Il est probable qu'il venait rendre visite à Brigham Young. Mais il n'est jamais arrivé jusqu'à Salt Lake City. J'ai obtenu, hélas! une autre indication du capitaine Anderson : un mois plus tard, le jeune homme qui avait accompagné Javis embarquait de nouveau pour Honolulu, mais avec un grand type maigre aux cheveux blanc argenté... Walter Gibson. Entretemps, je suis sûr que Gibson et l'autre ont assassiné notre frère Aaron, pour mettre la main sur Lanaï et l'argent que cela représentait.

Sur le chemin du retour à San Francisco, Follet savait qu'il possédait désormais tout pour abattre Gibson et, à travers lui, Stuart Brookster. Celui-ci avait menti en lui déclarant, des années auparavant, que Javis était mort devant lui à Salt Lake City, et Gibson n'était pas reconnu comme mormon par le responsable suprême de la secte. C'était suffisant pour faire éclater un scandale.

Le *Pablo Garcia* quitta San Francisco et franchit le Golden Gate, sous un ciel sans nuages, dans des bouillonnements de fumée noire. Sur le pont des premières classes, les mains dans les poches de son MacFarlane gris, le col relevé, François regardait les côtes américaines s'estomper à l'horizon. Le captain Anderson, commandant le vapeur, était un homme jovial, toujours impeccablement vêtu d'une longue veste bleue à boutons et galons d'or, serrée à la taille par une ceinture de cuir à large boucle. Il aimait recevoir à sa table les passagers de première classe qu'il réunissait selon leurs affinités. Un midi, François se retrouva ainsi face à un homme d'une soixantaine d'années, d'origine espagnole, qui se présenta comme planteur de caoutchouc dans diverses contrées du Sud-Est asiatique, de la Malaisie aux Philippines. Les deux hommes se découvrirent des affinités en évoquant les Indes néerlandaises où le gentleman avait exploité jadis une plantation de camphriers. Mis en verve par l'excellent vin servi à table, François déclencha les rires en parlant de l'objet de son voyage, Gibson et le séjour qu'il avait fait à Lanaï... Quand il eut fini, le planteur, cherchant visiblement à rassembler ses souvenirs, laissa tomber :

– Votre Gibson me rappelle la curieuse histoire qui se déroula dans les années 1840, dans les Indes néerlandaises justement. Un Européen y fut jugé pour usurpation de trône. Il régnait comme roi et dieu vivant sur les deux mille habitants d'une île des Moluques. Les Hollandais avaient dû mener une véritable expédition pour l'arrêter. Ils voulaient mettre un terme à l'épidémie de Blancs qui devenaient rois dans les îles ou au fond de la jungle. Ils avaient suffisamment de soucis avec James Brooke, le plus puissant d'entre eux, le radjah blanc de Sarawak qui régnait sur le nord de Bornéo, et qu'ils n'ont, du reste, jamais pu détrôner. Or ce jeune homme utilisait le même livre « sacré » que le vôtre, un ouvrage sur les rêves et les présages.

– Vous en êtes certain ? interrompit François.

– C'est un détail qui m'a marqué à l'époque ! Qu'est devenu ce personnage, après son jugement de 1848 à Batavia ? Je n'en ai plus entendu parler.

Quand il arriva à Honolulu, François constata que l'intérêt pour Gibson était tombé. Pendant son absence, l'accord sur la vente du sucre avait été renouvelé avec les Américains, et les Haolès ne pensaient de nouveau plus qu'à accroître leur fortune ou à expédier leurs enfants dans les universités américaines...

Il décida de repartir dès que possible. Aux Indes néerlandaises, cette fois. Il ne pouvait achever son enquête sur Gibson que là-bas. Et son périple en Amérique lui avait redonné le goût des départs.

24

PARMI les rares invités de Brookster, le Premier ministre Gibson était le plus régulier. Un dimanche, il vint partager leur repas dominical.

— Il n'y a qu'ici où je puisse me détendre un peu, soupira-t-il en buvant son premier verre de cherry. Le cumul des fonctions de Premier ministre et de roi des mormons est épuisant!

— Kalakaua est au courant de ta... mortelle condition? demanda Stuart Brookster.

— Evidemment... Sinon, il se méfierait trop de moi. L'animal est rusé. C'est sans doute grâce aux cartes : les joueurs de poker sont des gens méfiants.

— Tes projets sont à l'eau?

— Pas du tout, protesta Gibson, en attaquant d'une fourchette alerte son faisan à l'ananas. Les choses sont un peu plus compliquées que prévu à cause du renouvellement de l'accord avec les Etats-Unis. Je ne m'y attendais pas, autant te l'avouer. J'aurais dû pourtant me douter que tous ces Américains à qui Bishop a vendu ses terres feraient tout pour proroger le traité. Nul n'est parfait!

— Je te rappelle, Gibson, que tu as fait des promesses et que nos amis trouvent le temps long. D'autant que nous avons des inquiétudes au sujet de la main-d'œuvre. Les planteurs commencent à faire venir des Japonais...

– Je sais. Ils sont moins chers et ils contrebalancent la puissance chinoise. C'est encore une idée de Bishop. Mais un peu de patience! Je ne peux pas tout changer d'un coup. D'accord je suis Fils de Dieu, mais tout de même... je ne suis pas Dieu le Père!

Quelques jours plus tard, François fut invité à un dîner que Bishop donnait chez lui. L'année 1886 venait de commencer, et depuis une semaine la nouvelle était dans toutes les conversations : Sa Majesté Kalakaua avait retiré à Klaus Spreckells le bail de l'île de Maui et lui avait donné quarante-huit heures pour quitter le royaume. Les services de l'administration royale n'avaient apporté aucun commentaire à cette décision. Dans le monde des missionnaires, on s'interrogeait et on se réjouissait. Spreckells, avec ses techniques modernes, avait augmenté la production de sucre au point de faire sensiblement baisser les cours. En se rendant chez Bishop, François se demanda si l'expulsion de Spreckells était la cause de ce dîner inattendu. Depuis longtemps, en effet, Charles ne recevait plus personne. Il menait une vie solitaire et secrète. On savait seulement qu'il se rendait fréquemment aux Etats-Unis pour des séjours de plus en plus prolongés. Au fil des ans, il était devenu raide et guindé, ses joues s'étaient creusées, ses yeux s'étaient enfoncés comme si une mystérieuse amertume le rongeait... En réalité, il avait convié François pour rencontrer Henry Pierce, qui venait d'arriver à Honolulu en compagnie d'un homme qui souhaitait connaître le directeur du *Morning News*. Il s'agissait du fameux Alfred Mahan, officier influent du ministère de la Marine des Etats-Unis, et professeur réputé de l'Ecole navale de Newport. C'était un personnage petit et austère, plus habitué au silence des bibliothèques qu'au rugissement des océans. François ne tarda pas à se rendre compte, aux marques de déférence que lui adressèrent Pierce et Bishop, que Mahan tenait une place de premier plan dans l'élaboration de la stratégie navale américaine. S'il fut un temps question de Spreckells – « Son Altesse Saccharinissime », comme l'avait surnommé Foster –, ce fut pour en arriver au sujet qui préoccupait Mahan et Pierce, et avait provoqué leur déplacement.

Pierce regarda Mahan, assis en face de lui.

– Vous comprenez, cher ami, que l'imprévisibilité, que dis-je? l'incohérence de Kalakaua devient un problème. Aujourd'hui, il congédie un partenaire financier important, sans aucune raison... Demain, que fera-t-il? Il ira peut-être se jeter dans les bras d'une puissance étrangère, européenne ou asiatique.

Le capitaine Mahan fixa François droit dans les yeux.

– L'irresponsabilité de Kalakaua est un danger pour la sécurité des Etats-Unis, fit-il.

François, un instant, se demanda si les trois hommes ne l'avaient pas fait venir pour obtenir son appui dans un coup d'Etat destiné à renverser Kalakaua. Mahan le détrompa :

– Rassurez-vous, nous sommes des démocrates et nous ne renverserons jamais un roi, même s'il y va de la sécurité des Etats-Unis.

– Le traité sur le sucre est tout de même une assurance que l'archipel restera dans l'influence américaine, remarqua François.

– N'en soyez pas si sûr!... Prenez le Japon, qui se militarise pour devenir une grande puissance dans le Pacifique. Eh bien, si demain Kalakaua veut passer un accord avec le Japon, ou même vendre son royaume au Mikado, nous ne pourrons rien faire.

Bishop approuva d'un hochement de tête en faisant signe à son maître d'hôtel chinois de remplir les verres.

– A moins, reprit Mahan, à moins que des hommes comme vous, monsieur Follet, ne se jettent dans la mêlée. Je veux parler des journalistes qui depuis des années nous soutiennent ici. Il faut aller plus loin.

Mahan reposa ses couverts sur le bord de son assiette.

– Aux Etats-Unis, monsieur Follet, le président doit tenir compte de l'opinion publique. La convaincre, c'est rendre, en somme, sa liberté au président... J'ai coutume de dire que, dans toute stratégie militaire, la première préparation d'artillerie c'est une campagne de presse. Me comprenez-vous ?

François comprenait parfaitement. Encouragé à continuer sur la « bonne voie », il précisa qu'il agissait selon sa conscience, sans dépasser aucune limite. Il annonça également qu'il se rendrait bientôt dans les Indes néerlandaises pour achever son enquête sur Gibson.

– Si je vous ai bien compris, monsieur Follet, conclut Mahan, votre conscience irait plutôt dans le sens de nos intérêts. Si un scandale atteignait le Premier ministre Gibson, soyez sûr que l'opinion américaine serait moins réticente à nous voir nettoyer les écuries d'Augias de ce royaume...

Plus tard, Bishop raccompagna François jusqu'à l'entrée et lui demanda des nouvelles de son fils.

– Pierre est heureux de sa vie à la Kamehameha

School, répondit François. Tu remercieras Bernice d'avoir créé ce collège.

– Bernice est morte en 1884, laissa tomber Bishop.

François ne dit pas un mot. Il entendit l'homme qui avait vécu vingt ans de sa vie près de Bernice ajouter, glacial :

– C'est une très grande perte.

Gibson était venu passer le premier dimanche de juin chez les Brookster. Le matin, il avait emmené la petite Elisabeth à la plage pour qu'elle se baigne, le temps que Sarah prépare le déjeuner. Pendant plus d'une heure, elle s'était jetée dans les vagues, mêlant son rire au fracas de l'océan, sous l'œil de celui qu'elle considérait comme son grand-père. Elle aimait qu'il lui raconte toutes ces histoires et légendes de Chine ou des Indes. Ce jour-là, Gibson était d'une humeur particulièrement joyeuse. La récente disgrâce de Spreckells l'avait ragaillardi et le laissait seul face à Kalakaua.

– Savez-vous pourquoi le roi a expulsé Spreckells ? demanda-t-il. A cause d'une partie de cartes ! Une simple partie de poker ! Moi, je tenais la banque, pendant que Kalakaua, Spreckells et von Œlhoffen, le majordome, s'expliquaient à coups de billets de cent dollars. Von Œlhoffen et Spreckells avaient un jeu d'enfer et Kalakaua payait l'addition. Vers trois heures du matin, sur un coup à trois mille dollars, en bras de chemise et manches retroussées, dans la fumée des cigares, Spreckells et Kalakaua se sont retrouvés face à face. Kalakaua a annoncé un brelan, trois as qu'il a posés sur la table. Spreckells a éclaté de rire. Il a dit : « C'est un peu court, Majesté. J'ai un carré de rois. » Et il a aligné, devant lui, trois rois...

Kalakaua l'a regardé, avec ses gros yeux noirs, étonné. « Ce n'est qu'un brelan », protesta-t-il. Alors Spreckells a levé le doigt avec mépris : « Le quatrième roi, c'est moi! » Kalakaua a explosé : « Il n'y a qu'un seul roi ici, et c'est moi, David Kalakaua, souverain du royaume d'Hawaï! Monsieur Spreckells, je vous expulse. Vous serez désormais interdit de séjour dans le royaume d'Hawaï. »

Gibson jeta un clin d'œil malicieux à Brookster.

– Pour un peu, Spreckells se retrouvait en prison pour usurpation de trône... Voilà l'origine de l'affaire. Spreckells s'est levé, a pris sa veste et est sorti sans se donner la peine de ramasser ses dollars sur la table. En sortant, le visage cramoisi, il a jeté : « Kalakaua, vous êtes le roi des fous! »

Gibson prit congé après le repas pour rentrer au palais.

– Tu pourras dire à nos amis que leur patience sera bientôt récompensée, dit-il à Brookster. J'entame la dernière étape, le renversement de Kalakaua.

– C'est pour quand?

– Dans un an, au plus tard. Avant la fin de l'année, Kalakaua sera un roi en exil.

– Le nouveau roi d'Hawaï s'appellera Gibson Ier, le Saint Berger, c'est cela?

– Je ne serai pas roi, protesta Gibson avec hauteur, je serai empereur.

– Pardon? s'étrangla Brookster.

– Empereur des îles polynésiennes! Tu sais, Stuart, il faut savoir tirer les leçons du passé. L'Histoire est riche d'enseignements... J'ai étudié la vie de Napoléon.

– Napoléon?

– Oui, l'empereur Napoléon! s'impatienta Gibson. Il a commencé par renverser le roi de France et a conquis toute l'Europe. Je vais suivre son exemple et devenir le Saint Berger, empereur d'Océanie.

Elisabeth, sa sieste finie, descendit de sa chambre, et Sarah la prit sur ses genoux pour lui poser un baiser sur le front.

– Bethsabée m'a invitée à prendre le thé. Veux-tu venir avec moi ?

Elisabeth fit non d'un geste de la tête et passa son bras autour du cou de sa mère.

– Je préfère aller sur la plage, dit-elle.

Sarah lui jeta un regard sévère.

– Je t'interdis de te baigner. Les vagues sont devenues mauvaises et tu as nagé plus d'une heure ce matin... C'est suffisant !

Elisabeth s'inclina et promit de ramasser des coquillages pour s'en faire un collier.

Quand Sarah monta dans sa calèche, elle vit, entre les palmiers et les cocotiers, la silhouette de Broоskter, allongé à l'ombre en train de dormir, et plus loin, sur la plage, sa fille assise sur le sable, cheveux au vent.

Bethsabée trouva que Sarah avait un air préoccupé quand elle la vit arriver. Elle n'écoutait pas ce qu'elle lui disait, semblait ailleurs. Alors que le soleil commençait à décliner et que la chaleur s'estompait, Sarah soudain devint blême. Elle reposa sa tasse de thé et balbutia :

– Mon Dieu... Il s'est passé quelque chose.

Elle se leva brusquement et décida de retourner chez elle. Bethsabée, inquiète, l'accompagna. A peine descendue de calèche, Sarah se précipita sur la plage. Elisabeth n'y était plus. Elle l'appela d'une voix angoissée, mais n'obtint pas de réponse. Sur le sable, à quelques mètres des vagues, elle trouva la robe de l'enfant. Elle se mit à courir le long de l'écume blanche de l'océan en hurlant le nom de sa fille :

– Elisabeth, réponds-moi!

Bethsabée, qui s'était mise à courir à son tour, vit Sarah s'arrêter brusquement. Elle arriva à sa hauteur au moment où elle tombait à genoux.

– Mon Dieu, ce n'est pas possible, répétait-elle. Elisabeth, mon enfant...

Elle poussa un hurlement. Devant elle, le corps fragile de la petite fille était étendu. Une vague l'avait rejetée là, noyée, les yeux grands ouverts. De sa bouche s'échappait, en mince filet doré, le sable humide de la marée descendante.

Sous un ciel limpide, la calèche remontait avec difficulté le long de Molin Vielt, depuis le port de Batavia jusqu'à la colline de Bogor. Au milieu des carrioles tirées par des bœufs efflanqués et bossus et de l'innombrable cohue des pousse-pousse, François, assis près de Jimmy Woodhouse, avait l'impression de retrouver non seulement le jeune garçon qu'il avait recueilli vingt ans auparavant, mais aussi l'homme qu'il avait été lui-même, tranquille et sans tourment. Le parfum des épices, le long des marchés aux éventaires posés à même le sol, les odeurs âcres de la viande fermentée réveillaient sa mémoire.

Woodhouse était volubile :

– Les affaires sont florissantes, expliqua-t-il. Le commerce du poivre et de l'indigo ne cesse de croître. Les parts que tu as conservées dans notre société ont décuplé de valeur!

François éclata de rire.

– Et toi, Jimmy, tu as pris de l'embonpoint!

– Je suis à l'image de cette ville...

Woodhouse était devenu un homme respectable,

vêtu avec recherche, respirant la joie de vivre et l'opulence. Dans l'immense villa qu'il habitait, au milieu d'un vaste jardin planté de palétuviers et de flamboyants, François lui expliqua en détail le but de son voyage et lui demanda son aide pour rassembler tous les détails possibles sur le passé trouble de Gibson.

– J'ai des relations importantes, proposa-t-il. Elles sont à ta disposition.

L'affaire prit un an. Le ministre de la Justice, seul habilité à communiquer des informations sur ce roi que François soupçonnait d'être Gibson, était absent pour plusieurs mois. Les derniers soubresauts d'une révolte musulmane dans le Nord l'avaient retenu loin de Batavia... Quand Follet réussit enfin à le rencontrer, il parut surpris :

– Un roi dans une île des Moluques, dans les années 1845 ? demanda-t-il. Cela nous ramène quarante ans en arrière. Il faut que je fasse des recherches dans nos archives.

Il prit une plume et commença à prendre des notes.

– Gibson, dites-vous... Peut-être portait-il déjà le même nom. Allez savoir... Ce genre de type est souvent imprévisible. La difficulté est de trouver le bon individu. Ce ne sont pas les rois qui manquent par ici, l'espèce est florissante.

– Il se servait d'un livre nommé *Livre des rêves et des présages*... précisa Follet.

– C'est un détail intéressant. Notre archiviste va chercher dans ce sens.

Un mois plus tard, le ministre convoquait François et Woodhouse.

– Il semble que nous ayons pu mettre la main sur votre homme, dit-il en ouvrant un lourd registre posé devant lui. Walter Murray Gibson... Vous voyez, il n'a même pas changé de nom... Gibson a été incarcéré dans notre prison de Weltevreden en 1848. Le jugement dit ceci, je vous le lis : « Pour avoir régné, fait œuvre de justice et de police, sur les habitants de l'île de Palu-Hari, dans les Moluques orientales, convaincu d'usurpation de trône, le susnommé a été condamné à mort... » Nous pouvons authentifier qu'il s'agit bien de votre Gibson, car il se servait d'un *Livre des rêves et des présages* comme d'une bible.

Le ministre actionna une clochette et un jeune homme au corps noueux entra dans la pièce, un volumineux dossier cartonné dans les bras.

– Par amitié pour James Woodhouse, je vous confie le dossier du « roi » Gibson. Consultez-le.

Le texte de l'impressionnant document était rédigé en hollandais, et James Woodhouse, pendant des heures, dut le traduire à voix haute. Après les attendus du procès vinrent la description des conditions de vie dans les îles de Palu-Hari et les circonstances de l'arrestation. L'interrogatoire de Gibson laissa François ébahi :

– Gibson prétend être né en 1824. Nous sommes en 1886 : il aurait donc soixante-deux ans. Ce qui correspond à l'âge du Saint Berger... Le procès a eu lieu en 1848. Il avait vingt-quatre ans... Et les attendus nous disent qu'il a régné pendant six ans. Tu te rends compte, Jimmy ? Walter Gibson était roi et dieu vivant à dix-huit ans!

– C'était vraiment une vocation, s'exclama Woodhouse avant de continuer sa traduction. Ecoute ça : embarqué à quinze ans en Floride sur un navire marchand américain qui fait le tour du monde, Gibson fait naufrage dans les Moluques. Seul rescapé, il échoue sur un radeau dans une île où les habitants le prennent pour un dieu vivant. Il ne fait, en vérité, que recevoir l'héritage laissé par un marin anglais qui, pendant vingt ans, vécut dans l'adoration d'une population de deux mille personnes. En mourant, il avait annoncé que son fils viendrait par la mer et qu'il aurait la clef du seul livre qu'il possédait, le *Livre des rêves et des présages*, vénéré par les indigènes... Gibson, élevé dans une famille de sudistes, féru de poésie anglaise, savait lire et écrire. Il avait la clef du livre sacré... Voilà toute l'histoire. Les Hollandais ont fini par avoir vent de l'affaire et ils ont armé une expédition pour le détrôner. Condamné à mort, il s'est évadé la veille de sa pendaison !

François, subjugué, répéta :

– C'est incroyable... Gibson était roi et dieu vivant à dix-huit ans !

Le plaisir de revivre à Batavia amena François à poursuivre le plus longtemps possible ses recherches sur Gibson. Dans la douceur des Indes néerlandaises, son enquête avait pris l'aspect d'un agréable divertissement. Il finit par repartir pour Hawaï en janvier 1887. James Woodhouse l'accompagna jusqu'au *buggi* qui devait le mener au clipper amarré dans la baie.

– Si tu veux d'autres informations sur un roi qui aurait vécu dans la région, n'hésite pas à venir me voir. Et même si tu n'as besoin de rien, reviens quand même...

Pendant le voyage de retour, François ne sortit quasiment pas de sa cabine. Il restait assis de longues heures à sa table, occupé à rédiger la série d'articles – presque un feuilleton – qui retraçaient la vie complète du Saint Berger de Lanaï. Grâce aux liens de James Woodhouse avec la communauté chinoise, il avait pu reconstituer les années qui avaient suivi son arrestation. L'évasion d'abord... La veille de son exécution, Gibson avait été libéré, sans aucune formalité, par ses gardiens hollandais, trois bons bougres qui avaient pris

Gibson en sympathie et ne comprenaient pas pourquoi on allait exécuter un jeune homme coupable du seul crime de régner sur une île où les Hollandais n'avaient jamais mis les pieds. Pour éviter d'être pendus eux-mêmes, les trois hommes avaient fui avec leur prisonnier. L'un d'eux vivait encore à Singapour où François l'avait rencontré.

– Walter Gibson était un brave homme, lui expliqua-t-il. Moi, je trouvais injuste qu'on pende un type qui n'avait tué personne. Vous savez, par ici, les Hollandais, les Anglais ou les pirates ne se sont jamais gênés pour assassiner les indigènes, pour brûler les villages et violer les femmes. Lui, Gibson, il s'était contenté de se laisser vivre, paisiblement, sans rien demander à personne. Les habitants de son île avaient un dieu avec eux, ils étaient les plus heureux des hommes... Gibson est resté six mois derrière les barreaux et on a fini par être amis... Il était toujours gai, il écrivait des poèmes... Je me demande ce qu'il a bien pu devenir.

– Il est roi dans une île d'Hawaï, lui apprit François. Peut-être sera-t-il un jour roi de tout l'archipel...

Le vieil homme eut un sourire ravi.

– Bien joué. Il réussira comme roi d'Hawaï, vous pouvez me faire confiance. Il connaît son affaire. Et pour être roi, comme pour le reste, si on veut réussir dans un métier, faut commencer de bonne heure.

Les trois gardiens en fuite avaient trouvé refuge dans la communauté chinoise. Gibson, lui, préféra prendre la distance et se fit déposer sur le port de Canton. Un vieux Chinois, qui le connut à l'époque, raconta qu'il avait été engagé comme manutentionnaire, comptable et rédacteur dans une compagnie maritime anglaise. Il grimpa patiemment les échelons de sa firme et réussit à se faire des amis dans la société britannique de l'endroit. On était sensible à son charme, à son humour et, plus que tout, à son joli brin de plume.

C'est là qu'il fit un jour la connaissance de Brookster. Il avait vingt ans et Gibson allait vers la quarantaine. La description collait parfaitement. Une amitié se noua entre les deux hommes. Peut-être Brookster, orphelin très jeune, trouvait-il en Gibson, le père ou le frère aîné qu'il n'avait jamais eus. Elevé par des Chinois à la mort de ses parents, il était devenu une sorte de métis culturel, possédant aussi bien la finesse asiatique que la rigueur britannique.

S'exprimant aussi bien en anglais qu'en chinois, introduit dans les sociétés les plus secrètes de Canton, Brookster était devenu un des intermédiaires dont les négociants chinois se servaient pour commercer avec le monde occidental. Lorsque les premières plantations sucrières étaient apparues à Hawaï, il s'était vu confier le soin de proposer aux Blancs les services de coolies pour couper les cannes. La suite se concevait aisément. Gibson avait dû expliquer à Brookster son expérience de roi des Moluques et le parti qu'ils pouvaient en tirer l'un et l'autre.

Quelques heures avant qu'au petit jour les collines d'Oahu émergent à l'horizon, François mit un point final à son texte, après avoir accusé Gibson et Brookster du meurtre d'Aaron Javis, fondateur de la communauté de Lanaï. Le Premier ministre de Kalakaua serait bientôt contraint de démissionner.

25

BETHSABÉE répétait :

– Elisabeth n'avait pas six ans...

François vit les yeux de la jeune femme se troubler.

– ... elle n'a rien connu des joies de la vie. Sarah ne méritait pas cette souffrance.

François approuva en silence.

Dès son arrivée à Honolulu dans l'après-midi, il était monté directement au ranch Mooney, heureux de retrouver l'animation de Punchbowl Street, les tavernes du front de mer et les parcs de Nuuanu Valley. Il jubilait à l'idée du coup de tonnerre qu'allait provoquer son article sur Gibson. Mais, face à Bethsabée, l'intérêt qu'il portait au Saint Berger avait soudain disparu face au drame qui la frappait. Il sentait intact son amour pour Sarah, malgré les années. Il oubliait non seulement Gibson, mais aussi Brookster, les blessures passées, les nuits de solitude. Sarah souffrait, et il aurait voulu pouvoir la réconforter.

– Lorsque Sarah a retrouvé la petite, reprit Bethsabée, Stuart est accouru, alerté par ses cris. Il était blême. Il souleva Elisabeth sans dire un mot et transporta le petit corps inerte jusqu'à la maison. Pendant deux jours, ils ont veillé leur enfant, serrés l'un contre l'autre, anéantis. J'ai pensé que le drame allait les rapprocher un peu plus... C'était il y a un an. A l'enterrement, Brookster était voûté, livide.

– Et Sarah? coupa François.

– Elle était amaigrie, les yeux rouges d'avoir trop pleuré, absente. Quand on a descendu le cercueil dans la fosse, elle a éclaté en sanglots. Brookster l'a prise dans ses bras, mais rien ne pouvait l'arrêter. Nous étions à peine une quinzaine. Les missionnaires ne s'étaient pas déplacés. Pour eux, Sarah représentait la beauté, le luxe et l'élégance. Pas la douleur. C'était un honneur qu'ils ne lui accordaient pas. Hackfeld seul est venu... Gibson aussi. Il ne jouait plus au roi des mormons, ni au frère de Jésus-Christ. Il m'a saluée avec beaucoup de courtoisie et a détourné la tête... J'ai vu qu'il pleurait.

– Et Bishop? demanda François.

– Bishop s'était embarqué la veille pour San Francisco. Il n'a pas retardé son départ.

– Comment se porte Sarah, aujourd'hui?

– Elle n'est plus celle que vous et moi avons connue... Peut-on savoir comment on réagit à un événement aussi cruel? Sarah et Brookster se sont mis à se déchirer, à se haïr même : Sarah lui reprochait tous les jours de ne pas avoir veillé sur Elisabeth pendant l'après-midi du drame. Ils ont fini par se quitter. Brookster s'est installé au *Liberty*. D'après Gordon Moorehead, il n'y est pas souvent. Il n'est guère plus dans les îles. Sur les plantations, les Chinois sont remplacés par des Japonais et son activité s'en ressent... Il traite encore quelques affaires en Australie ou à San Francisco. Lorsqu'il est à Honolulu, il passe le plus clair de son temps dans Chinatown. On le voit aussi, parfois, au palais Iolani, avec Gibson.

– Croyez-vous que je puisse quelque chose pour Sarah?

– Si je le pensais, François, je n'hésiterais pas à vous le demander. Mais Sarah ne vous parlera pas, elle ne vous recevra même pas. Elle a installé une clôture autour de sa propriété. Je suis la seule à pouvoir y entrer... Un gardien veille.

– Elle ne sort jamais? demanda François.

– Jamais... Je vais la voir presque tous les jours. Je lui parle de tout et de rien, pour lui changer les idées. Je lui raconte les potins d'Honolulu. Au besoin j'invente. Elle ne parle jamais de vous. Je sais qu'elle pense tout le temps à Elisabeth, qu'elle va au bord de la plage pour contempler l'océan. Elle m'a expliqué qu'Elisabeth y vivait, désormais. « La mer a emporté son âme. C'était la marée descendante... Il faut se méfier de la marée descendante, elle attire les âmes », dit-elle.

William Pitt comprit en accueillant François, dans la salle de rédaction du journal, qu'il était au courant de la mort d'Elisabeth.

– Je suis allé à l'enterrement, fit-il. J'ai déposé un bouquet de roses sur le cercueil. J'ai pensé que si tu avais été là c'est ce que tu aurais fait.

– Tu as eu raison.

Les deux hommes prirent place de chaque côté d'une table encombrée de papiers. Après quelques mots sur son séjour à Batavia, François tira de sa poche une vingtaine de feuillets pliés en quatre.

– Voilà le fruit de mon enquête, fit-il. A publier dès demain, comme un feuilleton. Avec un titre comme : « La vraie Vie de M. Gibson ». Nous tenons sa démission, cette fois!

– Je crains que tu te sois donné du mal pour rien, fit Pitt avec ironie. Nous n'avons pas besoin d'intervenir pour chasser Gibson. Il s'en occupe très bien tout seul...

Et, devant son patron interloqué, il raconta la dernière lubie du Premier ministre : un projet de fédération du royaume d'Océanie.

– Ici, on a tout de suite compris que le Saint Berger se prenait pour Napoléon Bonaparte quand il a décidé de se lancer à la conquête des îles d'Océanie centrale pour constituer un empire. Il a d'abord créé un ordre de chevalerie avec décoration, une sorte de Légion d'honneur, « l'ordre de l'Etoile d'Océanie », puis il s'est attaqué aux Samoa ! Sans même prévenir le roi.

– Les Samoa ne sont-elles pas sous protectorat allemand ? demanda François...

– Détail négligeable pour le Premier ministre. Il a eu connaissance d'une vieille querelle entre deux frères samoans, le roi Tamasese et son cadet, le prince Malietoa, et a décidé d'en profiter. Il a envoyé une délégation diplomatique auprès de Malietoa pour le convaincre de renverser son frère et l'assurer du soutien militaire d'Hawaï... Un ami de Gibson, un dénommé Bush, a été envoyé en ambassadeur.

William Pitt fouilla dans les papiers et en sortit un vieil exemplaire du *Morning News*.

– Sur la demande de Gibson, j'ai envoyé Amos Forster pour suivre l'événement en compagnie des journalistes du *Standard*. C'était il y a trois semaines.

Il feuilleta le journal et trouva le reportage d'Amos Forster.

– Ecoute ça :

– « *Nous accostons à onze heures, ce matin, à Tutu Ila, dans les Samoa occidentales, sous un soleil aveuglant.*

« *Son Altesse le prince Malietoa, frère cadet de*

Sa Majesté Tamasese, roi des îles Samoa, donnera, ce soir, une réception en notre honneur. En attendant, nous déjeunons sur la plage arrière du bateau. Au milieu du repas, M. John Bush se lève soudain et plonge tout habillé dans l'océan. Pensait-il mettre ainsi un terme à nos questions qui, visiblement, l'embarrassent? Excellence, lui avons-nous demandé, on dit que vous jouez le prince contre le roi?

« – On dit beaucoup trop de choses. Mais il est vrai, messieurs, qu'un aménagement dynastique n'est pas du domaine des choses inenvisageables.

« – Dans ces conditions, Excellence, quelle serait la réaction de l'Allemagne?

« – L'Allemagne est loin et le chancelier Bismarck a d'autres chats à fouetter.

« – Mais la garnison? lui avons-nous fait remarquer.

« – Quoi, six Prussiens harassés de soleil, vous appelez cela une garnison? Croyez-moi, messieurs, l'Histoire adore qu'on la bouscule...

« Sur ce, il plongea! Nous ne le retrouvâmes qu'au soir, au cours de la réception, lorsqu'il a ceint le torse avantageux du prince avec le cordon turquoise de l'ordre de l'Etoile d'Océanie, tout en exaltant l'amitié millénaire qui unissait nos deux peuples. Entre chien et loup et avec une bonne dose d'alcool, tous les hommes, évidemment, se ressemblent. Ce fut donc une belle soirée qui restera dans les mémoires. – AMOS FORSTER. »

« Depuis, continua Pitt, Gibson a décidé d'envoyer la marine de guerre hawaïenne.

– Mais il n'y a pas de marine de guerre hawaïenne! s'esclaffa François.

– Erreur. Gibson a acquis le premier bâtiment d'une « armada » : le *Kaimiloa*, une épave flottante, dont le commandement a été confié à une autre épave, imbibée d'alcool celle-là, le captain George Jackson. Le *Kaimiloa* est parti depuis deux semaines et Amos est à bord. Je pense que d'ici peu il sera de retour. Nous publierons son récit...

François décida d'attendre quelques semaines avant de faire paraître ses articles. En quelques jours, il retrouva avec délectation le monde des missionnaires d'Honolulu. Les réceptions se succédaient soir après soir et on s'y moquait ouvertement de « l'empire Gibson ». Il ne voulut rien révéler toutefois de ce qu'il avait appris à Batavia. Tout le monde savait que le ministre du Commerce américain, George Merrill, accompagné d'Henry Pierce, était arrivé à Honolulu. On affirmait qu'il suivait les opérations « militaires » en cours avec une grande attention. Les Américains n'appréciaient pas du tout les initiatives de Gibson et redoutaient des complications diplomatiques avec l'Allemagne.

Bishop le confirma à François quand il reçut sa visite :

– Merrill va exiger la démission de Gibson... Pour maintenir son train de vie, Kalakaua ne peut désormais compter que sur le trésor des planteurs. Il devra céder aux Américains.

– Le moment de l'annexion est venu ? demanda François.

– Le président Hayes ne veut rien entendre... D'ailleurs, si Hawaï devait être annexée, ce serait pour devenir un territoire américain, non un Etat. Nous ne serions pas des Américains à part entière.

François comprit que c'était la ruine des ambitions politiques de Bishop, puisqu'un « territoire » ne pouvait élire de sénateur. Il eut l'impression d'avoir un étranger devant lui. Refermé sur lui-même, l'ancien vagabond des plages ne savait plus que ressasser son amertume, à la tête de son immense fortune désormais inutile.

Gordon Moorehead s'excusa de ne pas avoir apporté de modifications dans le parc du ranch Mooney et de ne s'en être tenu qu'à l'entretien.

– Avec l'âge, on se sent moins porté vers les nouveautés... A vrai dire, on ne se sent plus porté sur grand-chose.

Il accepta de s'asseoir dans un des fauteuils de la terrasse.

– Je me dis que je n'en ai plus pour longtemps...

– Allons! Allons... protesta François.

Il voyait pourtant bien que le vieux Gordon était arrivé au bout : il était maigre, ses mains tremblaient et ses bons yeux larmoyaient.

– J'ai fait mon temps, monsieur Follet... et même au-delà. Si le Bon Dieu avait été charitable, il m'aurait rappelé depuis déjà quelques années. Pendant longtemps, ma seule crainte a été de ne pas vivre assez vieux pour veiller sur mes petites, Adélaïde est morte et Agnès a maintenant dix-sept ans. Elle est professeur à la Kamehameha School, vous savez? Elle se passionne pour la politique et fait partie des « Plumes d'oiseau ». Elle m'a expliqué pourquoi : « Les Canaques vont tous mourir, les uns après les autres, de l'alcoolisme. Comme ma mère. Il faut faire quelque chose. » Je ne peux pas lui donner tort. C'est Sarah qui m'inquiète... Elle est seule, à présent. Que va-t-elle devenir?

– Elle n'est pas seule, Gordon... Je suis toujours là pour elle. Si elle le veut.

A la Kamehameha School où il se rendit, François découvrit qu'en un an son fils était devenu un homme. Ses traits s'étaient affirmés, il le dépassait d'une tête. Mais son regard était devenu plus froid, plus distant. Il entrait dans la vie avec une assurance qui étonna son père. Il lui avoua même, avec brutalité, que le malheur de sa mère le laissait indifférent puisqu'il ne se souvenait pas avoir de mère et qu'il ne voulait pas revenir au ranch Mooney.

– Je n'ai rien à faire avec ceux qui ont exterminé le peuple canaque.

– Parlerais-tu pour moi? rétorqua François. Je suis hawaïen et je n'ai exterminé personne...

– Ton journal veut sacrifier l'âme hawaïenne au profit des Américains.

– J'ai contribué à assassiner l'âme hawaïenne, moi? Qui t'a mis cette idée dans la tête?

Il ne laissa pas à Pierre le temps de répondre.

– J'y suis! Tu es devenu toi aussi « Plume d'oiseau », comme la fille de Gordon! Un révolutionnaire! Tu as peut-être oublié que tes camarades, il n'y a pas si longtemps, soutenaient Gibson? En voilà un beau défenseur de l'âme hawaïenne!

– Les Blancs dans ton genre n'ont rien à faire à Hawaï...

François saisit son fils brusquement par le col de sa chemise. Ils s'observèrent silencieusement et François finit par lâcher prise, avant de dire :

– Méfie-toi de ne pas faire comme les premiers missionnaires. Ne décide pas du paradis pour les autres.

Pierre se retourna et partit sans un mot vers le pensionnat.

Quelques jours plus tard, le *Kaimiloa* était au mouillage dans la baie, de retour des Samoa. Le ministre Merrill avait tout de suite exigé une entrevue auprès de Kalakaua, et le lendemain, dès les premières heures, les vendeurs de journaux furent pris d'assaut : les Haolès brûlaient de lire le compte rendu d'Amos Forster.

« De l'avis général, et même vu de loin, le Kaimiloa était un navire qui avait fait son temps et aurait pu, légitimement, faire valoir ses droits à la retraite. Il appartenait à cette première génération de " vapeurs ", dévoreurs de charbon, vaillants combattants du progrès technique, mais piètres défenseurs des marges bénéficiaires. Versé, depuis toujours, dans le commerce du guano, cet engrais tombé du ciel, il avait parcouru le Pacifique de long en large. Lesté de quatre canons, il attendait, depuis deux mois, en rade d'Honolulu, les directives pour sa dernière campagne. Il finit par appareiller, au matin du 7 février 1887, sous les ordres du capitaine George Jackson. L'équipage, une dizaine de marins recrutés on ne sait comment, s'était soûlé au rhum toute la nuit. A midi, trois Lituaniens remplissaient les chaudières d'une pelle somnambule, quatre Polonais désœuvrés étaient accoudés au bastingage. Seuls trois Russes avaient le privilège de dormir encore. Le capitaine Jackson s'occupait d'une bouteille de Gold Jamaica dans sa cabine, et parlait à son perroquet en se frottant les mains :
– « Voilà une petite tournée en mer, mon cher Nelson, qui s'annonce bien! Voyons voir : je déroule mes cartes, ma pointe sèche, mon compas! Et je m'explique avec la planète!... Mon cher

Nelson, dans moins de trois jours, les macaques n'auront qu'à bien se tenir. L'ennui, c'est que j'ai oublié de remonter mes chronomètres. Pour les relevés astronomiques, ce sera délicat! Qu'importe. Disons qu'il est midi et n'en parlons plus...

« *Au fil des Jours, le* Kaimiloa *dérivait sensiblement de la route des Samoa. Le commandant de l'*Adler, *corvette allemande qui le suivait depuis sa sortie des eaux territoriales hawaïennes, s'interrogeait sur cette façon peu orthodoxe de naviguer en ligne courbe. '' Encore une heure, se dit-il sans doute, et l'étrave du* Kaimiloa *râpera immanquablement, au sud-sud-est, la jupe de corail des îles Gardner. '' Il n'eut pas à attendre cette grinçante rencontre. Une mutinerie éclata à bord et une explosion immobilisa le* Kaimiloa : '' Zéro à la barre! cria Jackson en décrochant un sabre de marine pour parer à toute éventualité. Nom de nom de dieu, les mutins! Venez donc un peu y goûter du bois de chef, cosaques de farandoles. '' Et, apercevant la chaloupe de l'*Adler *qui s'approchait, il hurla : '' A moi, la marine! A moi, l'Allemagne! A moi la couronne! ''*

« *On éteignit l'incendie, on calma les participants, on restaura l'équipage qui n'avait pas mangé depuis deux jours et on procéda à l'interrogatoire du capitaine Jackson :*

« *– Connaissiez-vous, demanda le commandant Muller, le but ultime de votre mission aux Samoa, monsieur Jackson?*

« *– Vaguement. Très vaguement, commandant. Je devais tirer quelques coups de canon, et le reste c'était une affaire de famille, entre frères.*

« *– Qui finançait l'opération, monsieur Jackson?*

« – Walter Gibson, le Premier ministre Gibson.

« – Savez-vous que les îles Samoa étaient sous protectorat allemand, monsieur Jackson?

« – Non, commandant. Sinon, vous pensez bien!

« – Je ne pense jamais, monsieur Jackson.

« – Et qu'allez-vous faire de moi?

« – Vous ramener à Honolulu, monsieur Jackson.

« – Et mes hommes?

« – Même punition, monsieur Jackson.

« – Bon. Mais en attendant, si vous pouviez me les faire danser un peu un rigodon?

« – Je ne fais pas orchestre, monsieur Jackson.

« On remorqua les restes de l'expédition vers les côtes hawaïennes. Silencieux, regardant ses hommes avec animosité, portant son perroquet Nelson sur l'épaule, Jackson arborait un visage de déroute. A Honolulu, les grincements de l'ancre qui filait dans l'eau brisèrent ses dernières forces. Le Kaimiloa calciné était en baie et la '' Fédération des royaumes d'Océanie '' bel et bien en rade.

Amos FORSTER. »

Merrill fit comprendre à Kalakaua que la plaisanterie avait assez duré, et celui-ci, après avoir tergiversé quelques minutes pour sauver la face, démissionna son Premier ministre. Ainsi prit fin la grandiose carrière de Walter Murray Gibson. A sa place, il nomma un certain Lorrin Thurston, fils d'Usha Thurston, missionnaire de la première heure, tandis que Sanford Dole se voyait confier les Affaires étrangères. En quelques semaines, la Constitution du roi Lot était abolie et le suffrage universel remplacé par le scrutin censitaire. Les missionnaires reprenaient le contrôle du royaume d'Hawaï et tenaient le roi sous tutelle. Gibson abandonna sans bruit le pouvoir politique, et François s'aperçut avec surprise qu'il avait pitié de lui. A force de combattre Walter Gibson et de fouiller son passé, il avait fini par éprouver à son égard des sentiments indulgents. Un point, tout de même, l'étonnait. Dans l'épreuve, Walter Gibson n'avait guère fait preuve de combativité. L'opération des Samoa avait été bâclée, comme si Gibson eût été indifférent au résultat. François trouva l'explication. La mort d'Elisabeth l'avait brisé. Sans doute, au fil des ans, avait-il considéré Elisabeth comme la petite-fille qu'il n'avait jamais eue...

— Pendant des années j'ai pourchassé un homme, conclut François. Je suis allé aux quatre coins du Pacifique pour démontrer que c'était une fripouille et un escroc. Au bout de la traque, je m'aperçois tout bêtement que cet homme avait un cœur.

— Ne va pas trop vite en besogne, répondit William Pitt. Gibson et Brookster ont tout de même assassiné Aaron Javis.

C'est pour que ce crime ne soit pas oublié que François accepta enfin de publier son enquête dans le *Morning News*. L'après-midi même, le nouveau ministre de la Justice, Clarence Ashford, un « missionnaire » comme tous les membres du cabinet, le convoqua avec Pitt dans son bureau du palais Iolani.

— Messieurs, la qualité de votre journal mérite les considérations du gouvernement, leur dit le ministre. Votre reportage sur Gibson, monsieur Follet, est digne des plus grands éloges. Nous cherchions un chef d'inculpation pour traduire l'ex-Premier ministre en justice. Je crois que nous l'avons trouvé.

– Vous allez l'accuser du meurtre de Javis?

– Impossible. Il a été commis sur le territoire américain. Il n'est donc pas de notre juridiction. On ne peut pas non plus le poursuivre pour usurpation de trône : il a déjà été jugé pour ce délit… commis également dans un pays étranger. Non, il nous faudrait un bon crime commis dans le royaume d'Hawaï!

François, abasourdi, lui jeta un regard incrédule.

– Monsieur l'Attorney général, vous me prenez au dépourvu…

– Allons, messieurs… ce n'est pas compliqué.

Il se mit à tapoter d'un index nerveux le bord de son bureau d'acajou.

– Savez-vous ce qu'il est advenu de la vingtaine de familles mormones, les compagnons d'Aaron Javis que Gibson a fait expulser de Lanaï?

– Auriez-vous des informations à ce sujet? demanda William Pitt.

– Je n'en ai pas. Mais on peut imaginer. Il se peut que Gibson ait fait couler le navire sur lequel ils avaient embarqué. A quelques milles de Lanaï, la mer est infestée de requins. Ce serait un crime vraiment abominable…

– Mais, monsieur le Ministre… nous n'avons aucune preuve, balbutia François.

– Je ne vous demande pas de preuve! Je vous demande des témoins!

– Vous nous demandez de commettre un faux…

Ashford se leva et tapa le poing sur son bureau.

– Il n'y a pas de faux quand il y va de l'intérêt supérieur de l'Etat!

– Même dans ce cas, ne comptez pas sur moi! s'écria Follet en claquant la porte.

Clarence Ashford parvint néanmoins au but qu'il s'était fixé : traduire Gibson devant un tribunal. Il prit ce qu'on lui offrit : une plainte déposée par une certaine Flora Saint-Clair. C'était une grosse femme blonde, qui se distinguait par des crinolines de couleur voyante et des chapeaux extravagants décorés de fruits, de fleurs, voire de plumes d'oiseau. Elle vivait à Honolulu depuis moins d'un an, mais on lui attribuait un passé « d'aventurière ». Un peu folle, elle se croyait sujette aux convoitises de tous les hommes de la ville... Le ministre de la Justice jugea sa plainte recevable, et Walter Gibson, ancien Premier ministre de Kalakaua, roi des mormons de Lanaï et frère de Jésus-Christ, fut traduit en justice pour... « rupture de promesse de mariage ».

Son procès eut lieu peu après. François, qui le matin même avait publié un éditorial violemment hostile à Ashford intitulé « La Peur du ridicule », y assista. Il découvrit un homme amaigri, au teint pâle, portant une barbe blanche qui n'avait pas été taillée depuis plusieurs semaines. Vêtu d'une simple chemise et d'un pantalon de toile, ses mains tremblaient et ses yeux noirs trahissaient un profond désarroi. Il prit la parole uniquement pour informer ses juges que, face à une accusation aussi stupide, il avait choisi de garder le silence pendant les débats.

Condamné à huit mille dollars de dédommagement envers Mme Flora Saint-Clair, il se contenta d'accueillir son jugement avec un haussement d'épaules. Le lendemain, il déposa la somme sur le bureau du ministre.

A la fin de juillet, une semaine après le procès, François se rendit au port pour assister de loin à son départ. Gibson ne portait qu'un sac de cuir noir, et était accompagné d'un homme vêtu d'un pantalon blanc et d'une veste bleue, assortie d'une lavallière blanche. Il crut reconnaître Stuart Brookster, mais n'eut pas un mouvement pour l'approcher. Tout cela était si loin, maintenant...

Gibson fit ses adieux aux mormons de Lanaï, agenouillés devant lui en pleurs. « Mon destin me sépare de vous quelque temps, leur dit-il. Mais je reviendrai. En mon absence, soyez fidèles à notre règle, celle qui est le secret de votre salut : pas d'alcool. Jamais d'alcool. »

François apprit plus tard qu'avant de partir Gibson avait vidé le coffre de la communauté des Saints des derniers jours à l'Oriental Bank. Il n'était pas un homme d'argent, pourtant. Il n'avait jamais cherché à s'enrichir... Ce n'était pas pour lui que Gibson s'était emparé des centaines de milliers de dollars de la communauté mormone. C'était pour son ami de toujours, Stuart Brookster, qui partait à la dérive et qu'il voulait sauver avant de mourir. Les médecins qu'il avait consultés dans Honolulu ne lui avaient en effet laissé aucun espoir : « Vous êtes atteint de tuberculose. Dans six mois, un an peut-être... »

26

QUELQUE temps plus tard, Gordon Moorehead mourut. Un matin, il s'effondra, une main crispée contre son cœur, sur le gazon du ranch Mooney. Cheng-Hi et François se précipitèrent. Ils l'entendirent, dans son dernier souffle, prononcer le nom d'Adélaïde.

Etait-ce le sentiment d'avoir atteint, avec cette disparition, le comble de la solitude? Etait-ce la volonté de ne pas laisser aux missionnaires une victoire totale sur sa vie? Peu après la mort de Gordon, Sarah fit sa réapparition dans les réceptions d'Honolulu. Elle sortit de sa garde-robe les robes de satin et de soie qu'elle y avait rangées à la mort de sa fille et retrouva le plaisir de porter ses bijoux. Pour célébrer le renouvellement du traité avec les Etats-Unis qui, cette fois, incluait la jouissance de la baie de Pearl Harbor, Herbert Hackfeld donna une grande fête. Sarah y assista. Elle avait trente-sept ans. Son corps avait perdu ses formes rondes, ses traits s'étaient à peine creusés, mais ses yeux verts avaient gardé leur incomparable lumière. En retrouvant le goût de la séduction, elle réapprenait à vivre.

La France devint à la mode. On se référait à la Révolution française et dans les grandes familles, comme chez les petits planteurs, on parlait avec émotion de la « Déclaration des droits de l'homme », en oubliant qu'on avait retiré le droit de vote aux Canaques. Un jour, dans un discours à la Chambre des députés, Sanford Dole évoqua même, en français, la nécessité de constituer un « comité de salut public ». L'idéal républicain servait de marchepied pour l'annexion.

L'Italie revint pourtant à la mode, à la fin de l'année 1888, à l'occasion d'une péripétie assez burlesque.

Un matin, alors qu'il prenait le petit déjeuner sur sa terrasse, l'attention de François fut attirée par une discussion, au fond du jardin, entre Cheng-Hi et un inconnu au dos voûté, portant une petite barbiche blanche et un petit calot noir sur la tête. L'homme exhiba un morceau de tissu rouge roulé en boule, qu'il tendit à Cheng-Hi. Celui-ci se mit à rire et les deux hommes se séparèrent sans que François cherche à en savoir davantage.

Le même jour, en conférence de rédaction, William Pitt lui fit part du bruit qui circulait à Honolulu :

– La plupart des « Plumes d'oiseau » ont quitté la ville après le départ de Gibson, le *Standard* a fermé ses portes et ils sont repartis dans les îles.

– Ils préparent quelque chose ?

– Non. L'alcool a fait d'énormes ravages et les Canaques n'ont même plus la force de se révolter... Mais les « Plumes d'oiseau » qui sont restés ici parlent d'une révolution qui se tramerait en ce moment même, à Honolulu. Eux-mêmes n'en savent pas grand-chose. Les conspirateurs tiendraient leur réunion dans Chinatown. C'est tout ce que j'ai pu savoir, si ce n'est que les révolutionnaires s'appellent entre eux « les Chemises rouges ».

Quand il aperçut un morceau de tissu rouge qui

dépassait de la manche de Cheng-Hi, François lui en demanda la raison, intrigué. Le Chinois ouvrit fièrement sa vareuse.

– Chemise rouge! Bientôt, révolution à Hawaï. Kalakaua renversé... Chemise rouge, tenue des révolutionnaires!

Les premiers mois de l'année 1889 se déroulèrent sans que personne n'apporte le moindre éclaircissement sur les mystérieux révolutionnaires. Cheng-Hi, lui-même, était incapable de fournir une explication cohérente. Il se contentait de montrer sa chemise en répétant : – Chemise rouge : révolutionnaire! C'est un cousin qui m'a demandé de faire partie des Chemises rouges. Un homme puissant de Chinatown, à qui il doit de l'argent, l'a obligé à recruter trois amis pour faire la révolution. J'ai accepté d'être l'un d'eux. Il faut bien se rendre service, en famille.

– A ton âge, Cheng-Hi, faire la révolution!

– Justement, monsieur Foyette, à mon âge, on marche si lentement qu'on arrive sur les champs de bataille quand tout est terminé.

Quelque temps plus tard, le Chinois apporta enfin un élément nouveau.

– L'organisateur de la révolution s'appelle Garibaldi... C'est lui qui va prendre la tête de notre mouvement contre Kalakaua.

François parvint à refréner un fou rire et chargea Pitt de l'enquête.

– L'instigateur de la révolution destinée à renverser Kalakaua est un dénommé Wilcox, annonça-t-il dès le lendemain.

– Robert Wilcox, se souvint François, c'est un métis, le neveu de Kalakaua. Je l'ai rencontré à Naples pendant le voyage royal... Il était étudiant...

– J'ai compris! s'exclama Amos Forster. Garibaldi est un ami italien de Wilcox qui va lui donner un coup de main pour son coup d'Etat.

– Excellente supposition, fit William Pitt. Hélas! Garibaldi est mort depuis sept ans, en 1882...

Un formidable éclat de rire secoua la rédaction.

– Alors? demanda Amos, dépité.

– Garibaldi était un grand homme politique qui a joué un rôle capital dans l'unité italienne et la venue au pouvoir du roi Victor-Emmanuel II. A Naples, Wilcox a vécu dans une famille de militants garibaldistes, dans le culte de Garibaldi. Peut-être même l'a-t-il rencontré... En 1887, après la démission de Gibson, les missionnaires au pouvoir ont décidé de rapatrier tous les Hawaïens qui faisaient leurs études à l'étranger. Ils dilapidaient l'argent du royaume, paraît-il... Parmi eux, il y avait Robert Wilcox. Arrivé à Honolulu, il a fait un parallèle entre Hawaï et l'Italie. Le pouvoir royal devait être renforcé et il a tout bonnement décidé d'être le Garibaldi hawaïen!

– Et les Chinois, dans l'affaire? demanda François.

– Les maîtres de l'opium avaient beaucoup misé sur Gibson. Ils se sont retrouvés le bec dans l'eau... Pour parvenir à leurs fins, ils ont passé le même accord avec Wilcox. Il n'avait pas besoin d'argent, lui, mais de volontaires pour sa révolution. Les négociants chinois ont accepté de fournir les émeutiers.

Le soir du 30 juillet 1889, Cheng-Hi annonça à François la nouvelle.

– La révolution garibaldiste, c'est pour ce soir! Je vais enfin savoir qui est Garibaldi!

– Sois prudent!

François se rendit aussitôt au *Morning News* où il ne trouva que William Pitt et Forster qui mettait la dernière main à la rédaction d'un article sur les conditions de travail épouvantables des Japonais dans les plantations. Ils avaient, années après années, pris en effet la relève des Chinois et s'entassaient dans des taudis de planches en bordure des champs, travaillant vingt heures par jour. Un peu partout apparaissaient des portiques, des temples bouddhiques ou shinto, mais les enfants nés à Hawaï, les *Nissei*, parlaient anglais. C'était un point capital pour l'avenir des îles; c'était la certitude que les Japonais allaient faire souche.

– Prépare-toi pour la révolution... fit François, en déposant son panama et sa canne sur le bureau d'Amos Forster. Le coup d'Etat des Chinois garibaldistes est prévu pour ce soir! Va faire un tour en ville. Du côté du palais Iolani, tu trouveras sans doute des Chemises rouges. Je compte sur toi pour me ramener un reportage sensationnel.

Deux heures plus tard, Amos Forster était de retour.

« *Les théâtres de San Francisco nous prouvent tous les soirs que l'opérette, cet art domestique de la roucoulade princière et du falbala historique, ne saurait, pour être entièrement réussie, se passer d'une riche figuration. Pourtant, le plus extravagant des régisseurs californiens n'aurait jamais eu l'idée de transformer trois cents paisibles Chinois et une dizaine d'Hawaïens, en combattants garibaldistes à chemises rouges et pantalons bouffants! A l'angle des rues King et Beretania, hier soir, M. Robert Wilcox, habillé en la circonstance en général de bersagliere, fit sautiller sa petite troupe pour la plus grande joie des enfants avant de s'élancer à l'assaut du palais royal. Le premier* acte était joué et des badauds inconscients se mirent à applaudir.

« Averti que le roi dormait dans son yacht ancré dans la baie et que le palais était bien gardé, Robert Wilcox, renonçant à son entreprise, improvisa un épilogue dont se contentèrent nos indolents garibaldistes. '' Chers amis et compatriotes, dit-il avant de rejoindre définitivement la coulisse, la manifestation de ce soir prouve la détermination de notre peuple à défendre les droits sacrés de sa patrie. La motion que nous remettons au secrétaire de Sa Majesté témoigne de notre soutien au roi contre la domination étrangère. Vive le royaume d'Hawaï. Vive la Liberté. ''

« Les garibaldistes chinois se dispersèrent dans la bonne humeur, tandis que les Hawaïens, ayant retrouvé des amis parmi les gardes du palais, finirent par s'endormir du côté des cuisines.

« Hier au soir, nous ne fûmes que quelques-uns à remarquer qu'il flottait dans l'air des jardins du palais Iolani un léger parfum d'absurdité.

                                    AMOS **FORSTER**. »

Dans la nuit, François trouva Cheng-Hi qui l'attendait, souriant, sur les marches de sa villa.

– Tout s'est bien passé? demanda-t-il.

– Je ne suis pas allé à la révolution, répondit le Chinois. J'ai passé la soirée chez des cousins, dans Chinatown.

Il regarda François, satisfait.

– J'ai fini par trouver le renseignement que je vous avais promis. Maintenant, je sais qui est Garibaldi : c'est un général italien qui va autoriser l'opium.

Trois sujets de conversation furent bientôt à l'honneur dans les soirées de Nuuanu Valley. Walter Gibson, d'abord, qui était mort à San Francisco et dont le corps, ramené à Honolulu, avait été exposé dans le hall d'une salle de concert. On riait de ses frasques d'antan et on se moquait des milliers de mormons hawaïens qui pendant trois jours avaient défilé en larmes devant le catafalque.

La santé de Kalakaua était le deuxième sujet d'intérêt des missionnaires. Au fond, il s'agissait de savoir s'il convenait d'attendre la mort du monarque pour instaurer la république, ou de le renverser de son vivant, ce que les milliardaires sucriers jugeaient davantage dans la tradition de la Révolution française.

Les conversations roulaient enfin sur la conduite de Sarah, qui ne cachait pas ses aventures sentimentales. Elle ne connaissait plus d'autre raison d'exister qu'elle-même et se jetait dans le plaisir avec provocation. Elle céda d'abord aux avances d'un officier de marine russe, dont la frégate relâchait pour trois mois dans l'archipel. Il était grand, blond, les yeux bleus, le corps sanglé dans un uniforme blanc. Il ne parlait pas un mot d'anglais et pourtant, on les voyait souvent rire ensemble : les punchs aux fruits de la passion et les bourbon-papaye suppriment les frontières.

Les dames et les demoiselles de la bonne société d'Honolulu y trouvèrent matière à se rassurer. Sarah, pensaient-elles, ne s'attaquerait pas à leurs époux ou à leurs fiancés et se contenterait des hommes de passage. Leur calcul était faux.

Son officier russe reparti vers d'autres rivages, Sarah se mit à tourbillonner dans les bras du consul d'Angleterre, dont la femme, à la santé fragile, était repartie en Europe. Après le célibataire de passage, Sarah donnait dans le célibataire marié. Le scandale était proche.

Il éclata lorsque fut connue l'aventure de Sarah avec John Irwing, un important propriétaire terrien. Bien que ses terrains fussent situés à Maui ou à Kaui, l'île la plus au nord de l'archipel, il passait le plus clair de son temps à Nuuanu Valley où il disposait d'une somptueuse demeure. Il y vivait avec sa femme, une brune sans saveur, et son fils Paul, revenu depuis peu d'un long séjour aux Etats-Unis. La liaison entre Sarah et John Irwing ne laissait aucun doute. Il y avait entre eux trop de regards complices, de baisemains appuyés, de sourires prometteurs pour que subsistât la moindre incertitude. En outre, des planteurs qui résidaient non loin de Pearl Harbor avaient noté, à plusieurs reprises, la présence de la calèche d'Irwing dans la propriété de Sarah. Mme Irwing, elle, ne sortait même plus de chez elle, la rumeur disait que son époux, après vingt-cinq ans de vie commune, allait quitter sa femme. Les dames et les demoiselles d'Honolulu s'imaginèrent alors que Sarah avait fait son choix et poussèrent un soupir de soulagement. Leurs calculs, une nouvelle fois, étaient faux.

Paul Irwing avait le charme de ses vingt-deux ans. Un soir, au milieu d'une réception un peu compassée, il proposa à Sarah de partir avec lui et d'aller boire du champagne dans un de ces nouveaux bars du bord de mer. Devant les invités stupéfaits et sous les yeux de John Irwing, blême, ils montèrent dans la calèche de Sarah. De coupes de champagne en chansons d'amour, de l'*American Star* au *Royal Saloon*, ils se retrouvèrent à l'aube sur la plage de Waikiki. Paul Irwing posa ses lèvres dans le cou de Sarah qui murmura qu'ils seraient mieux chez elle...

François relut l'enquête qu'Amos Forster avait rédigée sur les Japonais, avant de la publier. « Combien seront-ils en 1900 ? concluait-il. Il est difficile de l'estimer, mais ils représenteront sans doute le groupe racial le plus nombreux de l'archipel, bien avant les Blancs, sans même parler des Hawaïens dont on peut se demander, eu égard à leur mortalité et aux maladies endémiques dont ils sont atteints, alcoolisme, tuberculose, syphilis et lèpre, s'ils n'auront pas totalement disparu... »

Le lendemain, Bishop entra en coup de vent dans le bureau de François. Dans sa main, il tenait sa canne et dans l'autre il serrait un exemplaire du *Morning News* qu'il jeta furieusement sur la table.

– Tu es content de toi ?

François se leva et fixa Bishop dans les yeux.

– Je suis satisfait de ce journal, en effet.

– Tu n'es qu'un irresponsable !... Tu imagines les conséquences de cet article ?

– Pour les Japonais ? Je crains qu'il ne suffise pas à soulager leur misère.

– Pour l'annexion ! Sais-tu quelle va être la réaction des Américains quand ils vont lire ce torchon ?

– Sois poli, Charles !

– Ils vont refuser l'annexion ! hurla Bishop. Tu crois qu'ils peuvent avoir envie de donner la nationalité américaine à une nuée de têtes de lune, hein ? « Hawaï est devenue un territoire japonais ? Qu'elle le reste ! » Voilà ce qu'ils vont nous dire. L'Amérique est un pays, pas une poubelle.

– J'ai connu quelqu'un qui n'aurait pas aimé tes propos, répondit François, imperturbable. C'était un type que j'ai rencontré, il y a vingt ans. Il restait des heures face à la mer, dans une palmeraie, sur la Grande Ile – et venait de temps en temps à Honolulu. Il avait le coup de poing facile, mais il était chaleureux. Robson l'avait surnommé le « papillon des plages ». Je l'aimais... Il a disparu. Je ne sais plus quand...

– Qu'est-ce que tu racontes? coupa Bishop.

– Il n'aurait pas supporté que l'on traite avec autant de bassesse des gens d'une race différente, poursuivit Follet. Il t'aurait laissé sur le carreau.

– Stupidité!

– Le *Morning News* n'a fait que décrire les conditions de vie de la population japonaise dans les îles. Attaquer ce journal, c'est me mettre en cause... Je te donne ma démission.

– Tu n'y es pas, riposta Bishop, pas du tout! Je suis actionnaire majoritaire. C'est moi qui te renvoie.

François, menaçant, fit le tour de la table.

– Sors de mon bureau...

Bishop fit demi-tour, sans un mot. Ses pas claquèrent jusqu'au bout de la salle de rédaction comme des gifles dans un silence glacé.

Peu après, François prit la décision de quitter définitivement Honolulu. Il en fit part à Bethsabée et vit les yeux de la jeune femme qui se mouillaient de larmes.

– Nous ne nous verrons plus? demanda-t-elle.

François n'eut pas le courage de lui avouer qu'il n'envisageait pas de revenir. Il avait fait le tour des raisons qui lui auraient fait aimer ce pays et n'en trouvait plus aucune. Même Pierre, son fils, ne répondait pas aux lettres qu'il lui envoyait...

– William Pitt, à ma demande, n'a pas démissionné du *Morning News* et a accepté de prendre la direction du journal. Je l'ai prévenu : « Cher William, lui ai-je dit en partant, cette maison m'est

très chère. Fais attention. Il se pourrait que je
vienne un de ces jours vérifier qu'elle est bien
tenue... »

Bethsabée demeura le regard fixe.

– Je vais partir moi aussi, pour les Etats-Unis,
fit-elle, d'une voix sourde, à New York et dans les
Etats du Sud. J'avais pensé que je n'irais pas
seule...

Il était temps cette fois de partir. Pour de bon. Et
très loin... François resta encore une semaine à
Honolulu. Le temps de trouver un vapeur qui parte
vers l'Asie. Deux jours avant son départ, Cheng-Hi
lui apprit que le bruit courait dans la ville que
Kalakaua, dont l'état de santé ne cessait de s'ag-
graver, avait décidé de se faire soigner dans un
hôpital de San Francisco.

– Si Kalakaua s'en va, commenta Cheng-Hi,
c'est la fin de la royauté. Elle s'en va avec vous,
monsieur Foyette, avec les bons souvenirs.

François, malgré lui, ne pouvait chasser de son
esprit l'idée qu'il abandonnait Sarah. Ses sentiments balançaient entre la colère, le dépit et l'inquiétude. Le matin même, un jeune Chinois était
venu au ranch le prévenir que Mme Brinsmade –
c'était ainsi que Sarah avait choisi de se faire
appeler – souhaitait le voir avant son départ.
François se fit conduire aussitôt chez elle près de
Pearl Harbor. Le matin était clair, la mer qui
grondait derrière la dernière rangée de palmiers
apportait un vent chargé de fraîcheur.

Sarah le reçut dans son salon. Elle était encore
en déshabillé et finissait de prendre son petit déjeuner. Elle ne se donna pas la peine de lui proposer
un siège.

– Ainsi tu quittes l'archipel?

– Tu es bien renseignée.

– Honolulu n'est qu'un gros village.

François la regardait et trouvait son charme intact. Il fut sur le point de lui dire : « Tu as presque quarante ans, Sarah, tu n'as jamais été aussi belle. La beauté n'est vraiment troublante que lorsqu'elle est pathétique », mais il choisit de garder le silence.

– Mon conseil, un des plus brillants avocats de la ville...

Elle considéra François d'un regard impassible, dénué du moindre sentiment.

– Il s'appelle Paul Irwing, peut-être le connais-tu ? Paul m'a fait remarquer que nous étions encore mariés.

– Depuis le temps, je l'avais un peu oublié. La loi de ce pays ne prévoit pas le divorce...

– C'est exact, fit Sarah. La loi ne prévoit pas non plus qu'un mari laisse sa femme sans ressources.

François ne s'attendait pas à ça.

– Jusqu'ici je ne t'avais guère importuné avec ce genre de problème. Stuart Brookster, avant de partir pour les Etats-Unis, a tenu à me laisser une certaine fortune, mais les domestiques, les toilettes... l'argent est une matière fugitive.

– Où veux-tu en venir ?

– Je suppose que tu vas liquider tes affaires avant de partir. Tu vas vendre les plantations que tu possèdes...

Devant le peu de réactions de son mari, Sarah commença à s'énerver.

– Tu n'ignores pas que tout ce que tu possèdes – plantations, valeurs – m'appartient pour moitié...

François en eut le souffle coupé.

– Tu veux dire ?

– Je veux la part qui me revient de droit. La moitié de tous tes biens.

Reprenant ses esprits, François se laissa aller à sourire, puis un fou rire libérateur le prit.

– La moitié de mes biens? s'esclaffa-t-il. Je vais te faire un aveu, Sarah. Tout ce que j'ai acquis ici, c'était pour toi. Tout! D'abord, le journal qui rapporte de l'argent, ensuite, les terrains sucriers qui valent des fortunes! Tu veux que je te donne ma part?... Prends-la! Pour te garder, j'ai créé un journal qui menait un combat pro-américain où je ne me suis jamais senti engagé. Pour te récupérer, ayant deviné ton goût pour le luxe, je suis devenu un spéculateur assez minable, j'ai même accepté les combines tordues de Bishop. Tu veux ta part? Je te la donne. En même temps, je me sentirai lavé, purifié. Je ferai une excellente affaire.

Il vit que Sarah, à son tour, était éberluée.

– Je me sens purifié, répéta-t-il... Tu ne peux pas comprendre! Dis donc à ton avocat que tu pourras lui payer des honoraires confortables. Et pendant que j'y suis, tu as également ta part sur un enfant. D'après mes estimations, il doit avoir vingt ans environ. Il est censé vivre dans un collège, près d'Hilo, mais son directeur m'a informé, récemment, qu'il n'y mettait plus jamais les pieds.

Il s'inclina et traversa le salon rapidement pour partir. Au dernier moment, en remettant son panama sur sa tête, il se retourna :

– La princesse Bernice disait que si on pouvait vendre la terre, on pouvait vendre aussi la pluie, les nuages dans le ciel, le vent, et les vagues qui se brisent sur les rochers. Moi, je ne partage pas du tout son avis. La terre, je te la donne. Les plantations de canne à sucre, aussi. Mais le reste, le grondement de l'océan, le souffle des palmiers, les lumières de Punchbowl Street et les odeurs d'opium et de gingembre à la lisière de Chinatown, je les garde pour moi. C'est ce que j'aurai de plus précieux... avec mes souvenirs.

L'*Escurial* était l'un des plus beaux palaces du Pacifique. Il était situé au cœur de Manille, capitale des Philippines, colonie de la couronne d'Espagne. James Woodhouse y descendait parfois. Ses activités de courtier avaient évolué, en s'adaptant aux nouvelles routes que suivaient les navires marchands, attirés vers le nord par l'activité économique grandissante du Japon.

Dans le hall de l'*Escurial*, il ne prêta d'abord aucun intérêt à un client qui traversait la salle peuplée d'hommes d'affaires, entre les hautes plantes vertes. C'était un homme d'une soixantaine d'années, élégant, vêtu d'un costume blanc, comme la plupart des businessmen fortunés qui fréquentaient l'hôtel. Il portait un canotier, couvre-chef peu fréquent ici. Tout à coup, il sursauta. C'était bien François Follet ! Jimmy se précipita au moment où Follet, ayant franchi la porte de l'hôtel, se dirigeait vers une des calèches qui attendaient dehors. Devant lui trois hommes, interrompant soudain une conversation, s'engagèrent l'un après l'autre dans le tambour de la porte... Lorsque Jimmy parvint enfin sur l'esplanade, une calèche s'éloignait d'un trot rapide. Assis à l'arrière, un bras reposant sur le rebord de la banquette, François Follet n'entendit pas les appels que lui lança son ancien associé.

Jimmy se précipita à la réception.

– J'ai rendez-vous avec François Follet, fit-il excité.

L'« homme aux clefs d'or » lui répondit, avec un large sourire.

– Vous n'avez pas de chance. M. Follet vient de sortir.

– A quelle heure sera-t-il de retour?

– Je ne saurais vous le dire. Ni l'heure, ni le jour, ni même le mois. M. Follet dispose dans notre établissement d'un appartement à l'année. Il s'absente parfois quelques jours, souvent des mois... C'est ainsi depuis bien longtemps.

Mars 1898. Il y avait sept ans que, après avoir quitté Honolulu, François Follet s'était installé dans un appartement de l'*Escurial*. Le premier vapeur qu'il avait trouvé pour l'Asie faisait escale aux Philippines. C'était là qu'il s'était arrêté...

François avait immédiatement aimé ce pays, chaud et violent, raffiné et sauvage. Il trouvait les hommes secrets et fiers et les femmes magnifiques, aux formes souples et au regard noir. La ferveur catholique qui y régnait l'intriguait autant que le nombre incroyable de négociants japonais. Avec ses innombrables églises saint-sulpiciennes où, le dimanche matin, les Indiennes et les métisses dans leurs plus beaux habits se pressaient mantille sur la tête et chapelet à la main, l'archipel lui apparaissait comme un morceau d'Occident en lisière de l'Empire du Soleil levant.

En vérité, s'il appréciait ce pays il n'y séjournait qu'épisodiquement. Il passait le plus clair de son temps dans les grands ports du continent asiatique. Il aimait se plonger dans le grouillement des cités chinoises ou annamites. Il aimait se retrouver dans l'ambiance coloniale et délicieusement exotique des communautés européennes qui y résidaient. Il parcourait ainsi l'Asie en voyageur éclairé, sur les traces de son grand-père Howard. Partout on s'accordait à le trouver de bonne compagnie. On appréciait sa distinction, et la discrétion dont il entourait son passé faisait de lui presque un homme de légende. Sa conversation et ses recettes de cocktails n'en avaient que plus de charme.

François ne cherchait pas pour autant à fuir sa vie antérieure. Les images de Sarah et de son fils Pierre lui revenaient souvent en tête. C'étaient des moments où se mêlaient en lui tendresse et désespoir et il ne faisait rien pour éviter les contacts qui lui rappelaient Hawaï. Il lui arrivait ainsi de rencontrer des voyageurs, des capitaines qui avaient fait escale à Honolulu.

Au gré des navires qui venaient d'Hawaï, il put donc reconstituer la suite des événements... Kalakaua avait quitté Honolulu peu après lui. Ses forces l'avaient abandonné. Il était mort deux mois plus tard à San Francisco, en janvier 1891. Un témoin lui avait affirmé qu'avant de disparaître, le roi Kalakaua avait confié ses dernières paroles pour le peuple canaque à un appareil inventé par un dénommé Edison, une sorte de boîte qui restituait mystérieusement la voix.

La sœur du roi, la princesse Liliuokalani, avait été appelée sur le trône d'Hawaï. A part le surnom de « Tante Lili » que les Blancs lui avaient donné, François n'avait pas appris grand-chose sur la reine. Il en avait déduit que les missionnaires s'étaient ingéniés à placer sur le trône un personnage sans envergure qu'ils pouvaient manipuler sans difficulté... Mais Tante Lili, dépossédée de tous les pouvoirs, uniquement autorisée à signer les décrets proposés par les missionnaires, s'était rebiffée peu à peu. Cédant aux pressions d'une aventurière de son entourage, une femme extravagante de nationalité allemande, connue dans Honolulu sous le nom de « Fräulein Wolf », elle avait provoqué l'hilarité en donnant son accord à un projet de loterie nationale. Avec l'autorisation de l'opium, les rires s'étaient un peu crispés. Lorsque

Tante Lili avait tenté de revenir à la Constitution de Lot, les missionnaires, cette fois, avaient pris la mouche. De nombreux Canaques, entraînés par les « Plumes d'oiseau », s'étaient mobilisés pour défendre la reine. De leur côté, les missionnaires avaient organisé des manifestations... « Le 15 janvier 1893, raconta un officier de navire marchand, j'étais au mouillage en baie d'Honolulu. J'avais eu des échos des troubles dans la ville. La reine était installée au palais Iolani au milieu de ses partisans. Les Haolès avaient organisé des milices et la rumeur courait qu'ils s'apprêtaient à attaquer le palais. Mes matelots, qui traînaient dans les tavernes du port, m'affirmaient que les Blancs répandaient le bruit de prochains affrontements sans vraiment y croire... Depuis une semaine, un bâtiment de guerre américain de fort tonnage, l'*U.S.S. Boston*, avait jeté l'ancre. Les Américains se sont laissé convaincre que la ville allait être mise à feu et à sang et les *marines* ont débarqué pour maintenir l'ordre. Tante Lili, en voyant des soldats américains marcher sur le palais, a cru que les missionnaires avaient l'appui des Etats-Unis et a dit à ses partisans qu'il fallait éviter l'effusion de sang. Puis, elle a abdiqué... »

Ainsi avait pris fin la dernière grande royauté canaque du Pacifique. Le président Cleveland, nouvellement installé à la Maison-Blanche, s'était trouvé assez embarrassé devant la nouvelle situation politique dans les îles. Comment devait-il se comporter avec les missionnaires ? Il avait dépêché à Honolulu son conseiller le plus proche, James Blount, afin d'y voir plus clair. Mais après six mois de séjour à Hawaï, Blount proposa au président de restaurer la Monarchie !

Aussi, un jour de 1894, Sanford Dole avait-il jugé bon de faire proclamer la république, et d'en devenir président. Le capitaine qui avait raconté l'événement à François avait précisé : « Sanford Dole choisit le 4 juillet pour instaurer la république. C'est le jour de la fête nationale américaine! Sans doute une coïncidence. »

A la fin de l'année 1897, François reçut des informations plus précises sur Hawaï. Alors qu'il séjournait à Macao, un négociant britannique lui tendit un exemplaire d'un journal qu'il avait acheté lors d'une escale à Honolulu. C'était un numéro du *Morning News*, vieux d'un an. François l'ouvrit sans masquer son émotion : c'était un enfant qui lui revenait. Il retrouvait les caractères d'imprimerie, le grain du papier. Il remarqua que le journal s'était épaissi et découvrit des signatures qui lui étaient inconnues.

Un détail retint son attention. En haut de la première page, sous le titre du journal, étaient imprimés en petits caractères le nom du directeur : William Pitt, et à côté, « Fondateur : François Follet ». Il eut un sourire et s'empressa de le feuilleter. L'essentiel tournait autour d'un long article qui évoquait la situation dans l'archipel, où des rébellions favorables au retour de la monarchie avaient éclaté. Sans avoir besoin de vérifier le nom de l'auteur, il reconnut le style alerte d'Amos Forster. Il sursauta tout à coup. A l'avant-dernière page, une chronique était consacrée à la vie littéraire et à la critique de livres. Un texte commentait le séjour dans les îles de deux importants écrivains, Mark Twain et Stevenson. Il portait la signature de Sarah Follet...

C'est au même moment que des rumeurs inquiétantes se mirent à circuler dans Manille : les Etats-Unis et l'Espagne étaient au bord de la guerre. Pour François, le bruit de bottes alarmant prit une forme concrète : la silhouette de l'ambassadeur Henry Pierce.

Un midi, peu avant Noël 1897, alors qu'il traversait la place d'armes de Manille, François remarqua en effet une calèche élégante qui se déplaçait à vive allure. Elle s'arrêta à quelques dizaines de mètres de lui, devant un immeuble cossu. Un homme en descendit avec difficulté. Il était âgé et maigre, mais François reconnut aussitôt Henry Pierce. Quand il parvint devant la maison, la porte était déjà refermée. Sur le mur de pierres blanches était apposée une plaque de cuivre : « Résidence de l'ambassadeur des Etats-Unis. »

A Shanghaï où il était reparti, les échos d'une guerre probable entre les Etats-Unis et l'Espagne lui parvinrent avec plus de netteté. Les journaux anglais publiés dans la grande ville chinoise évoquaient abondamment les causes du conflit. François y apprit que les Américains, choqués par les conditions de vie inhumaines et la terreur que l'Espagne coloniale imposait à la population de l'île de Cuba, s'apprêtaient à y intervenir militairement. Un article parmi d'autres retint son attention. Il était question d'une grande campagne de presse menée aux Etats-Unis en faveur de la guerre. On citait notamment deux journaux importants, le *Morning Journal* et le *World*, dirigés par des magnats de la presse, William Randoph Hearst et Joseph Pulitzer, qui se livraient à une chasse effrénée aux lecteurs en dramatisant la situation. Un mois plus tôt, le 15 février, un croiseur américain, le *Maine*, avait été victime d'une explosion que Hearst n'avait pas hésité à qualifier d'« attentat ». Le rédacteur d'un quotidien anglais de Shanghaï écrivait, circonspect : « La thèse de l'attentat contre le *Maine* n'est pas indiscutable, pas plus que n'est prouvée la véracité des témoignages sur les atrocités commises par les Espagnols à Cuba. Ce qui est, en revanche, certain, c'est la position de l'opinion publique américaine, désormais résolument favorable à la guerre. Le président McKinley, jusqu'à présent opposé à un conflit avec l'Espagne, tiendra-t-il encore longtemps ? »

Dans l'esprit de François, de souvenirs en déductions, la lumière se faisait. Dans un entrefilet du même journal, il lut : « Les plus hautes autorités navales américaines, le sous-secrétaire d'Etat à la Marine Theodore Roosevelt, les amiraux Dewey et Mahan, sont convaincus qu'il faut contenir au plus tôt le danger du colonialisme espagnol immoral. » François se mit à sourire. « Le danger espagnol ! » Tout était clair pour lui. « Une campagne de presse est la première préparation d'artillerie », lui avait dit un jour l'amiral Mahan. Pierce disait la même chose. Pierce le comploteur qui, comme par hasard, se trouvait aux Philippines, colonie espagnole... D'autres paroles revenaient à son esprit : « Le Japon devient une puissance militaire, monsieur Follet... Le grand danger, c'est l'impérialisme nippon. » Tout était clair... Les Etats-Unis avaient pris le prétexte de Cuba afin d'ouvrir un conflit avec l'Espagne. Mais le but ultime des Américains était d'annexer les Philippines pour mieux contrôler l'Empire du Soleil levant, il en était convaincu.

François revint à Manille en avril 1898. La garnison espagnole était en alerte. « Ce n'est que pure forme », s'accordaient à penser les hommes d'affaires et le personnel de l'*Escurial*. François était d'un avis différent... A l'heure de l'apéritif, on se moquait gentiment de ses inquiétudes.

– Allons, monsieur Follet, les Etats-Unis veulent seulement délivrer Cuba de la tyrannie espagnole. Les Philippines ne les intéressent pas !

– C'est le contraire, expliquait-il. Cuba ne présente guère d'attrait pour eux. Les Philippines, par contre...

François ne cherchait pas à convaincre et le débat s'arrêtait là.

Le 25 avril 1898, le Sénat américain vota l'état de guerre contre l'Espagne, et cela ne suffit pas à faire grandir sensiblement l'inquiétude à Manille... Une semaine plus tard, le 1er mai, ce fut en revanche un vent de panique qui traversa la capitale de la colonie espagnole et les salons luxueux de l'*Escurial*. Le jour déclinait. L'escadre américaine de l'amiral Dewey, une vingtaine de bâtiments dont des croiseurs et des cuirassés, venait de se présenter à l'entrée de la baie de Manille, où la flotte espagnole du Pacifique était au mouillage... L'amiral Dewey exigeait une reddition sans combat, ce que les Espagnols ne pouvaient accepter. L'angoisse grandissait...

La canonnade éclata aux dernières lueurs du jour. Accoudé au bar de l'*Escurial*, d'un air détaché, François fit signe au barman, blême, de servir un punch aux fruits de la passion à son voisin, un commerçant australien arrivé le matin même, et que les événements terrorisaient. Avec un sourire forcé, l'homme commenta :

– Quand je pense que je risque de laisser ma peau aux Philippines à cause de Cuba, qui se trouve à l'autre bout du monde !

– Vous n'y êtes pas, cher monsieur, le contredit François. Ce n'est pas à cause de Cuba... C'est à cause du Japon !

L'homme le regarda, stupéfait.

– Comment pouvez-vous dire une énormité pareille ?

– Ce n'est pas très compliqué. Juste une déduction qui vient naturellement... Il suffit d'avoir passé vingt ans dans le royaume d'Hawaï !

27

DES voiliers délabrés, il y en avait à Manille, comme dans tous les ports du monde. C'étaient pour la plupart de vieux clippers qui avaient fait leur temps, et bien au-delà. Les armateurs les savaient condamnés par le progrès, les performances des machines à vapeur, et ne se donnaient plus la peine de changer les vergues ou de retaper les voilures. On était en 1900, et nul n'ignorait que c'était la fin pour ces voiliers qui s'arrêtaient parfois dans un port et n'en repartaient jamais.

Pourquoi le regard de François fut-il attiré par un de ces navires qui semblait somnoler dans les eaux vertes du port de Manille? C'était un trois-mâts quelconque... Pourtant, il lui disait quelque chose. Tout à coup, en plissant les yeux, il put lire son nom, au bout de l'étrave : *Little Lily*. Il était stupéfait. Le *Little Lily* naviguait encore? Son voyage pour Hawaï, trente ans plus tôt avec le captain Carrington, lui revint brusquement en mémoire... Carrington le faux ivrogne, l'amoureux des baleines... François resta plus d'une heure à contempler le navire. Des idées bizarres lui passaient par la tête : et si le *Little Lily* était ici pour le ramener à Hawaï, où Sarah et son fils Pierre l'attendaient? Il se moqua de lui-même, et se demanda si Carrington était toujours vivant. Une voix éraillée le tira de ses pensées.

– Il vous plaît, le *Little Lily*? Désolé. Il est plus vaillant qu'il en a l'air : il n'est pas à vendre.

Il se retourna. Un vieil homme le contemplait, l'air bourru et amusé, le captain Carrington. Ils tombèrent dans les bras l'un de l'autre.

Sur le pont arrière du *Little Lily*, dans la douceur du matin, François se laissait aller au balancement lourd du voilier. Le vent faible qui avait porté le trois-mâts jusque-là était tombé. Le *Little Lily* n'avançait plus. Il rêvassait, inerte, au beau milieu de la mer de Flores, dans le grincement des poulies.

Carrington monta à son tour sur la dunette et jeta un regard vers le ciel bleu.

– Combien de temps allons-nous rester à attendre que le vent se lève? Deux jours, peut-être plus... C'est la nature qui décide. Evidemment, monsieur Follet, vous êtes habitué aux vapeurs. C'est le monde nouveau. On se passe des éléments. C'est rapide et sûr, dit-on. On sait quand on part et on sait qu'on arrive. C'est le progrès... La belle affaire! Et le plaisir du voyage, l'inattendu, qu'en faites-vous?

L'inattendu se manifesta par l'arrivée d'une forte brise de nord-est qui tendit soudain les voiles du clipper et lui offrit une allure rapide tout au long des centaines de milles qui menaient à Hawaï. Carrington expliqua avec une pointe de nostalgie que l'archipel serait sa dernière escale.

– Je suis devenu trop vieux pour naviguer. Mes yeux ne voient plus grand-chose. J'ai vendu le *Little Lily* à Burns, mon second... Il a encore quelques beaux tours du monde devant lui. Moi, je vais passer mes dernières années sur la côte ouest de Maui. Je connais un endroit où les troupeaux de baleines viennent s'ébattre à la saison des amours. Avec le temps, on a fini par se connaître. Je sais que tous les ans elles viendront me dire bonjour.

François, par discrétion, affirma que la raison de son voyage était la seule curiosité.

– Depuis 1898, Hawaï a été annexée par les Etats-Unis. C'était la guerre avec l'Espagne, n'est-ce pas? L'ambiance s'y prêtait. Je veux constater par moi-même les changements. Et puis nous sommes en 1900. Je ne veux pas laisser Hawaï basculer dans le XXᵉ siècle sans moi!

Mais, au fond de lui, seule Sarah le guidait. Mille fois, François relut ses articles du *Morning News* signés Sarah Follet. C'était cette signature qui l'avait le plus intrigué et qui le ramenait à Hawaï.

William Pitt était fou de joie en accueillant son ancien patron. Il sortit d'un tiroir deux verres et une bouteille de rhum qu'il posa sur son bureau.

– Tu aurais dû me prévenir de ton arrivée! fit-il.

L'ancien bureau de François avait été transformé en une cage de verre qui permettait de surveiller d'un seul regard toute la salle de rédaction.

– Au *Morning News*, on travaille la nuit, tu le sais bien, continua Pitt en remplissant les verres. A cette heure la rédaction est déserte... Tu n'as pas changé, François. Tes cheveux ont blanchi, bien sûr, tes moustaches aussi, mais je te retrouve tel que tu es parti.

– Toi aussi, tu es le même. Sauf que tu es devenu citoyen américain.

– La différence ne m'est pas encore apparue...
Depuis combien de temps es-tu à Honolulu?

– Trois jours... A peine le temps de reconnaître
mon territoire. J'ai retrouvé le parfum des plantes,
les odeurs de jasmin et de chèvrefeuille. Je ne
m'attendais pas à découvrir des vapeurs de soja et
de sauce pimentée.

– Honolulu est devenue une ville japonaise,
confirma William Pitt. Les Japonais ont définitivement pris la place des Chinois, non seulement dans
les plantations, mais dans les commerces, et même
à Chinatown. Ils ont fait souche et voient loin.
Dans les plantations, ils ont même constitué des
syndicats... Tu es à l'hôtel?

– Au *Liberty*, évidemment, répondit François.

Il y avait quelque chose d'étrange dans la question de William Pitt. Pourquoi ne lui demandait-il
pas s'il s'était rendu au ranch Mooney?

– Fiona a été étonnée que je lui demande des
nouvelles de Laetitia, reprit-il. Elle m'a dit, stupéfaite : « Vous connaissez ma mère? » Les jeunes
ont du mal à se faire à l'idée que le monde a existé
avant eux... J'ai appris que Laetitia était partie
pour les Etats-Unis. Elle voulait découvrir New
York. Depuis trois jours, je traîne dans la ville. Il
faut s'habituer un peu, les nouveaux uniformes des
policiers, les tenues kaki des soldats américains.
Hier soir, j'ai vu un attroupement au bas de
Punchbowl Street. J'ai cru que c'étaient des bate-
leurs ou des montreurs d'ours. C'était une automobile! J'ai pu aussi constater que l'*Honolulu Folie's*
était devenu l'endroit le plus apprécié par les
militaires!

William Pitt confirma d'un mouvement de la
tête.

– Je ne suis pas entré, continua François. A mon
âge, on évite les endroits où éclatent les bagarres.

Un peu plus loin, j'ai vu des hommes en smoking et des femmes en robe du soir entrer dans un endroit étincelant de lumières. C'était le *Prince Alfred*! C'est devenu un casino?

– On prétend que c'est le plus beau et le plus chic de tout le Pacifique... répondit William Pitt. Et Sarah, tu l'as revue?

– Non. J'ai découvert qu'elle écrivait dans le *Morning News*...

– Elle tient la chronique des livres... Elle a pris le goût des romans et les présente à nos lectrices. Tu n'envisages pas de la rencontrer?

– Il me faut un peu de temps...

Les événements choisirent de ne pas laisser François se fondre dans la ville, comme il l'avait escompté, par petites approches. Il se retrouva projeté, en quelques heures, dans ce qui avait été son passé.

Le soir même, en arrivant au *Liberty*, Fiona lui tendit un pli.

– Un Chinois est venu l'apporter dans l'après-midi...

François lut son nom sur l'enveloppe, et la jeune fille remarqua son étonnement.

– L'auteur de cette lettre s'appelle Stuart Brookster, précisa-t-elle. J'ai reconnu le porteur. C'est un vieux Chinois, ami de M. Brookster... Je le connais depuis que je suis enfant, insista-t-elle. Il avait une chambre ici, au *Liberty*, il y a plus de dix ans. C'était peu après la mort de sa fille.

François ouvrit l'enveloppe. D'une main malhabile, Brookster avait griffonné quelques mots : « J'apprends que vous êtes de nouveau dans les îles. Venez me rendre visite dans Chinatown. Un de mes amis chinois vous attendra tous les soirs pendant une semaine au début de Monaukea Street et vous mènera jusqu'à moi. Cette rencontre n'aura peut-être pas d'intérêt pour vous. Pour moi, elle est capitale. »

François décida de se rendre sans attendre à l'endroit indiqué. La nuit était tombée. Dans Punchbowl Street et sur le front de mer, des marins et des soldats déambulaient le long des tavernes violemment éclairées. Mais, dès qu'il s'engagea dans Monaukea Street, il sentit qu'il pénétrait dans un autre monde, silencieux, au charme feutré.

Un vieux Chinois vint à sa rencontre et lui fit signe de le suivre. Ils pénétrèrent ensemble dans une ruelle sombre, éclairée çà et là par des petites lanternes jaunes. Dans une maison basse, au fond d'une misérable fumerie, allongé sur une paillasse, Stuart Brookster somnolait. François s'agenouilla près de lui. Comment aurait-il pu reconnaître Brookster, l'élégant négociant de la communauté des Saints du dernier jour, dans cet homme au regard vide, aux membres décharnés, vêtu d'une chemise et d'un pantalon en haillons?

– Le temps nous change, n'est-ce pas? murmura Brookster en le reconnaissant. Moi, je suis déjà mort depuis longtemps... Vous êtes venu dans mon tombeau.

– C'est ça que vous vouliez me dire?

– Je suis heureux de vous voir, monsieur Follet. Car vous avez commis une injustice... Je sais que vous la réparerez. Je vais m'en aller tranquille...

– Il me semble plutôt que c'est vous qui...

– C'était il y a bien longtemps, coupa Brookster d'une voix à peine perceptible. Lorsque le Premier ministre Gibson a été démissionné, vous avez publié une enquête.

– Je m'en souviens...

– Vous aviez fait du bon travail. Tout était vrai.

A un point près : le plus grave... Walter Gibson et moi-même n'avons jamais assassiné Aaron Javis.

Il s'arrêta un instant. Parler, même faiblement, représentait un effort qui l'épuisait. Des gouttes de sueur luisaient sur son front.

– Nous avions prévu d'éloigner Aaron Javis. Un bateau attendait à San Francisco pour l'envoyer dans une île perdue de la Nouvelle-Guinée. La veille au soir, Aaron Javis est mort d'un arrêt du cœur, dans sa chambre d'hôtel. Voilà... Il faut rétablir la vérité. Pas pour moi, pour Walter Gibson... C'était mon ami.

– Je vous le promets... fit François, troublé.

Brookster ferma les yeux en signe de gratitude. Au moment où il allait se lever, François sentit la main de Brookster qui s'agrippait à sa manche. Il eut l'impression de l'entendre prononcer, dans un souffle, une phrase qui ressemblait à : « Prenez soin de Sarah. »

Le lendemain, François gravit à nouveau les escaliers du *Morning News*. Il voulait publier sans attendre la révélation de Brookster. Midi, c'était l'heure idéale. William Pitt serait seul au journal. Mais dans la salle de rédaction il découvrit tous les journalistes, une vingtaine, réunis autour de lui, le visage sombre. En le voyant, Pitt lui fit signe de l'attendre dans son bureau.

Quelques minutes plus tard, il l'y rejoignit.

– Il se passe quelque chose de très grave, dit-il.

– La guerre ? demanda François.

– La peste... Plusieurs cas auraient été signalés à Chinatown. L'information est tenue secrète. Les autorités sanitaires et militaires américaines... je veux dire venues du continent, sont en conférence en ce moment au palais Iolani, autour du gouverneur Sanford Dole. On s'attend, d'une minute à l'autre, à la mise en quarantaine du quartier chinois.

William Pitt expliqua que San Francisco avait connu la même situation récemment. Chinatown y avait été bouclée par l'armée.

– La peste pourrait venir de Californie, observa François.

– La preuve n'a pas été apportée qu'il y eût jamais un seul pestiféré à San Francisco. Les autorités ont décrété la quarantaine par précaution. C'est fou ce qu'on prend de « précautions » contre les Chinois ou les Japonais, non? On prend des précautions parce qu'on a peur.

La décision du gouverneur se faisant attendre, François évoqua le but de sa visite : la mort, naturelle et non par assassinat, d'Aaron Javis.

– Aaron Javis? demanda William Pitt, éberlué. J'avais complètement oublié cette histoire. Tout cela est si loin. Qui se souvient de Gibson? Ce qui compte, c'est l'actualité. Le reste n'existe plus...

La nouvelle de la mise en quarantaine de Chinatown, pour cause de peste, parvint au journal en début d'après-midi, et le soir, François se rendit au bout de Beretania Street, à l'orée du quartier chinois, pour voir. Une double rangée de militaires, armés jusqu'aux dents, qui bouclait les rues. La peur prit dès lors une certaine ampleur. On racontait, çà et là, que les Chinois et les Japonais avaient déjà fait disparaître des centaines de cadavres atteints de stigmates atroces. « Et les rats, demandait-on? Les rats se faufilent partout. Ils vont contaminer les quartiers blancs! » On interrogeait les soldats, encore des adolescents au visage inquiet, qui répondaient : « Nous n'avons qu'une consigne : personne n'entre, personne ne sort. » François resta plus d'une heure dans Beretania. Il entendait des propos inquiétants :

– Il faut faire quelque chose. On ne va tout de même pas laisser ces fils de chien répandre leur saleté dans toute la ville !

Il décida de retourner au *Liberty*, où il chercha longtemps le sommeil. Un bruit sourd le ramena à la conscience. C'était une sorte de grondement continu. François pensa un instant qu'il s'agissait d'une lointaine explosion volcanique. Puis il se ravisa : le souffle de la rumeur était tout proche. Il perçut les échos d'une folle agitation, des hurlements. Il sauta de son lit, se précipita vers la fenêtre et poussa les rideaux : dans le ciel montait une immense lueur orangée. Des flammes se reflétaient dans l'eau sombre de la baie. A cet instant, il entendit les premières rafales de mitrailleuse. Il sortit en toute hâte et se dirigea vers l'incendie. Chinatown brûlait...

Les militaires avaient repoussé les badauds jusqu'aux palmiers du bord de mer. François y demeura jusqu'à l'aube, livide, au milieu d'une foule muette d'effroi, marins en virée, serveurs en gilet et manches retroussées, filles au maquillage défait par les larmes, clients du *Prince Alfred*, en costume noir et huit-reflets. L'incendie ravageait Chinatown... Depuis l'extrémité est du quartier, poussées par des alizés, les flammes remontaient vers Punchbowl Street, ruelle après ruelle. Le feu semblait se gonfler en bouffées ardentes, dévorant les toits de bois, les murs en terre, grondant, broyant ses proies qu'il immolait dans un bruit infernal. On eût dit un dragon en furie, la gueule ouverte dont la crinière rousse s'acharnait, par secousses, à caresser le ciel, toujours plus haut, toujours plus loin. Des milliers de Japonais, comme des fourmis affolées, tentaient de fuir cet enfer. Dans les ruelles violemment illuminées, ils hurlaient, terrorisés, et se télescopaient en flots contraires, aveuglés par cette fumée âcre qui noyait leurs poumons. Des enfants en pleurs, comme des somnambules, cherchaient une main à laquelle s'agripper. Partout, l'inexorable souffle des flammes étouffait les cris. Où fuir ? A droite, à gauche ? Ils suivaient le flux du plus grand nombre, cherchant des issues. Surtout ne pas se retourner. Gagner les quartiers blancs. Rejoindre la lisière, la plage. Plonger dans la mer, la délivrance !

Dans King's Street, des mitrailleuses fauchèrent rageusement jusqu'à l'aube les vagues successives de survivants. « C'est la quarantaine. Nous n'avons qu'une consigne : personne n'entre, personne ne sort ! » François vit s'embraser une maison au bout de Beretania, dans Monaukea Street. C'était l'endroit où il s'était rendu la veille. Stuart Brookster y somnolait, hébété d'opium, au bout de l'épuisement... En un instant tout s'effondra.

L'incendie de Chinatown laissa la ville en état de prostration pendant des jours. Combien l'effroyable catastrophe avait-elle fait de victimes ? William Pitt titra : « Des centaines de morts. » Mais sans doute eût-il été plus honnête de parler de milliers. Des familles japonaises étaient accourues de toutes les îles de l'archipel et s'entassaient sur la plage de Waikiki, sanglotant, serrés les uns contre les autres, près de l'océan. La ville entière avait un goût de cendres mouillées.

Il y avait eu crime. Les faits concordaient. Plusieurs foyers avaient été allumés au même moment, dans des endroits différents, tous à l'est de la ville, au vent des alizés. Des témoins affirmaient avoir vu des hommes de grande taille, c'est-à-dire des Blancs, jeter des torches enflammées sur les baraques du quartier chinois...

François décida de se rendre au ranch Mooney. Il ne voulait plus rester à Honolulu après ce qu'il avait vu... Avant de partir, il souhaitait seulement revoir Cheng-Hi. Le vieux majordome avait sans doute perdu dans l'incendie des membres de sa très grande famille, et il voulait lui témoigner une dernière fois l'affection qu'il lui avait toujours portée.

Sarah ne chercha pas à dissimuler son émotion.

– C'est bon de te retrouver, François... Je savais que tu étais en ville. J'ai eu peur que tu ne viennes pas.

– Il fallait que je m'assure que tu allais bien, que tu ne manquais de rien... Tu vois, malgré les années, je m'inquiète toujours de toi.

Le crépuscule montait en une brume rosée jusqu'aux superbes résidences de Nuuanu Valley. François jeta les yeux sur le fond du parc. L'espace d'un instant, il revécut le moment de son arrivée, sa première visite au ranch, lorsque Bishop lui faisait faire le tour du propriétaire.

– J'ai fait planter des iris bleus, reprit Sarah. Des fleurs qui éclosent la nuit...

Cheng-Hi, entendant un bruit, accourut. Il avait vieilli, son visage était creux et pourtant une joie intense émanait de lui.

– Le médecin l'a dit, monsieur Foyett. Mon cœur est très malade, très fatigué... Emotion, très mauvaise !

Il exprima sa grande tristesse sur le drame qui venait de se dérouler, mais conclut, avec philosophie :

– Je n'ai plus de grande famille. Mes neveux et mes nièces étaient déjà partis en Chine et mes cousins étaient déjà morts.

François accepta de rester dîner. Sarah, pendant

le repas, fit la conversation, interrogeant François sur ses voyages, sa vie aux Philippines. Elle lui parla ensuite de ses chroniques littéraires dans le *Morning News*, dont elle se sentait si fière.

– Je fais de mon mieux pour me montrer digne de toi..., avoua-t-elle.

Depuis le début du dîner, elle avait remarqué que François l'écoutait avec admiration, qu'il semblait comme apaisé. Il finit par lui dire :

– Je suis heureux de te retrouver aussi belle...

Elle fit mine de protester.

– Tes yeux ont gardé leur éclat, insista-t-il. Je retrouve la vie qui est en toi.

Elle éclata d'un rire clair.

– Mes yeux ont l'éclat d'une femme qui sera peut-être bientôt grand-mère... Pierre, notre fils, est revenu vivre dans les îles. Il a fait ses études de médecine et a choisi de s'installer à Hilo. Il est marié... Il s'est même mis à apprendre le français.

Elle devina la question de François :

– Je l'ai fait prévenir de ton arrivée. Il viendra dès qu'il le pourra, j'en suis sûre... Il sera tellement heureux de te revoir. Il voulait même faire le voyage des Philippines pour te retrouver. Cheng-Hi lui avait dit, sous le sceau du secret, que tu étais à Manille...

– C'est vrai que Cheng-Hi m'avait retrouvé, grâce à ses cousins, sans doute! Il m'avait envoyé une lettre où il me demandait pourquoi je ne voulais pas revenir à Honolulu, « pour faire une immense fortune comme tout le monde »...

Longtemps, dans la nuit tiède, Sarah et François discutèrent. Ils évoquaient les destins de ceux qu'ils avaient croisés, d'Amos Forster qui travaillait désormais dans un grand journal de San Francisco et de Bethsabée qui avait épousé un milliardaire de

New York. Sarah sentait que François ne voulait pas qu'elle évoque les années de douleur, leur rupture, sa vie avec Brookster à San Francisco.

– Je vais te faire un aveu, finit-elle par lui dire... J'ai décidé de ne pas me contenter de lire des romans pour le *Morning News*. J'ai commencé à en écrire un moi-même. Ne te moque pas de moi. Je raconte le destin d'une femme qui décide de vivre pour elle, qui juge qu'elle ne doit d'explications à personne. Un beau jour, vers la quarantaine, elle découvre que l'homme qui peut, seul, lui apporter ce qu'elle recherche est parti. Rassure-toi : ce n'est pas une autobiographie. D'ailleurs, ce roman se déroule en Europe et je n'y suis jamais allée.

Un soir, alors qu'ils se promenaient dans le parc, elle se laissa aller contre lui et il lui passa un bras autour de l'épaule. Elle le regarda et murmura :

– C'est bien que tu sois revenu. C'est bon de t'avoir retrouvé...

Il fit non de la tête. Elle s'inquiéta :

– Tu vas repartir, n'est-ce pas ?

– Oui. Et je ne m'arrêterai plus. Les lieux nous trahissent et nous mentent... Veux-tu venir avec moi ?

Elle baissa les yeux, triste.

– Non, François, ce n'est pas possible...

Pierre Follet arriva à Honolulu une semaine plus tard.

– Je ne t'aurais pas reconnu ! s'exclama François.

Pierre était grand et solide. Il avait hérité des cheveux et des yeux noirs de son père, et du sourire éclatant de sa mère. Il dénoua l'étreinte dans laquelle il avait tenu son père puis fit un signe à une jeune femme qui était restée discrètement en arrière.

– Je te présente Agnès, ma femme.

– Agnès Moorehead! Le regard bleu de Gordon... Je vous aurais reconnue entre mille.

Pendant le repas, alors que Pierre racontait comment sa passion pour la botanique l'avait mené à la médecine, François eut soudain une illumination. Un souvenir vieux de quinze ans lui était revenu en mémoire. Il se rappelait la mort de Tom Robson et son testament.

– Le destin ne m'avait pas permis de vous faire un cadeau de mariage, annonça-t-il. C'est une faute que je veux réparer sur-le-champ.

Il prit un temps pour ménager ses effets :

– Voilà : je vous offre le premier casino d'Honolulu, le plus grand et le plus luxueux du Pacifique... Le *Prince Alfred*!

Linda ne s'attendait pas à ce que son régisseur vienne la chercher à midi dans son appartement au-dessus du *Prince Alfred*. C'était une heure où il ne fallait pas la déranger. Depuis plusieurs années, Linda ne sortait plus de chez elle. A la mort de Tom Robson, elle s'était consacrée à la réussite du *Prince Alfred*, et en avait fait un des hauts lieux de l'archipel. Elle avait compris avant tout le monde que les richissimes missionnaires chercheraient à connaître les frissons du tapis vert, comme les Européens ou les milliardaires de la côte est. Mais elle n'avait pas prévu qu'avec l'annexion d'Hawaï la mode s'imposerait, dans les milieux fortunés de Californie, de venir flamber ses dollars dans le paradis terrestre découvert par Cook. Elle fut la première surprise de la fortune qu'elle accumulait. Pourtant, elle se sentait vieille et fatiguée. Elle voulait retourner finir ses jours à Tulsa, un village sinistre de l'Oklahoma où elle avait passé son enfance. Un jour, son régisseur, irrité, avait fini par lui demander :

– Si c'est tellement beau là-bas, pourquoi tu n'y retournes pas? Dès demain, prends le bateau. Tu n'as plus rien qui te retienne ici.

Elle lui avait répondu :

– Je dois rester ici... J'attends quelqu'un.

Le régisseur ne comprit pas pourquoi Linda, ce jour de décembre 1900, le reçut avec un regard de soulagement, ni pourquoi elle accueillit en souriant une jeune métisse aux yeux bleus qui, de toute évidence, ne la connaissait pas.

– Je vous attendais, fit-elle. J'ai eu peur que vous ne veniez pas et de disparaître sans accomplir la volonté de mon cher Tommy... Le *Prince Alfred* vous appartient, dorénavant, madame! C'est l'affaire la plus prospère d'Hawaï! Tom a voulu vous la léguer. Sa réputation et son succès résident dans son luxe, le style des croupiers et le « black velvet », le velours noir...

Devant les regards intrigués d'Agnès et de Pierre, elle s'expliqua :

– Du temps de mon cher Robson, on se disputait sur la boisson qu'il convenait de servir au *Prince Alfred*. Il voulait garder sa bière brune irlandaise, et moi je voulais imposer le champagne californien. Quand il est mort, je n'ai pas eu le cœur de supprimer la bière. Pourtant, elle nuisait à la qualité de la clientèle. Alors, j'ai inventé le « black velvet »... Moitié champagne, moitié guiness. Les marins ont trouvé que c'était une hérésie et ils sont partis. Mais les gentlemen ont trouvé ça excellent, un peu canaille, et ils sont tous venus. Alors, s'il vous plaît, en souvenir de Tom...

Une dernière fois, François demanda à Sarah si elle n'avait pas changé d'avis :
– Le *Pablo Garcia* appareille demain à l'aube. Nous irons vers d'autres mondes, ensemble. L'Europe, peut-être...
– C'est impossible, François, impossible...
Elle sentit son regard qui se troublait de larmes.
– Je veux rester ici, près de ma petite Elisabeth, que je chéris si fort au fond de moi et qui a vécu si peu... Je vais souvent au cimetière, parce que c'est là que son âme me donne rendez-vous. Elle est seule, tu comprends, toute seule...

Fallait-il aller au bout des choses ? William Pitt se posa la question longtemps. Devait-il cacher à François ce qu'il avait appris sur Bishop ? Charles et François avaient été liés par une grande amitié, trente ans auparavant, que William ne se sentait pas le droit de ruiner aujourd'hui. Même si le goût de Bishop pour la puissance et le pouvoir, la folie qui s'était emparée de lui avaient fini par séparer les deux hommes. Mais au nom d'une ancienne fraternité, devait-il jeter un voile pudique sur ce qu'il savait ? La veille du départ de François, au bar du *Liberty*, William Pitt se décida :
– Tu as rencontré Charles Bishop, pendant ton séjour ? demanda-t-il.
– Je n'ai même pas cherché à savoir s'il était en vie...
William Pitt eut un dernier moment d'hésitation, puis il se lança :

410

– J'ai du nouveau sur l'incendie de Chinatown. L'enquête a progressé... beaucoup progressé.

– L'origine criminelle ne fait pas de doute, n'est-ce pas?

– On pense qu'il devait y avoir une demi-douzaine d'incendiaires. Les soldats ont abattu l'un d'eux, c'était un Américain d'une trentaine d'années, un voyou connu à San Francisco... Les autorités, la police, et Sanford Dole, évidemment, nient ce fait. Ce n'est pas tout. Un de mes journalistes a voulu connaître la superficie exacte de Chinatown. Il est allé dans les bureaux du palais Iolani et il a sorti le dossier... Ce qu'il a découvert l'a laissé abasourdi. Chinatown ne faisait pas partie des terres appartenant à la couronne. Je veux dire appartenant à l'Etat.

– Explique-toi, s'inquiéta François.

– Avant de mourir le roi Whisky Bill avait fait don du terrain de Chinatown à l'un de ses amis. Son plus cher ami.

– Bishop? demanda François, stupéfait... Chinatown appartenait à Bishop, c'est cela?

– L'acte de donation remonte à novembre 1874, trois mois avant la mort du roi... Depuis quelques jours, on voit des types dans les ruines de Chinatown... De toute évidence, ce sont des architectes et des entrepreneurs. Ils ne sont pas là pour se balader, ils prennent des mesures... Je suis allé moi-même les observer, discrètement. J'ai senti qu'ils vérifiaient des emplacements, qu'ils avaient des projets. Un des contremaîtres est descendu dans un petit hôtel, l'*Aloa*, dans Punchbowl Street. Un soir, on s'est arrangés pour l'entraîner dans les bars et on l'a soûlé... Pendant ce temps-là, on a visité sa chambre et on a fouillé ses affaires. On a trouvé les plans, achevés dans le moindre détail, de

411

dix hôtels, d'une dizaine d'étages chacun. J'ai découvert ensuite que la société qui a passé la commande est spécialisée dans la construction de bâtiments de luxe en Californie. Sous des prête-noms, elle appartient à Charles Bishop...

– Bishop en est arrivé là...

François s'était soudain voûté, dégoûté par ce qu'il venait d'apprendre.

– Bishop est désormais une des premières fortunes du monde, poursuivit Pitt. Mais cela ne compte pas pour lui. Il n'aime pas l'argent, il n'aime que le plaisir d'en gagner.

– Pourquoi Chinatown?

– C'est sans doute l'exemple du *Prince Alfred* qui a mis Bishop sur la voie. Il est convaincu que l'avenir des îles sera le tourisme. Les Américains vont déferler sur l'archipel. L'ancien Chinatown, placé au cœur de la ville, deviendra un quartier luxueux où ils viendront claquer leurs dollars... Pour cela, il fallait le détruire.

– Je ne connais pas le monstre qui a commandé ce crime abominable, murmura François. Le Charles Bishop que j'ai aimé n'avait aucun lien avec celui dont tu me parles. Il vivait sans penser à l'argent. Il vivait ailleurs... Que vas-tu faire, maintenant, William. Tu vas publier ton enquête?

– Dans le *Morning News* qui appartient à Bishop? Non, je ne dirai rien. D'ailleurs, je n'ai aucune preuve formelle de ce que j'avance. J'ai seulement donné ma démission cet après-midi. Je vais fonder un autre journal, avec les anciens « Plumes d'oiseau » et l'aide de Tante Lili qui est revenue dans les îles. Les articles seront rédigés en hawaïen. Il faut sauver ce qui peut l'être encore.

François acquiesça.

– Le *Morning News* était notre enfant, n'est-ce

412

pas? Eh bien, il vivra sans nous... c'est très bien ainsi. On ne pouvait pas rêver plus grande réussite.

Le matin était froid. L'aube s'accrochait à l'ombre violette des palmiers. Dans la baie d'Honolulu, le *Pablo Garcia*, toutes lumières allumées, poussait ses chaudières. François ne fit pas attention à une femme, encore belle, qui attendait au bout du wharf, près de la passerelle. Les passagers étaient nombreux et François, une cape sur les épaules, avait conscience de quitter Hawaï pour toujours. A quelques mètres de la silhouette, il la reconnut. Malgré lui, son pas se ralentit... Sarah prit le sac de cuir qu'elle avait posé près d'elle et vint à sa rencontre.

– Je ne t'attendais pas, murmura François quand ils furent face à face...

– C'est à cause de mon roman. Je ne peux pas l'écrire sans connaître l'Europe, non?...

Elle vint se blottir contre lui.

– ... si tu veux bien de moi, évidemment.

Pierre et Agnès Follet prirent vite goût à leur nouvelle vie. Pierre passait entre les tables du *Prince Alfred*, vêtu d'un costume et d'un nœud papillon noirs. Agnès accueillait les clients, hommes d'affaires et touristes du continent, planteurs et négociants d'Hawaï. On venait au *Prince Alfred* pour son luxe élégant, la passion du baccara ou du trente-et-quarante, la beauté d'Agnès Follet... et l'amertume sucrée du « black velvet ».

Un soir, en 1902, le cocher chinois qui continuait à vivre au ranch Mooney se présenta à l'entrée du *Prince Alfred* : Cheng-Hi venait d'avoir un malaise cardiaque.

Lorsque Pierre arriva dans la villa, il trouva le vieux majordome allongé sur la terrasse, le visage contracté. Il s'agenouilla près de lui et le vit alors s'apaiser et expirer. Il passa sa main doucement sur le front, puis lui ferma les yeux.

En desserrant la main droite de Cheng-Hi agrippée contre son cœur, il découvrit un bout de papier froissé en boule. Il l'ouvrit et reconnut avec surprise l'écriture de son père. C'était une lettre qui remontait à une dizaine d'années, à l'époque où il vivait aux Philippines. Il parvint à la déchiffrer :

« Merci de m'écrire, Cheng-Hi, et merci de ne pas divulguer mon adresse. Tu me demandes pourquoi je ne reviens pas à Honolulu faire fortune. C'est que je suis d'une espèce à part. Semblable à ces centaines d'hommes arrivés à Hawaï au siècle dernier qui ne recherchaient ni les honneurs ni les dollars, mais savouraient leur liberté sous les cocotiers du bord de mer, à regarder pendant des heures les vagues se briser en rouleaux sur le sable blanc du Pacifique. Je suis du même sang que le vieux MacVigan qui a construit de ses mains une baraque en planches pour en faire l'Honolulu Folie's... Je suis tous les autres, je suis ces marins déserteurs qui échangeaient du bois de santal contre du whisky pour mieux jouir de la vie et des filles dorées des îles. Je n'ai pas fait fortune ? Détrompe-toi. Je suis riche de tous ceux que j'ai connus. Charles Bishop, Walter Gibson, Peter MacRoary, Stuart Brookster, William Pitt et Amos; je suis riche de mon fils, riche du journal que j'ai dirigé tant d'années et riche de Sarah que je retrouverai un jour.

« *De cette traversée, mon vieux Cheng-Hi, de nos remous, de nos tumultes, le temps n'a rien voulu garder. Nos plus chers souvenirs sont des couronnes de fleurs jetées sur les vagues. Notre mémoire est un cimetière de fleurs qui voguent.* »

Le 17 décembre 1959, Hawaï devint le cinquantième Etat des Etats-Unis.

Dans Le Livre de Poche

André Le Gal
Le Shangaïé

Il n'avait que treize ans quand il s'embarqua pour la première fois. A vingt ans, en 1900, il avait déjà parcouru les sept océans et lutté dans les tempêtes du cap Horn.

Mais il n'avait qu'un but : retourner à San Francisco, revoir les blanches demeures de Nob Hill et les tripots de Barbary Coast, fréquenter les salons accueillants de Maggy, la tenancière de la « Maison » la plus célèbre de la côte Ouest... Retrouver surtout celle qui, depuis son adolescence, avait marqué sa mémoire : Samantha Colemane, la fille du maître occulte de la ville. Il allait découvrir la passion, l'enfer, la vengeance, la richesse... C'était Jean-Marie Quéïnec, de Saint-Malo. On l'appelait *le Shangaïé.*

Breton comme son héros, André Le Gal a mené d'importantes recherches historiques et maritimes pour écrire ce grand roman d'aventures et d'amour. Etre shangaïé est un terme maritime américain qui signifie être enrôlé de force comme matelot.

Prix des Maisons de la presse 1986.

IMPRIMÉ EN FRANCE PAR BRODARD ET TAUPIN
Usine de La Flèche (Sarthe).
LIBRAIRIE GÉNÉRALE FRANÇAISE - 6, rue Pierre-Sarrazin - 75006 Paris.

ISBN : 2-253-04880-1   30/6587/7